江苏高校哲学社会科学研究重大项目"人工智能视域下在线教育治理机制与路径研究"（编号：2021SJZDA161）、江苏省高校优势学科建设工程项目、江苏师范大学教育技术学国家级一流本科专业建设点。

在线教育治理研究

RESEARCH ON ONLINE EDUCATION GOVERNANCE

王娟 孔亮 著

中国社会科学出版社

图书在版编目（CIP）数据

在线教育治理研究/王娟，孔亮著.—北京：中国社会科学出版社，2023.7
ISBN 978-7-5227-2348-8

Ⅰ.①在⋯ Ⅱ.①王⋯ ②孔⋯ Ⅲ.①网络教育—教育质量—质量监督 Ⅳ.①G434

中国国家版本馆CIP数据核字（2023）第144927号

出 版 人	赵剑英	
责任编辑	任睿明　刘晓红	
责任校对	周晓东	
责任印制	戴　宽	
出　　版	中国社会科学出版社	
社　　址	北京鼓楼西大街甲158号	
邮　　编	100720	
网　　址	http://www.csspw.cn	
发 行 部	010-84083685	
门 市 部	010-84029450	
经　　销	新华书店及其他书店	
印刷装订	北京君升印刷有限公司	
版　　次	2023年7月第1版	
印　　次	2023年7月第1次印刷	
开　　本	710×1000　1/16	
印　　张	17	
字　　数	268千字	
定　　价	96.00元	

凡购买中国社会科学出版社图书，如有质量问题请与本社营销中心联系调换
电话：010-84083683
版权所有　侵权必究

前 言

在线教育作为线下教育的有益补充，对于完善终身学习体系，构建学习型社会具有重要意义。伴随着数字经济发展，在线教育行业经历了一场前所未有的"资本狂欢"。然而，自"双减"政策落地以来，K12领域资本迅速离场。资本浪潮褪去，如何对"双减"政策背景下的在线教育进行良善治理，引导在线教育健康可持续发展，是在线教育发展的重要命题。

智能时代在线教育逐渐成为实现终身学习的新型教育方式。利用新技术与新理念对在线教育进行良善治理，有利于推动在线教育产业的合理竞争与市场升级，促进形成良性、持续发展的在线教育产业竞争环境，引导和规范在线教育有序、健康地发展。本书从"互联网+教育"深度融合的视角出发，将在线教育治理看作政府、市场、社会等相关主体动态作用的生态系统，从法律法规、数据标准、行业规范等层面对在线教育治理进行规范，推动形成政府引导、机构自治、行业自律、社会监督的在线教育多元治理格局，坚持安全可控和开放创新并重，以形成在线教育服务新业态。

本书旨在对在线教育治理提供理论指导和行动指南，促进在线教育生态环境持续改善，进一步激发在线教育发展的内生动力。第一，对在线教育治理相关内容进行梳理，归纳在线教育发展存在的普遍问题，从治理主体、治理对象和治理内容三个方面对在线教育治理进行内涵界定。第二，为了解在线教育发展的现状以及发展过程中出现的问题，本书从教师、家长和学生三个视角出发，形成四套问卷，以全国范围内的教师、家长和学生为研究对象展开调研。第三，通过分析国内外在线教育治理典型案例，为我国的在线教育发展提供经验借鉴和参考。第四，在线教育治理需要协调各主体的利益，对在线教育行业进行全方位、多维度的智能化、精准化、常态化治理，并从行业规范、技术支持、运维平台、内容领域、监管服务等方面构建了智能时代在线教育治理框架。第五，通过智能分析决策机制、智能管理协商机制、在线教育质量评估机制和在线教育数据安全保护机制四大机制共同作用，进一步提升在线教育治理水平和治理效果。第六，在构建智能时代在线教育治理框架的基础上，从顶层设计、多元共治、技术赋能、平台建设、服务引领等方面，提出以"善治"促和谐、以"数治"提效率、以"智治"增效能、以"法制"求平等的在线教育智慧治理实践路径。

本书是在分析我国在线教育发展现状和存在问题的基础上，借鉴国内外在线教育治理的理论与经验，对使用在线教育产品服务的学生、家长、教师开展调研，探讨在线教育治理的可行性路径，以促进在线教育的健康良性发展。本书通过考察我国在线教育服务监管体系及在线教育数据治理存在的问题，进一步提出综合运用先进技术与理念赋能的在线教育治理模式、机制和路径，探讨在线教育治理的综合实现，对于构建现代化的在线教育治理体系具有重要意义与参考价值。目前，对在线教育治理进行系统、全面的研究不多，相关著作还较为匮乏，既有的教育治理书籍较少涉及在线教育治理这一领域，且理论研究明显滞后于调查实践。本书内容选取是"在线教育治理"研究的一次新尝试，由于笔者水平有限，疏漏在所难免，恳请广大读者批评与修正。本书参考和引用了大量国内外文献与资料，如有遗漏，恳请谅解。

2022 年 11 月于江苏师范大学

目 录

第一章 绪论 ………………………………………………………………… 1
 第一节 选题背景 ……………………………………………………… 1
 第二节 研究目的和意义 ……………………………………………… 4
 第三节 研究内容 ……………………………………………………… 6
 第四节 研究设计 ……………………………………………………… 14

第二章 概念界定及理论基础 ……………………………………………… 19
 第一节 核心概念界定 ………………………………………………… 19
 第二节 理论基础 ……………………………………………………… 25

第三章 在线教育治理现状研究 …………………………………………… 48
 第一节 在线教育现状调研 …………………………………………… 48
 第二节 在线教育政策分析 …………………………………………… 75
 第三节 在线教育治理难题 …………………………………………… 81

第四章 在线教育治理典型案例分析 ……………………………………… 84
 第一节 国内典型案例 ………………………………………………… 84
 第二节 国外典型案例 ………………………………………………… 94

第五章 在线教育治理系统框架构建 ……………………………………… 110
 第一节 核心要素 ……………………………………………………… 110

第二节　构建原则 …… 114
  第三节　构建理论 …… 117
  第四节　模型构建 …… 119

第六章　在线教育治理机制设计 …… 137
  第一节　智能分析决策机制 …… 138
  第二节　智能管理协同机制 …… 146
  第三节　在线教育质量评估机制 …… 154
  第四节　在线教育数据安全保护机制 …… 167

第七章　在线教育治理实践路径探索 …… 180
  第一节　顶层设计：整体布局，系统规划 …… 181
  第二节　多元共治：内外联动，精准治理 …… 183
  第三节　技术赋能：数据驱动，安全保护 …… 189
  第四节　平台建设：创设环境，优化体验 …… 194
  第五节　服务引领：健全机制，监督协调 …… 200

第八章　在线教育治理的反思与展望 …… 206
  第一节　在线教育治理的反思 …… 206
  第二节　在线教育治理的对策 …… 212
  第三节　在线教育治理新方向 …… 219

附　录 …… 224

参考文献 …… 246

第一章

绪 论

第一节 选题背景

在互联网技术日渐成熟、用户习惯向线上大规模迁移的背景下，我国的在线教育行业自2014年起呈现出持续升温的局面，市场规模和用户规模不断增长。据中科院发布的相关报告显示，整个在线教育行业2022年市场规模超过5400亿元，其中K12在线教育作为重要分支，2022年市场规模将超1500亿元[1]。作为线下教育的有益补充，在线教育对于完善终身学习体系、构建学习型社会具有重要意义。伴随着数字经济发展，在线教育行业经历了一场前所未有的"资本狂欢"，教育行业乱象频发，亟须建章立制，规范发展。

2021年7月，国务院办公厅《关于进一步减轻义务教育阶段学生作业负担和校外培训负担的意见》（以下简称"双减"政策）的落地，受到校长、教师、家长和学生的普遍赞同[2]，给超速、超载的教育乱象按下了停止键，使K12培训资本迅速离场，教培机构也迎来了转型期。本书对全国使用在线教育产品与服务的教师、学生、家长进行抽样调

---

[1] 中国科学院人数据挖掘与知识管理重点实验室：《中国K12在线教育市场调研及用户消费行为报告》，投研数据库网，http://www.invest-data.com/eWebEditor/uploadfile/20200720182658740634 5.pdf。

[2] 中共中央办公厅、国务院办公厅：《关于进一步减轻义务教育阶段学生作业负担和校外培训负担的意见》，中华人民共和国中央人民政府门户网站，http://www.gov.cn/zhengce/2021-07/24/content_5627132.htm?ivk_sa=1024105d。

查，探究我国在线教育市场发展状况及其存在的问题，致力于构建智能时代的在线教育治理框架，以发挥多元主体的协同作用，改善在线教育生态，促进在线教育的健康、良性发展。在线教育治理需要协调各主体的利益，并对在线教育行业进行全方位、多维度的智能化、精准化、常态化治理；需要结合我国在线教育发展的实际情况，提出针对性解决方案，实现在线教育的智慧治理。

一 政策背景

20世纪90年代，我国信息和网络技术发展提速，现代远程教育借助网络不断发展升级。1994年年底，"中国教育和科研计算机网（CER）示范工程"由清华大学等10所高校共同承建，标志着我国在线教育事业的正式兴起。2000年7月，教育部颁布了《教育网站和网校暂行管理办法》，将现代远程教育试点院校范围扩大到31所，并颁布了《关于支持若干所高等学校建设网络教育学院开展现代远程教育试点工作的几点意见》。

进入21世纪，教育信息化从高等教育走向基础教育，我国陆续出台了相关政策推动教育信息化的发展。2002年3月，教育部印发《关于推进教师教育信息化建设的意见》，提出要加强卫星电视和计算机网络等远程教师教育优质资源的研究和开发。2012年3月，教育部印发《教育信息化十年发展规划（2011—2020年）》，提出以教育信息化带动教育现代化，这是我国教育事业发展的战略选择。2018年4月，教育部印发《教育信息化2.0行动计划》，提出要办好网络教育，积极推进"互联网+教育"发展。

近年来，在线教育行业迅猛发展，教育机构扩张成为常态，并逐渐从比拼教学质量演化为比拼资本实力，由此引发了一系列行业乱象。自2018年以来，我国教育部联合相关部门密集发布了《关于规范校外线上培训的实施意见》《关于促进在线教育健康发展的指导意见》《关于应用"全国校外线上培训管理服务平台"开展学科类校外线上培训机构备案工作报告》《关于进一步减轻义务教育阶段学生作业负担和校外培训负担的意见》《教育部办公厅关于进一步明确义务教育阶段校外培训学科类和非学科类范围的通知》《关于坚决查处变相违规开展学科类校外培训问题的通知》等一系列政策对在线教育进行监管，明确规定了线上培训课程时长与间隔限制,以及教育机构向"非营利性"机构转变的强制性要求。至此在线教育资本化浪潮逐渐褪去,但在线教育市场仍面临着线上学科培训转向"地下"、在线教育服务与产品良莠不齐、线上机构违规授课、一对一变异培训等风险。在线教育行业违法违规行为将更加隐匿,治理难度与成本大幅增加,亟须创新的治理理念与方式以净化在线教育市场环境,推进在线教育行业健康、可持续发展。

二 时代背景

早在2000年,部分传统线下教育机构就开始尝试在线教育模式的探索,但由于互联网技术、硬件设备以及互联网用户普及程度的限制,在线教育的进展十分缓慢。2011年以后,移动互联网"井喷式"爆发,在线教育迈入第二个阶段。网络普及率扩大、移动设备成本降低,在线教育的便捷性、普适性开始慢慢展露。目前,线上教育已逐渐成为当下最为主流的授课方式。随着数字技术的发展,在线教育市场受到资本的热烈追捧,在在线教育市场极速资本化的进程中,出现了诱导消费、渲染焦虑、课程质量低劣等问题,严重阻碍了行业健康发展,必须严肃整治。基于此,国家多个部门陆续出台在线教育治理相关政策和指导意见,成立教育部校外教育培训监管司,对在线教育进行监管,以进一步完善和规范在线教育市场,加强行业自律。

伴随"双减"政策落地,在线教育行业迎来转型期。部分在线教育培训机构纷纷裁员、濒临倒闭,广告基本绝迹,资本大幅撤离,野蛮生长现象得到有效遏制。尽管"双减"取得阶段性成效,但基层难以落实减负的"最后一公里"现象较为凸显,一边是"选择性执行、象征性执行和替代性执行"的减负怪象层出不穷,另一边则是"减负之后的课后服务乏力,致使有关实践无法获得家庭支持"。在线教育治理迎来更为复杂的局面,市场和需求仍将存在。资本浪潮褪去,如何对"双减"政策背景下的在线教育行业进行良善治理,引导在线教育健康可持续发展,是在线教育发展的重要命题。

第二节 研究目的和意义

在线教育治理是为了引导在线教育健康发展,对在线教育行业进行良善治理。本书是基于相关政策研究背景提出的,反映了研究具有的价值以及研究带来的影响。

一 研究目的

（一）挖掘在线教育发展问题,深化探索实践

本书聚焦中小学教师、家长、高校学生及中学生四个群体,从不同视角展开调查,全方位深入探索在线教育存在的问题与弊端、在线教育治理的现状,挖掘在线教育平台管理规范、网络环境建设、师资力量以及隐私安全等群体共同关注的问题,为进一步构建在线教育治理体系和框架奠定坚实的基础。

（二）完善在线教育监管服务,实现有序发展

本书从"互联网+教育"深度融合的视角出发,将在线教育治理看作政府、市场、社会等动态作用的生态系统,从法律法规、数据标准、行业规范等层面对在线教育治理进行规范,推动形成政府引导、机构自治、行业自律、社会监督的在线教育多元治理格局,坚持安全可控和开放创新并重,形成在线教育服务新业态。

（三）提供优质教育资源,促进教育公平

现有的治理方式不利于在线教育治理水平的提升,优质教育资源推进教育公平进程缓慢。本书从机构资质、师资质量、课程内容、信息安全等方面对在线教育质量进行全面监测,提出的有效治理模式、治理规范、运维服务等方案,对共享优质教育资源、开展数字资源服务普及行动,促进教育公平,具有重要意义。

（四）厘清在线教育治理内涵,助力在线教育治理体系构建

本书对在线教育、在线教育治理的相关概念进行界定,包括治理主体、治理对象和治理内容等,在线教育治理过程中需要充分考虑在线教育治理的多元主体,确定在线教育治理的对象,并对在线教育治理的相关内容进行分析,在分析主体、对象和内容的基础上,建立在线教育治理体系,进一步构建在线教育治理框架。

二　研究意义

本书是在分析我国在线教育市场现状和存在问题的基础上，借鉴国内外有关在线教育治理的理论与经验，对使用在线教育产品服务的学生及其家长、教师开展调研，探讨我国在线教育治理的可行性路径，以促进我国在线教育健康、良性发展。

（一）理论意义

1. 运用新理念引领教育教学变革

智能时代，在线教育逐渐成为实现终身学习的新型教育方式。本书利用新技术提供监管服务，以促进在线教育质量提升，推动数字化、个性化、终身化的教育体系构建，分析教学范式变革，促进教育教学形态和学校组织形态创新。此外，本书提出在政府对在线教育平台监管的同时，教育机构也应着力于规范在线教育模式、优化运营环境、净化平台资源，简化平台设计，建立在线教育监管机制，针对平台进行实时监管，定期检查清理有害信息，调整违背学生发展规律的内容，从而优化机构运营环境、净化教学资源，营造绿色的学习环境。

2. 促进在线教育规范健康发展

目前在线教育发展良莠不齐、质量难以保障，本书提出的"大数据+AI"在线教育治理模式，在线教育市场、行业等行为规范，在线教育机构与产品的有效监管服务体系等，有利于推动在线教育产业的合理竞争与市场升级，促进形成良性、持续发展的在线教育产业竞争环境，引导和规范在线教育有序、健康地发展。

（二）实践意义

1. 提高信息化治理水平，推进在线教育健康发展

在针对在线教育治理的过程中，借助物联网、云计算、大数据等新兴技术，对在线教育公司提交的信息进行智能审核，将在线教育行业的数据进行整合，充分利用和挖掘数据价值，推进数据的互联互通和共建共治共享，把社会提供教育资源和参与教育治理的积极性调动起来，通过技术优化在线教育平台，充分利用5G、人工智能、大数据等信息技术手段提升平台运行的稳定性，满足用户实时信息咨询、智能推荐、故障处理、意见反馈等需求，充分利用信息技术所释放的治理效能，促进人机友好互动，技术赋能用户体验。

2. 实现优质资源整合与共享，促进教育公平

面对在线教育软件数量多，教学资源分散的问题，本书提出以学段为单位，建立资源管理与转化平台，整合分散的教学资源，简化在线教育平台烦琐的操作流程，同时保障偏远地区实现优质教学资源共享，从而有利于促进教育公平。

第三节 研究内容

资本浪潮褪去，如何对"双减"政策背景下的在线教育行业进行良善治理，引导在线教育健康可持续发展，是在线教育发展的重要命题。依据该研究主题，本书围绕以下四个子问题展开：如何界定在线教育治理的内涵？在线教育及在线教育治理的现状如何？如何构建在线教育智慧治理框架？我国的在线教育治理如何实践？

一 现状调研

本书从家长、教师、学生等视角出发，调研在线教育平台应用现状与发展阻力，提出可行的在线教育治理策略，以保障在线教育服务质量。

本书选取中小学教师、中小学家长、高校学生和中学学生为主要研究对象，通过对多个主体的在线教育基本认知情况以及在线教育产品使用过程中的问题进行调研，探索在线教育治理的有效路径。结合在线教育相关政策文件与已有的相关研究，本书初步设计了《中小学在线教育平台应用现状调查问卷（家长卷）》《中学生教育机构在线学习现状调查问卷》《高校学生在线教育平台使用满意度调查问卷》《在线教育平台使用现状的调查问卷（教师卷）》，并在某地区进行小规模的预调查，根据调查结果进行多次修订，以保证问卷的信效度，最终形成正式问卷。正式实测后采用 SPSS25.0 与微词云对有效问卷进行数据分析，应用了交叉分析、卡方检验、单因素方差分析、相关分析、多元线性回归分析、T 检验、词频分析等方法。

二 案例分析

本书基于在线教育的政策文件以及典型案例，分析在线教育现状；通过对在线教育治理政策以及治理案例进行深度剖析，分析在线教育及

其治理存在的问题。

本书梳理了大量国内外在线教育治理相关文献资料、分析了国内外在线教育治理案例。在国外案例中，研究选取了美国、俄罗斯、日本、芬兰等国的在线教育治理进行研究，分析了国外在线教育治理的政策演变以及代表性的政策，提炼其成功之处与不足，并从政策部署、平台建设、个性化教育、评价体系方面对我国在线教育治理提出策略建议。在国内案例中，以"双减"政策为时间线，分析了"双减"前部分教培机构野蛮生长现状，在运行监管、课程内容、教师质量等方面存在不足，甚至存在相关违法违纪行为。

"双减"政策落地之后，K12培训资本迅速离场，教培机构也迎来了转型期，我国的在线教育治理方面有了较大突破，进一步规范了在线义务教育阶段学科类培训的起点，推动了教育信息化产业发展，促进了"双减"政策背景下对在线教育行业的良善治理，以及在线教育的健康、可持续发展。

三 框架构建

（一）在线教育治理核心要素

1. 数字政府

作为智慧治理的核心推动者，政府的政策制定、行动取向、治理效率，毫无疑问是智慧治理能否成功的关键。"数字政府"是在认可政府具有存在价值和政治功能的前提下，赋予政府运行的智能化和技术化属性，并使这一属性表现在政府管理数字化与政府决策数字化两方面[①]。在线教育治理过程中，政府应积极主动地将现代信息技术融入在线教育治理中，并彰显公平、民主、参与等价值理念，提升在线教育治理的效率和水平。例如，数字政府在采集和分析巨量数据的基础上，主动感知在线教育市场发展状态，提前预测和防范在线教育可能出现的问题与风险，为学生、家长、管理者带来精准化、个性化、高效化的在线教育治理服务。

2. 参与型社会

参与型社会主要是指以市场主体（在线教育企业、机构）和社会

---

① 梁木生：《略论"数字政府"运行的技术规制》，《中国行政管理》2001年第6期。

主体（学生、教师、家长、相关专家等）为主的在线教育治理非政府主体。传统的教育治理是以政府为核心的封闭式（半封闭）结构，市场、社会主体的权益诉求缺乏全面畅通表达、反映、保障、协商的渠道，导致了非政府主体参与教育治理的积极性不高。智能时代的在线教育治理强调利用技术赋能，实现多元参与的在线教育治理体系，这就要求行业、学校、社会等非政府实体转变以往在线教育治理中被动接受监管的观念，以更加积极主动的态度参与在线教育协同治理，打造参与型社会。通过发挥参与型社会共治共享作用，形成在线教育治理的合力，营造治理的协同效应和可持续合力，推动在线教育治理由垂直化向扁平化、一元化向多元化、威权化向民主化方向发展。当消费者在购买在线教育服务时面临虚假宣传、合同纠纷、违规授课等问题，可以依法向市场监管部门进行举报，净化市场环境。同时，师生、家长还可以主动向新闻媒体进行反映在线教育市场的各类违法违规行为，充分发挥大众传媒的舆论监督作用，提高在线教育智慧治理的透明度。

3. 智能化技术

智慧治理是智能时代在线教育治理的必然选择，是智能技术赋能在线教育治理的发展趋势。智能时代的教育治理，智能化手段和技术平衡治理主体间的价值诉求，寻求共同目标。以区块链、大数据、人工智能等技术为代表的新一代智能技术相互渗透、融合发展，对构建现代化的在线教育治理格局，推进在线教育治理能力发展产生了重要影响。在线教育治理中利用区块链技术实现治理主体的点对点传输，实现治理过程的公开透明。利用大数据技术实现在线教育治理中数据信息的互联互通，打破数据屏障，提升教育治理透明度，通过对数据的收集处理分析，提出策略方案规避风险。在线教育治理中可以依托数据分析、机器学习和精准算法等人工智能关键技术，打破时间空间限制，对在线教育进行即时感知、科学决策、主动服务、智能监管。"双减"政策下，各地纷纷要求在线培训机构不得开展学科类培训，在面对防范线上学科培训转入地下等风险时，智慧治理依靠信息技术赋能，实现对在线教育的精准化治理。

（二）在线教育治理框架

本书借鉴协同治理理论和元治理理论，结合我国在线教育发展实际情况，提出要实现对在线教育的智慧治理，需要从组织层、服务层、技术层、环境层四个层面构建在线教育智慧治理框架，主要包括多元结构与政府引导、市场监管与生态完善、技术赋能与平台建设、政策支持与社会参与，打造出多元协同、精准高效的在线教育治理框架。

1. 组织层：多元结构与政府引导

组织层是指由政府主体、市场主体、社会主体构成的在线教育多元治理结构。其中政府主体发挥主导作用，政府通过制定规章制度、采取行政手段、重塑在线教育治理组织结构等方式在治理过程中发挥元治理的作用；市场主体通过构建行业协会等自治机构、制定市场标准规范等手段在在线教育智慧治理中起到市场自治的作用；社会主体则可以通过治理监督、谏言献策等方式参与在线教育智慧治理。《教育部等十一部门关于促进在线教育健康发展的指导意见》提出要坚持多元治理，形成政府引导、机构自治、行业自律与社会监督的在线教育治理格局。多元治理已成为当下治理研究的重点，多方合力的协同治理更有利于兼顾不同主体需求和利益。一方面，在政府引领下，可构建政府、机构、行业和社会多元协同的在线教育治理结构，政府出台政策法规，积极引导在线教育机构及行业的自治与自律；社会公众作为在线教育中最庞大的集体，可反映在线教育服务指向的最终需求；行业机构在政策指引下相互监督，构建竞争共存的行业新模式，以保证在线教育行业的健康发展。另一方面，通过政府元治、市场自治、社会监督等方式，明确各方对在线教育治理的立场、诉求与利益，达成共同治理目标以形成治理合力，在政府引导下对在线教育行业所出现的问题进行整治与管理，塑造遵守教育逻辑、良性竞争的市场环境。

2. 服务层：市场监管与生态完善

在线教育智慧治理服务层是指面向学生、家长、教师、企业用户等主体提供各类个性化在线教育治理服务的信息化技术平台。如学生、家长、教师等社会个体可以就在线教育平台乱收费、虚假宣传、违规授课等违法违规行为进行投诉，并对治理过程进行监督；在线培训机构、企业等市场主体可以通过服务层登记、查阅或修改授课内容、在线师资、企业资质等信息，并对行业内企业和中小学生进行学科培训、侵犯他人知识产权、开展不良竞争等违反市场秩序、损害行业形象的违法行为进行举报。通过分析在线教育治理内容，本书认为服务层主要面向社会提供的在线教育治理服务主要集中在机构资质认定、师资质量保障、课程质量把关、信息安全检查、经营规范性监督、用户行为监督六大部分[①]。机构资质认定部分，核心关注提供在线教育产品与服务的企业或机构的资质发放与审查，依法取缔存在违规授课行为的在线教育产品、平台、培训机构等。师资质量保障方面注重为在线教育教师提供备案、培训与资质审查等服务，杜绝当前市面上大量缺乏教学经验、知识素养与职业道德不符合标准的在线教师大行其道的现象[②]。课程质量把关方面，强化对课程内容与教学材料的监管，严禁在基础教育阶段实行线上学科培训，增加未成年学习者学业负担；同时对教学内容制定统一的课程大纲与质量标准，防范质量低下甚至谬误频出的在线课程出现在市场上。

3. 技术层：技术赋能与平台建设

技术层强调的是在线教育智慧治理中的技术赋能和平台建设。目前传统的人工治理模式已逐渐与在线教育催生的治理需求产生脱节，需要充分依托以人工智能、大数据、区块链、物联网等现代信息技术为代表的智能技术集合，实现在线教育智慧治理。例如，通过大数据的收集和分析建立起智能化的管理手段[③]，管理者与人工智能协同，形成人机协同的决策模式，可以深度洞察、提前预防在线教育行业所存在的问题与风险，实现更加高效的资源配置，促进在线教育健康发展。

在线教育平台作为在线教育的重要支撑，其设计与应用成为在线教育治理中的重要部分。通过对在线教育平台应用情况调研显示，在线教育平台多而杂、交互功能单一、系统不稳定等情况是平台中最常见的问题。因此，需要政府和教育行政部门充分整合在线教育资源，整合优质的在线教育平台，实现在线教育平台的统一管理，便于学生的在线学习和平台的维护与监管。同时，增加在线教育的交互形式，采取多种形式调动学生的学习积极性，通过多元交互增加学生的教育临场感。此外，

---

① 王娟等：《智能时代的在线教育治理：内涵、困境与突破》，《电化教育研究》2021年第7期。

② 马健生、刘云华：《教育中的资本扩张：危害与治理》，《清华大学教育研究》2021年第4期。

③ 南旭光、张培：《智能化时代我国高等教育治理变革研究》，《中国电化教育》2018年第6期。

需建设在线教育治理智能平台,向社会各界提供机构资质认定、教师质量管理、课程内容把关、数据安全维护、市场行为监管、用户行为监督等一站式集成服务,尽可能地提升在线教育治理服务效率和水平,实现治理事项全流程、全天候、全方位智能办理,优化治理主体在线教育治理体验,提高人民满意度。

4. 环境层:政策支持与社会参与

在线教育智慧治理环境层主要包括在线教育治理法律环境与在线教育治理市场环境两部分,需从政府、行业以及社会等层面着手,打造政府政策、行业规则和社会参与的大环境。首先,政府应出台在线教育的发展规划和指导性文件,以指导在线教育朝着正确的方向发展,并出台在线教育治理的指导文件及在线教育治理问责办法等政策和法规,保证在线教育治理具有针对性和规范性,确保在线教育治理的合法、合规,促进在线教育治理精准、高效。其次,在线教育行业、协会应建立在线教育行业发展规则,并严格遵循行业自治原则,对违反行业规则的在线教育机构及平台予以整顿。此外,保障社会参与在线教育治理的大环境。社会公众是对在线教育感触最深的服务主体,这个群体最了解在线教育存在哪些现实问题。因而社会参与在线教育治理,形成社会参与的大环境,有利于精准定位在线教育存在的问题,实现精准治理并推动多元协同治理结构的完善、提高在线教育治理效率。

四 机制设计

(一) 智能分析决策机制

智能时代的在线教育治理需要充分利用大数据、人工智能、区块链等智能技术,探讨人工智能应用在政府决策、行业分析、产品监控、资源整合、学习者分析等方面的智能决策分析机制,在采集大量在线教育及其治理数据的基础上,运用自适应测评技术对大规模数据进行融合、聚类、测评、优化,最终生成证据信息,实现"数据—信息—证据"的转化,最终形成循证决策,实现数据驱动的循证治理。

(二) 智能管理协同机制

在线教育治理是一项复杂的系统工程,需要以智能技术辅助在线教育治理,从而实现各主体及治理数据的智能管理。多元主体治理工作的协同管理、在线教育治理数据的管理、在线教育平台及其用户的管理、安全隐私管理等都朝着智能化方向发展。然而，智能化的管理离不开多元主体的参与，因此有必要构建在线教育治理智能管理协同机制，以促进在线教育治理工作的有序进行。

（三）在线教育质量评估机制

结合教育评估与机制的概念，在线教育质量评估机制可概括为对在线教育满足客户明确或隐含需求的程度进行价值判断的行为过程。具体而言，在线教育质量评估是由政府、行业、学校、社会等利益共同体构成的评估主体，依据科学的质量评估标准与质量原则，采取合理的评估方法，对在线教育机构、教师、课程等评估对象，围绕机构质量、师资质量、课程教学质量等内容作出系统性价值判断，从而改进在线教育质量的实践行为。

（四）在线教育数据安全保护机制

在线教育依托互联网开展，建立在海量数据交互、传输、共享、搭建等过程产生的信息之上。互联网技术对在线教育的融合、驱动作用日益明显，信息系统面临的风险挑战与漏洞威胁也不断增大，信息安全既是在线教育平台可持续和健康发展的基础，也是国家互联网治理领域的重要内容。因此，信息安全的保护已成为在线教育治理的重要内容，建立在线教育数据安全保护机制，是保障在线教育数据隐私安全的重要途径。

五　路径探索

在线教育智慧治理强调在线教育生态系统的整体性，不应将在线教育局限于市场经济下的某种产物，需要对其部分违背市场秩序、阻碍行业发展的行为进行监管，更重要的是将在线教育视为由其与周边环境交互作用而构成的统一整体，对其内部的教育系统及组织等人类要素和外部的软硬环境等非人类要素进行统筹协调规划。本书从在线教育生态系统的整体视角出发，依托在线教育智慧治理框架，提出在线教育治理应考虑组织、服务、技术、环境之间的关系，并从顶层规划、平台搭建、技术赋能、环境净化四个层面，提出以"善治"促和谐、以"数治"提效率、以"智治"增效能、以"法制"求平等的具体实践方案。

（一）顶层规划，以"善治"促和谐

1. 政府元治，把控治理走向

"元治理"即"治理的治理"，政府作为在线教育治理的权威参与者，通过对国家、市场、社会组织等力量进行宏观上的协调管理，明确各主体的定位和作用，能够更好地引导各方协同交互形成治理合力。

2. 市场自治，激发行业活力

良好的在线教育市场为在线教育相关商品与服务的交易与流通创造了适合的环境，并促成了在线教育资源在社会的合理配置。与其他主体不同，在线教育机构、企业等市场主体既是在线教育资源与服务的提供者，也是监督与管理者，凸显了在线教育治理的民主特性。

3. 社会参治，保障群众利益

"社会参与"是指社会成员通过讨论、协商和决定对社会公共事务进行管理的一种现代参与式民主制度。而教育治理体系现代化其实是要扩展教育治理体系内涵，实现社会广泛而有效地参与教育治理。

(二) 平台搭建，以"数治"提效率

1. 打通数据屏障，促进治理数据的自由化流通

在线教育智慧治理平台作为在线教育智慧治理的数字中枢，通过5G、物联网、区块链等技术实现对在线教育治理的实时监测与数据汇集，各级政府通过API接入在线教育智慧治理平台，实时上传、存储、分析、传输有关在线教育的治理活动数据，实现在线教育治理活动的数字化、信息化、智能化。

2. 规范治理流程，保证治理的标准化

通过在线教育智慧治理平台对在线教育治理行为的全过程记录与监督，使在线教育行业治理暴露在"阳光下"，提升在线教育治理的透明度；同时，在线教育智慧治理平台还开放用户、企业接口，社会可以对在线教育行业存在的问题进行投诉，并对处理过程进行实时跟踪，进一步实现上下一体、内外协同、社会参与的在线教育治理模式。

3. 集成治理服务，构建一站式服务平台

在线教育智慧治理平台集成了从投诉到处理，再到反馈的一站式治理服务，有利于收集反映群众在线教育治理诉求、意见和建议，打通"最后一公里"，实现智慧治理常态化，改善群众获取在线教育治理服务的体验。

(三)技术赋能,以"智治"增效能

1. "大数据+在线教育治理",促使治理方式精准化

在教育领域,大数据与教育治理有着天然的契合之处,有助于推动教育治理运行机制的现代化。利用大数据思维和技术赋能在线教育治理,有利于在在线教育领域实现共享共赢的新型公共管理范式。

2. "区块链+在线教育治理",推动治理结构扁平化

区块链作为一种去中心化的分布式记账本技术,其技术特点在促进教育治理结构扁平化、治理及服务过程透明化、治理数据可行性和安全性、教育执法智能化等方面具有天然优势。

3. "人工智能+教育治理",促进治理过程智能化

以人工智能为技术支撑的治理新模式在提高在线教育治理效率的同时,更多呈现人性化、场景化、价值化的趋势,能够提供更加包容和谐的人文关怀。

(四)环境净化,以"法治"求平等

1. 完善政策法规,加强政府引导

作为一种治理模式,智慧治理是一种将治理、法制与技术深度融合的现代趋势。针对在线教育的智慧治理,应注重法制因子的融入。

2. 加强行业自律,净化市场环境

在市场环境下,在线教育企业理应在遵守法律法规和行业规范的基础上,开展良性竞争,实现均衡发展。

3. 强化社会监督,满足社会需求

社会参与已经成为现代教育治理中的重要组成部分,公共教育服务供给矛盾的解决以及教育公平和教育质量的保障都离不开社会参与。

第四节 研究设计

一 研究方法

(一)文献研究法

文献研究法能够帮助研究者掌握所要研究问题的情况,选定研究课题和确定研究方向,为研究提供科学的论证依据等。本书需要从大量相关书籍、国内外博硕论文、期刊及网络通信等搜集在线教育和在线教育

治理的文献资料，并展开深入分析，为后续研究打下坚实基础。

（二）内容分析法

内容分析法是一种以文本资料为研究对象的研究方法。内容分析法可以将非定量的文献材料转化为定量的数据，并依据这些数据对文献内容作出定量分析和关于事实的判断和推论，这将使组成结论的因素与对结构的分析更为细致和程序化。本书运用内容分析法对在线教育治理进行分析，构建在线教育治理路径和提出相关策略建议。

（三）问卷调查法

问卷调查法也称"书面调查法"，或称"填表法"，用书面形式间接搜集研究材料的一种调查手段。这种方法的优势在于能够较大范围地选取样本并获取信息，其结果便于量化分析，但问卷的编制是个难点，获取的信息广而不深，回收率也难以保证。数据处理采用了 SPSS 统计分析，包括频次分析、均值分析、方差分析、因子分析及相关分析等。

本书对全国多个地区的家长、教师及学生展开调查：一方面了解在线教育使用过程中遇到的问题及改进措施；另一方面了解师生和家长对在线教育发展的需求及其未来发展趋势。由于有些信息可能不适合用问卷的形式获得，这就需要辅之以观察、访谈等质性研究方法来获取，通过这些方法的配合使用，进行互补式的"三角测量"，才有可能获取丰富完整的资料。

（四）实地考察法

实地考察指为明白一个事物的真相、势态发展流程，而去实地进行直观的、局部进行详细的调查。在考察过程中，要随时对个人观察到的现象进行分析，努力把握考察对象的特点。本书深入校外线上培训机构和学校进行实地考察，以了解培训机构以及学校在线教育开展的实际情况。

（五）案例分析法

个案研究是对当前现实生活存在的现象进行实证性探究，特别是对研究对象与所处背景之间界限不太清晰的现象进行探究。通过对在线教育的政策文件以及机构案例的研究，分析在线教育现状；通过对国家在线教育治理政策以及机构治理案例进行深度剖析，最终分析出在线教育及其治理存在的问题。

（六）系统动力学方法

系统动力学是通过分析社会经济系统内部各变量之间的反馈结构关系来研究系统整体行为的理论。本书在分析在线教育生态系统各因素之间交互关系的基础上，建立在线教育治理系统模型，分析各因素之间的交互作用对在线教育治理结果的影响，以达到对在线教育治理框架更为清晰、系统的认识。

（七）德尔菲法

德尔菲法也称为专家调查法，是一种采用通信方式将所需解决的问题单独发送到各个专家手中，征询意见，回收汇总全部专家的意见并同时整理出综合意见，最后通过多次反复操作从而逐步取得比较一致预测结果的决策方法。本书通过发放问卷、电话访谈等方式对多年从事在线教育培训及其管理工作的一线教师、高校专家、企业人员等专业人员进行咨询，以进一步确定在线教育治理所存在的问题及其解决策略，有助于为政府决策提供参考依据。

二　技术路线

本书在对在线教育治理进行系统深入剖析基础上，按照研究开展的进程划分为四个方面，分别是前期分析与聚焦问题、现状调研与案例分析、核心问题与框架建构以及实践路径与策略建议。研究思路如图1-1所示。

（一）前期分析与聚焦问题

本书通过文献分析，对智能时代的在线教育及其治理相关研究进行梳理，发现在线教育的普遍问题，综合研究现状，从治理主体、治理对象和治理内容三个方面对在线教育治理进行内涵界定。

（二）现状调研与案例分析

本书通过问卷调研法，调查家长、教师以及学生等不同群体的在线教育情况，以及在线教育平台应用现状，以了解我国在线教育发展现状；通过案例分析，了解我国目前在线教育治理的现状，发现在线教育治理过程中存在的问题。

（三）核心问题与框架建构

本书在问卷调查和案例分析基础上，总结在线教育及其治理中存在

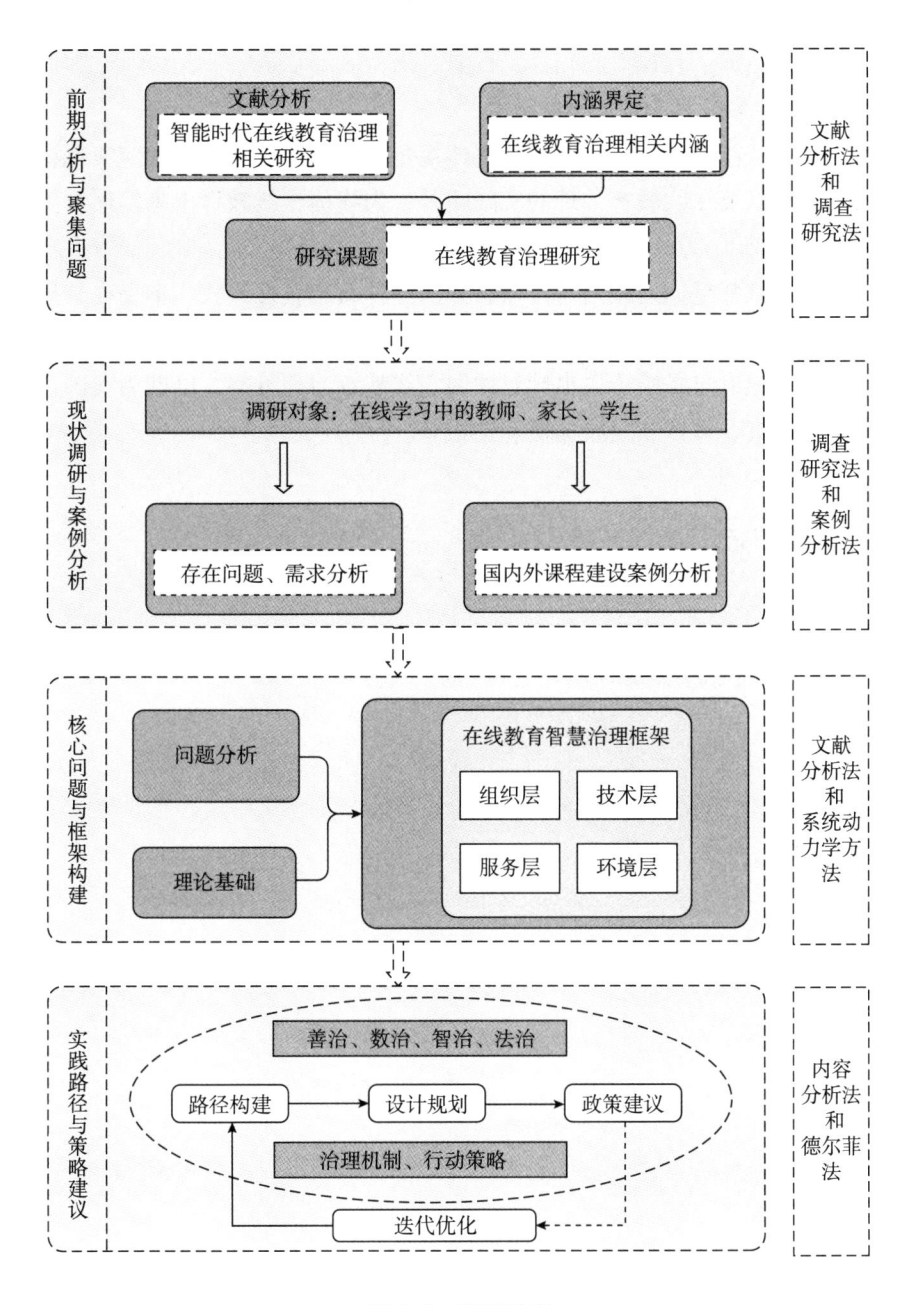

图 1-1　研究思路

的问题；借鉴协同理论和元治理理论，提出实现对在线教育的智慧治理，并从组织层、应用层、技术层和环境层构建了在线教育智慧治理框架。

（四）实践路径与策略建议

本书从在线教育生态系统的整体视角出发，提出在线教育应实现智慧治理，以及在线教育治理的实践路径，为我国在线教育未来发展提供策略建议。

在线教育是以互联网为传播媒介的一种新型教育模式。本书在分析调研在线教育行业市场现状与存在问题的基础上，借鉴国内外先进在线教育治理理论与经验，提出针对性的在线教育治理策略，以期为我国在线教育健康、可持续发展提供理论指导。

第二章

概念界定及理论基础

第一节 核心概念界定

一 在线教育

"在线教育"以网络为介质,也称"互联网教育"或"网络教育"。现多指一种基于网络的学习行为,即学习者与教师之间通过网络开展的教学活动。目前,在线教育可以借助可穿戴设备、大数据、智能技术以及虚拟助手等,实现教育的个性化和定制化。碎片化、移动化已成为在线教育的主要特征。

国外关于在线教育内涵的探讨主要集中在教育本质、教育形式、教育方法和教育媒介四个层面。我国的在线教育指的是广义上的教育,包括教师、教学平台、教学内容、学习者等基本要素;涉及教育部认可的体制内的教育,以及体制外市场上存在的各类培训和辅导等。在线教育市场包括在线学前教育、在线 K12 教育、在线语言教育、在线职业教育、在线高等教育以及综合教育平台市场等。在线 K12 领域中,题库类、教育工具类 App 等受到较多关注;高等教育中 Coursera、网易公开课、中国大学 MOOC 等占据领先地位。在线教育市场的活跃从一定程度上反映出教育主管部门、互联网企业、教育培训机构等的多方联动,助推了在线教育的蓬勃发展。

二 在线教育治理

(一)治理主体

教育治理是通过一定规则和程序对教育中有相互冲突和利益竞争的

各方进行调解的一种过程①；是国家机关、社会组织、利益群体和公民个体，通过一定的制度安排进行合作互动，共同管理教育公共事务的过程②。在线教育治理是各主体平等、主动地参与处理在线教育事务的集中体现，其主体主要涉及政府、行业、学校和社会。其中，政府发挥着"元治理"的作用，承担着政策制定、制度设计、远景设想等职责③。行业包括机构、协会、企业等，是在线教育服务的提供者。学校是最重要的治理主体之一，是各种关系的聚汇点。教师、学生、家长是在线教育的消费者、利益相关者，在一定程度上影响着在线教育的发展方向、政策颁布和重大改革等事项。在线教育治理可以规范行业和产业发展，营造更加优质、公平、高效、有序的在线教育新格局。其主体、内容与对象如图2-1所示。

图 2-1 在线教育治理的内涵

（二）治理对象

在线教育治理的对象主要涉及在线教育教师、在线课程管理者、在线教育服务平台、在线教育服务使用者以及在线教育行业组织。其中，在线教师是以直播、录播等方式在互联网平台从事教育的工作者；在线

---

① 孙绵涛：《现代教育治理体系的概念、要素及结构探析》，《教育研究与实验》2015年第6期。
② 褚宏启：《教育治理：以共治求善治》，《教育研究》2014年第10期。
③ 杨现民等：《数据驱动教育治理现代化：实践框架、现实挑战与实施路径》，《现代远程教育研究》2020年第2期。

课程管理者是制作、复制、发布在线教育课程资源的个人或组织；在线教育服务平台是以网站、电脑程序、互联网移动应用等方式提供在线教育内容传播服务的平台；在线教育服务使用者是获取在线教育服务的组织或个人；在线教育行业组织包括线下教育培训机构治理的线上延伸，以及行业结构的规范、服务模式的调整、构成要素的变化、教学产品的优化等。

（三）治理内容

在线教育治理以政府、学校、行业和社会的新型关系为内容，强调政府、学校、行业和社会的多元协同共治，需要协调好公办教育、民办教育、职业教育、特殊教育等各类教育之间的关系；学前教育、初等教育、高等教育各级教育之间的关系；以及教育活动、教育体制、教育机制和教育观念之间的关系①。具体治理内容如下。

1. 机构资质的认定

由于在线教育的虚拟特征，规范在线教育产品和教育服务的难度较大，部分资质不足、证照不齐的机构混入其中，影响了在线教育的品质。从事在线教育行业需要资质规范，如《办学许可证》《营业执照》《办学消防合格证》《信息网络传播视听节目许可证》等。2018年3月，教育部印发了《教育部办公厅关于加快推进校外培训机构专项治理工作的通知》，重点治理培训机构的安全隐患、证照不全等问题。《关于进一步减轻义务教育阶段学生作业负担和校外培训负担的意见》（以下简称"双减"政策）实施以前，大量校外在线教育平台的建设主体并不持有互联网信息服务增值电信业务经营许可证、网络文化经营许可证等互联网经营许可证。为此，应在法律框架内建立在线教育行业准入标准和注册备案制度，只有符合标准的在线教育机构才可获得合法经营权，这要求教育机构应主动履行备案义务，及时、真实、准确、完整地提供备案所需信息和数据。一方面，应设立在线教育服务市场准入机制，在线教育机构及互联网教育产品应获得政府颁发的运营执照，严格按照法律法规、技术规范等要求开展在线教育服务；另一方面，需设计相关标准和规则，对提供在线教育服务的机构、平台与企业进行资质审

---

① 孙绵涛：《现代教育治理的基本要素探析》，《中国教育学刊》2015年第10期。

核，并采取定期与不定期考核，对不满足资质的服务与产品进行及时查处与取缔。

2. 师资质量的保障

"双减"政策实施以前，部分在线教育平台由于教师资质审查或信息公示的机制缺失，师资质量良莠不齐。2018年9月，教育部发布《关于切实做好校外培训机构专项治理整改工作的通知》，要求培训机构的授课教师必须具有教师资格证。2019年7月，教育部《关于规范校外线上培训的实施意见》指出要重点做好教师培训行为的监管工作。因此，监管部门、线上培训机构、互联网教育平台等应携手制定在线教师标准，健全师资准入机制，定期对授课教师进行标准化和体系化的培训，规范在线教师的评估机制。2020年7月，人力资源和社会保障部正式将在线学习服务师列为新职业；2020年8月，中国中央电视台专题报道了在线教育乱象，点名批评多家在线机构的师资质量差等问题。目前相关部门已针对这一问题采取了一系列措施。2022年3月，国家智慧教育公共服务平台正式上线，平台资源包括专题教育资源、课程教学资源、教师研修资源、教改实践经验等，汇聚了众多名师大家、院士学者课程，这从一定程度上保障了师资质量与课程质量。

3. 课程内容的把关

《在线教育行业发展报告（2020）》显示，师资队伍、课程内容质量是行业竞争关键。2021年，我国相继颁发了《关于进一步减轻义务教育阶段学生作业负担和校外培训负担的意见》等"双减"政策文件，对课程教学质量与课程时长等方面提出新的标准，课程内容的审核将更加严格；同年，教育部成立校外教育培训监管司，组织实施校外教育培训综合治理和综合执法工作，严格把关在线课程内容质量。部分在线教育平台监管薄弱，授课内容不佳，存在不符合国家主流意识形态和社会公序良俗的问题，尤其是国外教育资源的引进方面，法律上没有明确平台的内容审查义务。例如，部分跨境提供服务的平台，由外籍人士提供教育服务，而我国法律对于境外教师提供在线教育服务缺乏相应规定。这不仅违反了《中华人民共和国教育法》规定的教育活动应符合主流价值观和社会公共利益的基本要求，也反映出部分在线教育平台正在钻法律的漏洞。此外，部分平台对低俗、暴力、恐怖、游戏等有害信息缺乏必要的过滤，部分平台存在超纲教学、提前教学等现象，严重干扰了学校的正常教学秩序。为此，2018年7月，工信部实施《移动智能终端应用软件预置和分发管理暂行规定》，明确规定互联网信息服务提供者不得提供或传播含有不健康内容的移动智能终端应用软件；2020年12月，教育部网站发布了《关于进一步规范中小学在线教育市场的提案》，指出要规范校外线上培训机构，保障在线教育内容；2022年，北京师范大学中国教育与社会发展研究院国情调查中心组建"全国'双减'成效调查课题组"，调查并发布了《全国"双减"成效调查报告》，指出在线课程仍存在"提前学习学科知识""课程内容虚假宣传"等违规现象。因此，应进一步探索"互联网+监管"机制，组建监管部门，形成与之相对应的政策，提升监管透明度。

4. 信息安全的检查

在线教育作为国民教育体系的重要组成部分，信息安全是其持续健康发展的重要基础，一旦发生严重的信息安全事故，将会给国民教育体系的信息化建设带来严重影响。在线教育的信息安全已成为各国政府、企业、学校、家庭共同面对的时代命题，在线教育治理应建立互联网教育应用的数据安全监管机制，落实信息安全主体责任，严厉打击过度采集用户信息、窃取与出卖用户个人隐私等违法行为。而以社交、游戏类为主的在线网络平台尚处于监管的空白。例如，对浙江省242款教育类平台（App）开展网络安全保护专项检查，发现普遍存在违规采集数据、用户通话记录、短信、通讯录及位置等敏感信息的现象。

2020年7月，中央网信办启动专项行动，重点整治学习教育类网站平台和其他网站的生态问题；中国信息协会教育分会发布《中小学在线教学质量评价标准（试行）》，要求教师应在教学前提前屏蔽网络不良信息。2021年3月，国家互联网信息办公室牵头制定了《常见类型移动互联网应用程序必要个人信息范围规定》，明确规定移动互联网应用程序（App）运营者不得因用户不同意收集非必要个人信息而拒绝提供基础功能服务；同年7月，中共中央办公厅、国务院办公厅重磅发布的"双减"政策，也着重强调在线教育机构不得泄露家长和学生个人信息，对不具备资质的在线教育机构依法进行惩处。此外，在线教育平台学生在线学习时间越长，越能形成海量的教育数据，其"开放"

的个人隐私就越多，这些身份信息、教育数据等一旦泄露或被违法商用，会对个人的人身安全、学习和成长产生极大危害。因此，平台运营者应严格遵守《网络安全法》《App违法违规收集使用个人信息行为认定办法》等法律政策要求，做好系统定级、备案和安全防护。广大师生也应关注个人信息安全保护，拒绝无理的权限申请。

5. 经营规范性监督

2022年，《全国"双减"成效调查报告》指出校外培训机构仍存在违规行为，如部分平台占用法定节假日或周末违规培训，部分机构非学科培训盲目扩张、变相制造教育焦虑、价格虚高等。而部分在线教育机构和平台存在收费高昂、虚假宣传、任意停课、退款难等乱象，严重侵害了在线教育用户的合法权益，造成了用户与平台的互不信任，阻碍了在线教育市场的良性发展[①]；部分平台提供的信息夸大事实、空洞承诺；部分平台承诺给予更多优惠，但收费后平台运营困难导致破产、倒闭、跑路；部分平台存在霸王条款，提供的条款存在免除平台责任、加重被教育者责任等问题；部分平台预付费过高[②]；部分平台在退费条款及程序上设置障碍。为此，面对市场上良莠不齐的教育服务，政府应主导建立在线教育收费公示制度，对在线教育违规违法收费行为进行严厉打击，维护市场的稳定与和谐；教育培训机构应规范化经营，建立完善的自查自纠机制。2019年7月，教育部六部门出台了《关于规范校外线上培训的实施意见》，对校外线上培训的收费项目、标准及退费办法等规范经营方面做了明确规定；2022年，教育部等五部门发布了《关于加强普通高等学校在线开放课程教学管理的若干意见》，要求在线教育平台完善自我监督机制、健全平台监管制度。例如，一起教育科技联合极课大数据等多家企业发布了《学习类App进校服务的行业自律倡议》，全面保障平台用户权益，这是在线教育行业规范性经营的体现。

6. 用户行为的监督

在线教育用户主要包括学生、家长和教师三类，每类用户的需求各不相同。目前在线教育平台都拥有社交功能，在用户进行学习经验交流

---

① 李威：《对在线教育还需继续加强监管》，《中国教育报》2019年第2期。
② 张挺：《包容审慎视角下校外在线教育平台的法律监管》，《中国电化教育》2020年第2期。

分享时，有时会存在滥发与学习内容无关的信息、不良信息和商业广告等问题，致使在线教育平台没有发挥其应有的作用。因此，政府应引导在线教育平台的用户账号与个人学信档案等挂钩，监管用户在线学习的社交行为，对于用户的不良行为进行警告和处罚，并记入档案。在线教育App可设置知识管理板块、演练专区、多个矩阵联合学习板块等服务内容，呈现学生对在线课程的评价和师生之间的互动交流，在平台内实现互动问答、分享推广等，并有效地对用户行为进行监督。

第二节　理论基础

一　多中心治理理论

（一）多中心治理理论的起源与发展

1. "多中心"理论的兴起

"多中心"这一概念最早源于经济领域，由英国自由主义思想家迈克尔·博兰尼（Michale Polanyi）在《自由的逻辑》一书中首次提出。博兰尼从商品经济活动的自发秩序中洞察到"多中心性"选择的存在，并提出"单中心秩序即指挥的秩序是通过自上而下的方式来维持自身运转的，而多中心秩序则是在遵守一定的法律规定前提条件下，人与人之间独立、平等的合作与协调的关系"。人与人之间凭借个人主动性自发形成社会中的秩序体系，这种自发秩序无法相互调整，使人们无法通过统一集中指挥解决现实问题，不利于社会管理。但自发秩序的形成也是不断协商调节的过程，自发秩序中的个体经过相互自觉调整后会趋向一致，科学的行为配合包含了三种相互作用模式：协商、较为重要的竞争和劝说。博兰尼的"多中心"理论强调的是后两点的配合。博兰尼使人们认识到"多中心"这一有效分析事物内部规律的全新视角，虽然"多中心"发源于经济领域，但随着社会科学的不断进步与发展，越来越多领域的学者与专家意识到"多中心"视角的适用性，"多中心"理念受到越来越多的关注与认同，并逐渐引入公共管理领域，对政府治理模式创新产生深远影响。

2. 治理理论的发展

"治理"一词在公共管理领域最早出现在20世纪90年代，随着志愿者组织、社区等自治力量对公共生活的影响力日益扩大，而政府在公共管理中又不断出现失灵现象，学术界开始思考政府与其他社会组织的关系，治理理论由此兴起①。治理理论起源于时代背景下尖锐的现实问题与传统管理模式造成的冲突，该理论迎合了国家公共组织的利益与诉求，是公共服务领域谋求改革发展的探索与尝试。

1995年全球治理委员会在《我们的全球之家》报告中，将治理界定为"各种公共的或私人的个人和机构管理其共同事务的诸多方式的总和"。国内外众多学者对治理理论展开探讨的过程中，也对治理理论提出了新的看法与解释。英国学者格里·斯托克与罗伯特·罗茨作为治理理论的代表人物，分别从五个方面、六个独立角度阐述了治理理论的概念与特征，强调了"治理"存在自治组织网络化和政府与民间组织合作化的显著特征②。2000年，俞可平在论文集《治理与善治》中指出治理目的在于最大限度增进公共利益，治理规则是参与、公开、透明、回应、公平、责任、正当性和合法性等③。自此治理理论引入国内并得到迅速发展。柳亦博从"术道合一"视角探索了治理理论本土化的创新理解④；徐泽等基于彼得斯治理理论，重构了区域协同发展的路径⑤；刘铁娃基于治理理念，提出全球治理的五要素与内在张力⑥。治理理论视角下，公民积极参与，政府与公民之间建立互相信任、互相依赖的协作关系，治理过程的核心理念是协调与合作⑦。

3. 多中心治理理论的形成

从"多中心"到"多中心治理"，体现的不仅是"多中心"理论在公共管理、教育行政等领域的横向跨越，也体现着治理理念的转型升

---

① 刘晓倩：《多中心治理框架下中小城市生活垃圾分类管理研究》，硕士学位论文，曲阜师范大学，2021年。

② 俞可平、张胜军：《全球化：全球治理》，社会科学文献出版社2003年版。

③ 俞可平：《治理与善治》，中国社会科学出版社2000年版。

④ 柳亦博：《治理理论的"视差"：术道分离与术道合一》，《探索与争鸣》2021年第11期。

⑤ 徐泽等：《基于彼得斯治理理论的京津冀协同发展路径重构》，《资源开发与市场》2022年第1期。

⑥ 刘铁娃：《全球治理的五要素及其内在张力》，《人民论坛》2021年第33期。

⑦ 王志刚：《多中心治理理论的起源、发展与演变》，《东南大学学报》（哲学社会科学版）2009年第S2期。

级。美国印第安纳大学的埃莉诺·奥斯特罗姆（Elinor Ostrom）夫妇在继承和发展博兰尼社会秩序理论基础上，从理论和实证的角度分析了现行集体行动理论存在的问题与弊端，对"多中心"进行了更深入的诠释①。奥斯特罗姆夫妇重新审视、思考了公共资源的治理模式，在大量实证案例中探讨人们借助彼此间的相互沟通、信任及依赖而建立自主治理公共池塘资源的可能性。自此，以平等、协商、合作、互信为关键要素的多中心治理理论诞生并兴起。

多中心治理理论的概念最早由美国学者奥斯特罗姆夫妇（Vincent Ostrom and Elinor Ostrom）明确提出①。该理论倡导社区、市场、公众等组织共同作为治理的中心，形成多个中心协同管理公共事务、权力回归民众的公共事务管理模式。孔繁斌认为多中心治理是指"在遵循公共性规范的前提条件下，不同治理主体之间构建的一种公共服务再生产的制度机制"②。王志刚提出多中心治理是并存的多个权力中心通过相互协调合作的方式为社会公众提供更好的公共服务和选择的治理方式，它不仅可以在某种程度上减少"搭便车"行为，还可有效避免"公用地悲剧"和"集体行动困境"③。

多中心治理作为一种现代化的政府治理理念，强调在相互信任的基础下，多元主体间的多向度合作，要求从传统的政府单一管制模式转向政府、企业、社会组织和公众多元协商共治，体现了政府治理理念的转型和升级④。多中心治理理论强调的治理主体多元化，指的是公共部门、企业、非营利机构、个人均可参与公共事务的治理，并以平等的地位处理公共事务、协调各主体之间的利益关系⑤。多中心治理理论在一定程度上弥补了由单一政府治理模式带来的不足，通过政府、社区、市

---

① 刘俊英：《区块链技术之于社会治理创新的影响分析——基于多中心治理理论的视角》，《社会科学战线》2021年第6期。
② 孔繁斌：《多中心治理诠释——基于承认政治的视角》，《南京大学学报》（哲学·人文科学·社会科学版）2007年第6期。
③ 王志刚：《多中心治理理论的起源、发展与演变》，《东南大学学报》（哲学社会科学版）2009年第S2期。
④ 唐滢：《基于区块链的政府治理创新研究》，硕士学位论文，华中师范大学，2019年。
⑤ 孙玉、彭金玉：《国内对多中心治理理论应用的研究综述》，《学理论》2016年第11期。

场、公众等多个中心协商、合作进行公共事务管理，提高公共事务处理效率。

（二）多中心治理理论与在线教育治理的契合

多中心治理理论最初是为了协调公共事务及公共资源的内部关系，现将多中心治理理论引入在线教育治理中，探讨多中心治理理论与在线教育领域的联结点、多中心治理理论如何指导在线教育治理、多中心治理理论指导在线教育治理的可行性都十分必要。自多中心治理理论引入后，我国众多学者都在积极探索多中心治理理论在各领域的指导价值，目前多中心治理理论在我国的应用主要集中在教育领域与行政领域。教育领域中，曲正伟分析了多中心治理理论在义务教育治理中适用的合法性，提出了保持各中心之间均衡和突出政府责任主要性的多中心治理体制[1]；王鹭等分析了将多中心治理理论运用于老年教育领域的适切性，构建了多元化、多层次的老年教育供给新模式[2]；付小倩等在多中心治理理论的思路指导下，从建设主体、建设路线以及制度创新三个方面着手提出多中心的现代职业教育体系[3]。行政领域中，邓超等将多中心治理理论引入民办幼儿园的治理，从多元主体参与、协商合作治理和构建动态治理网络三方面破解民办幼儿园的治理困境[4]；吴秋丽等将多中心治理理论与大运河文化治理相结合，构建了对国家公共资源的多元化保护与传承模式[5]。

在线教育是由教师、学生、企业、政府、学校等多个主体协同作用才能正常运转的教育系统，在线教育治理涉及的不仅是教育资源的治理，也包含政策的革新、人员的管控、环境的净化等方面。在线教育治理与多中心治理理论有相同的理念取向。教育部在《关于促进在线教

---

[1] 曲正伟：《多中心治理与我国义务教育中的政府责任》，《教育理论与实践》2003年第17期。

[2] 王鹭、杨阳：《准公共产品属性：多中心治理视域下老年教育供给模式的优化》，《老龄科学研究》2021年第1期。

[3] 付小倩、袁顶国：《现代职业教育体系的多中心建设》，《现代教育管理》2014年第7期。

[4] 邓超、蔡迎旗：《民办幼儿园的治理困境及解决策略——基于多中心治理理论》，《教育理论与实践》2021年第29期。

[5] 吴秋丽、曹舒婷：《多中心治理视域下河北大运河文化保护与传承策略分析》，《沧州师范学院学报》2021年第2期。

育健康发展的指导意见》《关于推进教育新型基础设施建设构建高质量教育支撑体系的指导意见》等政策文件中都强调了多元主体协同对在线教育发展的重要性。多元协同能培育良好的发展生态，进而统筹兼顾在线教育的安全与发展，形成政府引导、机构自治、行业自律、社会监督的在线教育治理格局。这一点与多中心治理理念的取向不谋而合，将多中心治理理念引入在线教育治理领域，带来的是"双赢"局面，既可兼顾在线教育领域众多主体的利益平衡，推动在线教育治理更加全面化、多元化，同时也深化了多中心治理理论的应用范畴。

从需求角度考虑，在线教育治理需要多中心治理理论的引入与指导。随着教育信息化的深入发展与新兴技术的持续突破，在线教育也在不断寻求创新发展。学习者年龄段的纵向伸展、教师队伍的日益壮大、政策法规的实时更新、海量数据资源的管理等，都加大了在线教育治理的难度。因此，在线教育治理需要借助多中心治理理论的指导，以"多中心"思路实现不同主体多样化的利益需求，引导治理路径的动态发展，最终促成多元参与、协同共治、动态治理的治理新格局。

二 协同治理理论

（一）协同治理理论的内涵与发展

协同治理（Collaborative Governance）的研究兴起于20世纪80年代末90年代初的西方社会，强调参与者通过达成共识或构建协作网络等方式共同参与公共问题管理，以处理单一主体无法解决的复杂问题[1]。Walter将协同治理定义为"涉及联合活动、联合结构及共享资源的正式活动"[2]；Ansell等认为协同治理是"旨在制定并实施公共政策以及管理公共项目与资产的，一种正式的、以共识为导向的、审慎的管理与安排"，指出协同治理是由一个或多个公共机构组织非国家利益相关者参与集体决策过程，涉及协作由公共机构或机构发起、参与者包括非国家利益者、参与者直接参与决策而不仅仅是公共机构的"咨询"、专题研讨应被正式组织并集体召开、通过协商一致作出决定、协作的重

---

[1] 周凌一：《纵向干预何以推动地方协作治理？——以长三角区域环境协作治理为例》，《公共行政评论》2020年第4期。

[2] Walter Uta M. and Christopher G. Petr, "A Template for Family-centered Interagency Collaboration", *Families in Society*, Vol. 81, No. 5, October 2000, pp. 494-503.

点是公共政策或公共管理六个重要标准[1]；Zadek 将协同治理定义为"涉及多方利益相关者协商合作以建立行为规则、管理参与其发展的部分或全部利益相关者以及潜在参与群体的行为安排"，并提出协同治理涵盖设计、开发、实施、强制执行等多个要素[2]；Rasche 在 Zadek 观点基础上对协同治理理论的内涵进一步扩充与升级，他认为多方利益相关者的协作可在不同层面上进行[3]。

协同治理一定程度上反映了 20 世纪七八十年代以来的西方新自由主义风向，协同治理过于反对政府的干预行为，高估了市场、公民社会发挥的作用，结果发现各方并不能在脱离政府强制力量下实现共同利益的最大化。在对理论的持续探索中，协同治理理论也在不断丰富与完善，在公共行政领域乃至教育领域都发挥了效用。例如，Buuren 将协同治理理论应用于知识管理中，提升知识组成部分之间的包容性与整体性[4]；Ranson 将协同治理理论与教育治理相结合，在两种治理模式的并行发展中探寻全新的社区治理模式[5]；徐琳、卢安文等学者纷纷在协同治理理论指导下谋求互联网络信息的发展路径[6][7]；郭烁、张光基于协同治理理论构建了主体协同、领域协同、区域协同三位一体的社会治理协作模型[8]。此外，协同治理理论在学校管理、产教融合、公共服务、环境治理、生态系统等领域的应用都已颇具成效。

---

[1] Ansell, C. and Gash, A., "Collaborative Governance in Theory and Practice", *Journal of Public Administration Research and Theory*, Vol. 18, No. 4, November 2008, pp. 543-571.

[2] Simon Zadek, "Global Collaborative Governance: There is No Alternative", *Corporate Governance*, Vol. 8, No. 4, August 2008, pp. 374-88.

[3] Andreas Rasche, "Collaborative Governance 2.0", *Corporate Governance: The International Journal of Business in Society*, Vol. 10, No. 4, August 2010, pp. 500-511.

[4] Arwin van Buuren, "Knowledge for Governance, Governance of Knowledge: Inclusive Knowledge Management in Collaborative Governance Processes", *International Public Management Journal*, Vol. 12, No. 2, May 2009, pp. 208-235.

[5] Stewart Ranson, "The Changing Governance of Education", *Educational Management Administration & Leadership*, Vol. 36, No. 2, April 2008, pp. 201-219.

[6] 徐琳、袁光:《网络信息协同治理：内涵、特征及实践路径》，《当代经济管理》2022 年第 2 期。

[7] 卢安文、毛昕桐:《互联网信息服务业多元协同治理参与主体界定：一种新的分析框架》，《图书馆学研究》2021 年第 17 期。

[8] 郭烁、张光:《基于协同理论的市域社会治理协作模型》，《社会科学家》2021 年第 4 期。

(二) 协同治理理论的特征

协同治理包括问题解决与决策中的各种正式或非正式关系，通过促进政府、非政府部门、私人机构等主体之间的合作，将传统的政府决策过程嵌入更广泛的社会管理程序中[1]。李汉卿学者在其研究中梳理了协同治理理论的内涵，并提出协同治理理论具有治理主体多元化、各子系统具有协同性、自组织间具有协同性、共同规则制定四个特征[2]。沈凯强基于协同治理理论探究城市公共危机治理的新路径，将协同治理理论的特征总结为治理主体多元化、权力多中心化、注重政策的制定与应用、最终目的是善治这四个方面[3]。尽管不同学者对协同治理理论的看法略有差异，但仍可从中窥见协同治理具备的普适特征，例如多元性、协同性、规范性等特征。

首先，协同治理的多元性要求治理主体与主体权利的多元平衡。协同治理的参与主体将不再局限于政府组织，也包括企业、学校、公民、家庭等社会组织或个人，在主体多元化的同时也保障治理权利的分散化与去中心化。协同治理协调的是各个参与者或组织的利益与需求，各主体在权利范围内都可在公共事务中获取一定的话语权，提高个人的权威性与参与性。其次，协同性是协同治理理论的最显著特征。协同治理多应用在具体的领域中，例如教育、学校管理、政府治理等领域，官方组织、民间组织、个人组织都会参与其中。各组织间协作互助、良性互动，多股力量协同共进，以实现公共资源最大化的合理配置。最后，规范性也是协同治理的重要特征。协同治理是各组织间协调规则、共同决策的过程，是在相互竞争与协作之间寻找分化与整合的途径以实现治理效果的优化。这个过程中，各个主体有不同的资源、不同的利益需求、不同的治理手段[4]。为此，必须合力制定科学合理的规则与政策，指导各主体的责任范畴与行为规范。

---

[1] 王运武等：《教育应急治理及教育治理现代化的困境、挑战与对策》，《中国电化教育》2020 年第 12 期。
[2] 李汉卿：《协同治理理论探析》，《理论月刊》2014 年第 1 期。
[3] 沈凯强：《协同治理视角下城市社区公共危机治理研究》，硕士学位论文，武汉科技大学，2021 年。
[4] 李汉卿：《协同治理理论探析》，《理论月刊》2014 年第 1 期。

（三）协同治理理论对于在线教育治理的意义

协同治理理论在公共危机管理、教育管理等方面的应用已初具成效，在线教育治理涉及从微观到宏观的多元主体与多样资源，与协同治理取向相同。将协同治理理论引入在线教育治理领域，更有利于形成政府、社会、企业、个人协同共治、利益互补的理想化治理状态。

1. 提高在线教育治理的合法性

在线教育智慧治理吸收了协同治理的部分思想，强调治理不仅仅依靠政府部门的行政手段，还有赖市场、社会等非政府主体发挥作用。因此，在线教育治理在规范制定过程中涉及多种行为者，协同治理理论能引导在线教育治理综合纳入对用户需求与商业利益的考虑，使集体解决方案更具包容性与合法性。在线教育智慧治理要求政府在决策过程中应构建与市场、社会等主体的协同网络，征询各方意见，在各方达成共同利益的基础上确立治理的原则、规则与手段，促进治理资源的合理分配。同时，治理过程中政府也要接受各方的监督，坚持规范的监管流程，提高监管的透明度，保障治理的民主性与公平性。

2. 挖掘治理方案的潜力

Boerzel 和 Risse 强调通过协同治理进行管理的一大优势在于能为治理问题找到有效解决方案的潜力。通过汇集资源和促进参与者之间的协作过程，协同治理形式能够解决在线教育面临的现实问题与环境问题，尤其是课程建设、人才储备、平台环境等方面的难题，许多解决方案需要的并非商业知识，而是更注重专业化、技术化的领域知识。在多方利益相关者合作的保障下，具有特殊专长的行为者可以提供专家知识并与其他行为者进行批判性探讨，不断优化治理方案的缺漏，为治理进程作出贡献。

3. 形成高度外联的在线教育治理模式

在线教育治理涉及的不仅仅是教育领域，互联网络、行业市场、民事责权等都与在线教育息息相关，这使得在线教育治理依据的政策法规需要囊括更多领域，从整体全局出发制定相关规则。协同治理理论鼓励和刺激不同类别标准之间的合作，进一步探索标准规范可以在哪方面重新建立。因此，在线教育治理可以将在线教育领域与网络安全、教育行政、企业营销等外部领域高度联合，对接不同领域的标准规范，加强各领域间多方利益相关标准的一致性与互补性,最终形成高度外联的在线教育智慧治理模式。

三 元治理理论

(一)元治理理论的内涵与发展

1. 元治理理论的提出

面对社会组织自治能力不足、公民参与精神与参与能力欠缺、行政缺乏有序性和稳定性等问题,不少西方学者开始对治理理论进行反思与修正,其中具有较大影响力的是英国政治学者杰索普提出的"元治理"(Meta Governance)理论。此前学界提出的社会网络治理因网络资源所有者非自发形成的制度设计与过程存在失败的风险,可能导致僵局、有偏见的决策或无方向的共识,但这种风险可通过实施元治理来降低。1997年英国学者鲍勃·杰索普在其论文《治理的兴起及其失败的风险:以经济发展为例的论述》中首次提出"元治理"这一概念,这是对治理理论逐步修正的一次尝试,也是元治理理念兴起的开端[1]。

元治理面对的是"治理失灵"现象,也称"治理的治理"。元治理承认了治理失败的可能性,否定了治理过程中不同立场的各方参与者一定能够就某一问题达成共同目标、实现共同利益的基本假设,并明确提出政府要承担"元治理"的角色[2]。由于政府具有至高无上的权威、相对垄断的资源,能够为不同治理模式提供基本规则,引导各主体在治理过程中的有序参与,平衡各主体的利益关系,平衡合作与竞争、开放与封闭、原则性与灵活性、责任与效率之间的张力,使得政府成为"元治理"的唯一主体。

2. 元治理理论的内涵

元治理理论最早由英国学者杰索普提出并定义为"通过协调不同形式(包括科层治理、市场治理和网络治理)的治理,以确保它们之间的最小一致性",此后杰索普将元治理理论的定义逐渐清晰化,提出"元交换""元组织""元层级"三个层面的概念,将元治理重新描述

---

[1] Bob Jessop, "Capitalism and Its Future: Remarks on Regulation, Government and Governance", *Review of International Political Economy*, Vol. 4, No. 3, Feb. 1997, pp. 561–581.

[2] 丁冬汉:《从"元治理"理论视角构建服务型政府》,《海南大学学报》(人文社会科学版)2010年第5期。

为"结合科层、市场和网络治理所有的治理要素,并对他们进行组织,目的是以从事元治理的人(Meta-govemors)的角度实现最佳结果"。Rhodes 对杰索普的观念高度认可,提出元治理是重新平衡科层、市场和网络治理,并由政府在这三种治理结构中自由选择的治理模式[1];伊娃·索伦森(Eva Srensen)与雅各伯·托芬(Jacob Torfing)合作出版的《民主网络化治理的理论》(Theories of Democratic Network Governance)中,从理论和实践等层面对"元治理"的相关内容进行了考察,指出元治理是在一个多元的、碎片化的治理系统中,在保持治理主体高度自主权的同时促进各方的协作[2];拉斯·英格博格(Lars Engberg)等着重于治理的内部构成,认为"元治理"是自我调节的调节,是针对不同的背景,加强治理系统内部纵向与横向的协调与整合[3];安妮特·图森(Annette Thuesen)进一步拓展了"元治理"的内涵,强调"元治理"并非只有单一层次,其具有多层次的应用价值[4];戈登·麦克劳德(Gordon MacLeod)认为"元治理"是用以构建并维持一个成功的政治目标并对其进行修正[5];荷兰学者路易斯·慕利门(Louis Meuleman)在此基础上对元治理产生新的理解,他认为元治理是"一种通过设计和管理科层治理、市场治理和网络治理的合理组合以产生某种程度的协调治理的治理手段",通过三种治理结构的重新组合,可将元治理分为两个阶层:一阶元治理是选择一种治理结构居于主导地位,二阶元治理则是三种治理结构的元素提炼与融合增效[6]。

---

[1] R. A. W. Rhodes, "Understanding Governance: Ten Years on", *Organization Studies*, Vol. 28, No. 8, August 2007, pp. 1243-1264.

[2] Eva Srensen, "Meta-governance: The Changing Role of Politicians in Processes of Democratic Governance", *American Review of Public Administration*, Vol. 36, No. 1, March 2006, p. 100.

[3] Lars A. Engberg and Jacob Norvig Larsen, "Context-Orientated Meta-Governance in Danish Urban Regeneration", *Planning Theory & Practice*, Vol. 11, No. 4, January 2010, pp. 549-571.

[4] Annette Thuesen, "Experiencing Multi-Level Meta-Governance", *Local Government Studies*, Vol. 39, No. 4, April 2013, pp. 600-623.

[5] Gordon MacLeod and Mark Goodwin, "Reconstructing an Urban and Regional Political Economy", *Political Geography*, Vol. 18, No. 6, August 1999, pp. 697-730.

[6] Louis Meuleman, *Public Management and the Metagovernance of Hierarchies, Networks and Markets: The Feasibility of Designing and Danging Governance Style Combinations*, Heidelberg: Springer Science & Business Media, 2008, p. 271.

相较国外研究者对元治理理论的激烈探讨，国内学者对元治理的相关研究起步较晚，但研究领域更加广阔，对元治理相关研究的理论基础也在不断夯实。李澄对元治理理论的背景、内涵、评价等方面进行文献综述，将元治理理论的内涵概括为四个方面，分别为"强调政府元治理主体的重要地位""以复杂性视角解释失灵""以政府层级、市场、社会网络三种治理模式的有机结合弥补单纯治理的不足""非常重视失灵，以及回应与对策"[1]；郁建兴提出元治理的目的在于使不同的治理安排得以实现，而非制订特定的策略和计划，同时元治理不同于至高控制的政府，它担当制度设计、提出远景设想的任务，为集体反馈、不同行动场所和领域间的功能联系和物质依赖提供学习机制，并鼓励不同目标、空间和时间、治理安排的行动和结果之间的相对连贯性[2]；孙珠峰、胡近对元治理理论的发展与手段进行综述，认为元治理的内涵包括三个方面："治理网络必须被管制，对治理进行控制，达到自治和控制的平衡，国家是最适合的协调者和制度设计者""协调科层制、市场和网络三种治理形式""强调国家和政府在治理网络中的首要地位，国家的政治控制力增强，但不同于传统直接控制的官僚制，而是优先使用间接的、柔性的手段"[3]；张骁虎综述了国内外元治理理论的内涵脉络后，将元治理概括为结果与过程两个维度，一是作为结果的"元治理"，强调形成一种语境、机制或框架，在这一框架中，治理主体、治理模式之间形成依存与协作关系，共同推进治理的实施，纠正单纯依靠某一种治理模式的弊端；二是作为过程的"元治理"，反思"多元化""去中心化"的治理缺陷，强调治理需要权威的存在，以"元治理者"作为治理中心，通过"元治理者"的统筹与协调，推动其他治理模式的协作实施，保证治理的一致性、持续性、有效性[4]。

综上所述，尽管国内外学者对元治理的理解各不相同，但都在一定程度上体现了市场对过往治理模式的审视与反思。元治理，是对过往治

---

[1] 李澄：《元治理理论综述》，《前沿》2013年第21期。
[2] 郁建兴：《杰索普国家理论述评》，《求是学刊》2007年第4期。
[3] 孙珠峰、胡近：《"元治理"理论研究：内涵、工具与评价》，《上海交通大学学报》（哲学社会科学版）2016年第3期。
[4] 张骁虎：《"元治理"理论的生成、拓展与评价》，《西南交通大学学报》（社会科学版）2017年第3期。

理的"再治理",由政府或其他主体担任元治理者,在科层、市场、网络三种治理模式中协调优势、管控自治的平衡治理手段,以不断调整治理方向,实现预期治理效果。

3. 元治理理论的发展与应用

元治理理论自提出后持续受到业界的广泛关注,众多学者对元治理在不同领域发挥作用途径的探讨从未停歇。杰索普认为元治理可通过"对市场进行重新设计,辅以更好的激励机制,促进成果的产出""对宪法进行重新设计,调整相关主体的行动任务和活动范围""对网络关系进行重新设计,使相关主体之间的协作关系更为积极有效""在治理主体间培育信任、忠诚、守信,使治理运行过程更为平顺"这四个策略来有效施行;卡琳娜·塞赫斯泰德(Karina Sehested)从治理网络的角度出发,提出构建治理网络的政治与经济框架、网络设计、网络管理、对治理网络决策施加直接的影响等方法可干预元治理的实施[1];Louis Meuleman 等在"共同但有区别的治理"原则(CBDG)指导下构建了元治理框架,他认为基于 CBDG 的元治理可分为七个步骤,分别是"规划治理环境""评估""问题设置""在国家背景下实现可持续发展目标,制定针对具体国家的目标和政策选择,评估其在环境、经济和社会参数方面的收益和成本,并提出目标、指标和时间框架""设计治理框架,作为实施手段的一部分,基于从不同治理风格中谨慎选择要素(机构、工具、流程和参与者角色)""管理选定的治理框架,包括应用自反性、弹性、灵活性、允许冗余('和'而非'或')等原则,以及元治理策略""审查"[2]。

元治理理论的应用寻求理论创新与突破的同时,诸多国家也在实证研究中检验元治理的成效与适切性。2003 年,荷兰出台的《土壤政策函》便体现了元治理"从网络到分层决策过程的转变"的理念,该政策要求部门处理土壤保护问题时使用治理方式的优先顺序,从通过网络

---

[1] Karina Sehested, "Urban Planners as Network Managers and Metagovernors", *Planning Theory & Practice*, Vol. 10, No. 2, March 2009, pp. 245-263.

[2] Louis Meuleman and Ingeborg Niestroy, "Common but Differentiated Governance: A Metagovernance Approach to Make the SDGs Work", *Sustainability*, Vol. 7, No. 9, August 2015, pp. 12295-12321.

的等级治理到市场治理,转变为相反的顺序,这使环境总局以相对层级化的指挥风格设计了一个层级化的政策流程。丹麦政府在改革元治理方面也展现了极大热情,2004 年丹麦政府启动了一项重大行动计划,为实施公私伙伴关系(PPP)提供了一个新的元治理框架,并嵌入了国家企业和住房局。在这项行动中,丹麦政府成功地制定了一套指导方针、资金、能力、参与者网络和支持 PPP 的中央单位,中央国家参与者、咨询公司、咨询工程师和金融机构在发展伙伴关系方面的能力迅速增长,随着可行性研究的开展与学习能力的发展,更多参与者可推动元治理的进一步稳定[1]。英国作为元治理理论最先提出的国家,对元治理的施行与改革也十分重视。在英国学徒资格制度出现过数量繁多、选择困难、内容重叠结果不清以及费用高昂、良莠不齐问题的社会背景下,英国教育部果断决定成立学徒制局,采用"元治理"对英国学徒资格体系进行改革。为此,英国发挥政府在学徒资格体系内的"元治理"功能,通过规则和标准等工具明确学徒资格体系目标,发挥政府"掌舵"功能,通过战略发布明确学徒制局学徒标准的"划船"方向[2]。此外,英国在地方公共服务供给领域"软硬兼施"的治理模式,以及英国土壤行动计划的层级管制,都不同程度地体现了元治理理念。

相较之下,国内引入元治理理论的时间较晚,但在应用领域上更加广阔。元治理最先引入行政领域,广泛服务于政府管理、区域治理等方面,后来在理论的不断突破与创新中,元治理理论逐渐辐射到网络、医学、教育等领域,为国家治理能力现代化奠定了坚实的基础。行政领域,元治理理论被广泛应用于社区治理与环境治理方面,例如刘想想等在元治理理论指导下探究社区治理策略,提出"一核多元"的区域化治理体系构想[3];葛明驷从元治理视角,构建元治理体系以推动县级融

---

[1] Christian Koch and Martine Buser, "Emerging Metagovernance as an Institutional Framework for Public Private Partnership Networks in Denmark", *International Journal of Project Management*, Vol. 24, No. 7, October 2006, pp. 548-556.

[2] 刘育锋:《英国学徒资格"元治理"及对我国 1+X 试点的借鉴意义》,《中国职业技术教育》2019 年第 22 期。

[3] 刘想想、陈稳亮:《元治理视域下汉长安城遗址区玉丰村社区治理探究》,《小城镇建设》2021 年第 10 期。

媒体参与基层社会治理的治理模式创新①；裴盈从元治理视角出发，探究元治理理论对大气污染防治效率的提升作用②；以及小镇建设、旅游管理、志愿服务供给等都是元治理理论在行政领域的扩散应用。互联网领域，元治理理论对网络治理也有高度贴合的适用性，例如以元治理理论剖析政府、网络直播市场失灵的内部成因，整治网络直播乱象；亦可利用元治理理论解决网络平台市场失灵的不平衡状态，建立多层次的治理框架。教育领域，张文江认为元治理与中国特色大学治理体系的耦合表现为国家在政策制定、资源配置、协同治理上发挥重要作用③；汪建华等结合元治理的理论框架，以"管、办、评、服、研"五联动的思想指导高校中外合作办学的治理改革④；林慧贞、林宝玉探究元治理与人文素质教育的契合之处，并在元治理理论视角下探究我国人文素质教育供给的创新路径⑤。

元治理理论作为国家治理的理论架构，目前逐渐应用于管理、教育、网络等领域的治理过程中，为各领域的市场失灵状态提供治理框架与理论指导，不仅加快了国家治理能力与治理体系现代化的进程，也提升了元治理理论自身的普适性，使元治理理论未来能激发更广阔的应用潜能。

（二）元治理理论的核心构成

1. 元治理的维度

元治理的有效施行主要是从规范、改革、选择等角度来实现。威尔·佐恩维尔德（Wil Zonneveld）将元治理分为直接与间接两大类型：直接的元治理是元治理者对治理结果即具体的政策目标施加干预与影响，间接的元治理是元治理者采用引导的方法，通过信息与认知在自我

---

① 葛明驷：《元治理体系构建：县级融媒体与基层社会治理创新》，《现代传播》（中国传媒大学学报）2021年第12期。
② 裴盈：《元治理视角下大气污染防治效率探析》，硕士学位论文，华中师范大学，2021年。
③ 张文江：《"元治理"与中国特色大学治理体系》，《现代教育管理》2019年第5期。
④ 汪建华等：《元治理下的"管、办、评、服、研"五联动——上海中外合作办学三十年发展之经验与思考》，《教育发展研究》2021年第23期。
⑤ 林慧贞、林宝玉：《元治理理论视角下我国人文教育供给路径研究——基于漳州市的案例分析》，《漳州职业技术学院学报》2021年第2期。

治理者中形成共同的认同与共同的利益，进而引导自我治理者解决存在的问题[1]。元治理包含直接干预与间接影响两种治理倾向，直接干预更倾向于过程导向，依靠元治理者的引导与协调把握治理方向；间接影响则更倾向结果导向，注重价值塑造、目标确定、认同培养、规范形成等软方式[2]。在两种倾向影响下，元治理的内容会随着元治理者的态度转变而走向不同的治理方向，但大体可分为制度设计与战略规划两个维度。

制度设计层面的元治理更注重治理主体、治理情境、治理模式等构成治理体系的各要素间的内部联系，以价值引导、规范标准、目标确立等软机制形成治理各方相互依存的治理结果。这个层面上，元治理者有着更偏向间接影响的治理倾向。与之相对的是，战略规划层面的元治理更倾向于过程导向的直接干预，元治理者往往会制定全新的活动安排，结合现有的治理模式统筹规划，制定共同的远景目标，在对治理模式完善、补充、迭代、更新的过程中实现更好的治理效果。

2. 元治理的主体

元治理的形成是一个多因素的社会过程，任何有能力或有资源的行动者都可以担任元治理者的角色。作为确保民主控制的一种方式，政府是治理网络的自然元治理者。但随着全球经济日益活跃，社会体制持续革新，治理过程出现的失灵问题逐渐超出政府管理的权限边界，私人组织在元治理中产生的影响越来越大。元治理者是元治理模式的重要组成部分，元治理者的倾向或选择与元治理方式存在高度紧密的相关性，治理模式的整合、不同治理主体的定位等都需要元治理者在其中发挥至关重要的作用。因而元治理的治理主体不应局限于政府这一单一角色，政府仍可担任元治理者，但并不意味着政府拥有了绝对权力。所有利益相关者都应被纳入治理网络，政府、企业、社会、公众、私人组织都是利益共同体，政府应在其中承担起元治理者的责任，为多元主体混合治理

---

[1] Wil Zonneveld and Marjolein Spaans, "Meta-governance and Developing Integrated Territorial Strategies: The Case Study of MIRT Territorial Agendas in the Randstad (Netherlands)", *Planning Theory & Practice*, Vol. 15, No. 4, September 2014, pp. 543-562.

[2] 张骁虎:《"元治理"理论的生成、拓展与评价》，《西南交通大学学报》（社会科学版）2017年第3期。

制定规则、协调沟通、解决争议、平衡利益,在复杂的社会环境中灵活应对,保留充分的自由裁量权对各治理主体进行权衡[①]。

(三) 元治理与在线教育治理的耦合性

元治理理论为国家治理提供了理论依据,尤其为治理模式与治理理论带来了变化与革新。在线教育治理的初衷是促进在线教育健康、良性发展,这一点与元治理的核心理念高度契合。元治理在网络、教育、行政等领域的应用经验也使元治理能在领域契合与模式契合的前提下更好地指导在线教育治理,推动在线教育治理的智慧化变革。基于此,本章从理念、领域、模式三个角度,深入探讨元治理理论与在线教育治理的耦合性。

1. 理念契合:元治理推动在线教育治理现代化

元治理理论诞生的契机是治理效果不符预期和市场失灵引发的治理变革,元治理的核心理念是改进治理模式,调节市场平衡。在线教育市场复杂,线上线下市场运作过程中存在垄断、信息不对称等问题,引发"市场失灵"现象。目前,在线教育治理效果并不理想,互联网独有的虚拟性、开放性、技术性等特性更是加剧了治理的难度,在线教育虚假宣传、网络硬件落后、平台管理混乱等问题频发,亟须更高效、更智能的治理方式破除困境。这一点与元治理的理念不谋而合,元治理的本质便是"治理的治理",核心目的在于协调不同形式的治理,以保障不同形式治理间的一致性。综观国内外元治理理论在各个领域的应用,如运用元治理处理公共服务关系、优化人文教育供给、革新网络直播治理模式等,都是在元治理理论指导下优化现有的治理结构,协调治理各方的固有利益。此外,元治理中政府扮演者元治理者角色,强调的是政府主导的协调统筹作用,而在线教育治理离不开国家的政策制定与战略规划,政府在其中起到至关重要的作用,企业、公众、学校等其余在线教育治理主体都需要在政府制定的相应规则权限管理下,形成规范的自治体系。在线教育智慧治理在借鉴协同治理理论多元参与原则的同时,也吸取了元治理理论对协同治理的改进,强调政府在构建在线教育治理结构、组织协调各主体工作、平衡各主体利益关系等方面发挥主导作用。

[①] 杨茜:《元治理理论视角下应急物资社会化储备机制构建研究》,硕士学位论文,西北大学,2020年。

2. 领域契合：元治理助力在线教育体系规范

元治理是通过设计和管理科层、市场、网络治理的合理组合以实现协调治理的治理手段，对于多层级的行政领域、市场经济领域以及网络领域都有十分紧密的贴合性。在线教育治理是一个全面、复杂、长久的过程，既需要政府宏观调控，明确共同治理目标，也需要平衡在线教育市场企业与用户的合理权益，同时规范整治网络平台。元治理理论与在线教育治理在治理领域方面存在高度重叠，将元治理理论应用于在线教育治理，一方面可指导政府设计规范市场与网络的制度文件，以及规划引导市场发展的战略行动；另一方面可提供将治理网络连接到代表性机构的方法，政府通过元治理将所有相关利益相关者都纳入治理网络，制定所有利益相关的治理主体在网络互动时应遵循的基本原则，规范网络内的互动。

3. 模式契合：元治理革新在线教育治理路径

元治理是以高效的方式将自下而上和自上而下相结合，它旨在使网络治理、市场治理和科层治理在特定情况下以特定的方式协同工作，并允许在不同层级进行不同的治理。在线教育治理与科层治理、市场治理以及网络治理都有重叠的领域，但每种单独的治理模式都可能出现失灵情况，将三种模式优劣互补、理念相融，形成更贴合、更高效、更精准的治理框架，才是在线教育治理寻求突破的有效途径。元治理视角下，在线教育领域可打造多元主体良性互动的治理机制，在政府引导下借助多种类型的软法律、激励措施、指导方针、中介活动等手段，明晰各主体的工作与责任，建立全新的系统内部治理机制，为在线教育谋求更高效的治理路径。

四　TOE 理论

（一）TOE 理论的内涵

Tornatzky 和 Fleischer 在经典技术授受模型（TAM）及创新扩散理论（DOI）的基础上提出了 TOE 理论框架（Technology – Organization – Environment），两位学者在《技术创新的流程》（*The Processes of Technological Innovation*）[①] 一书中对 TOE 理论的内涵与理念作出诠释，提出

---

① Tornatzky, L. G. and Fleischer, M., *The Processes of Technological Innovation*, Lexington, MA: D. C. Heath & Company, 1990, p. 298.

了 TOE 理论用于综合描述组织层面的技术创新如何被采纳和应用，并认为新技术的采纳和应用不仅仅受到技术本身的影响，还受到组织属性以及技术应用场景的作用。具体而言，TOE 理论是指组织对一项创新技术的采纳主要受到技术、组织和环境三方面因素的共同影响，近年来被应用于信息管理领域[1]。其中，技术因素主要指技术自身固有特点和技术与组织之间的关联情况，包括技术的相对优势、兼容性、成本等现有技术与组织的适配情况，也包括复杂性、易用性、前瞻性、相对优势等尚未采纳技术的创新情况；组织因素主要指组织自身的实际状况，包括物质资源、财务资源等组织资源，组织规模、定位、类型、文化等显著组织特征，管理模式、沟通机制等组织结构特征；环境因素主要指组织所处的外部环境，包括政治制度环境、经济发展、社会文化、市场结构、行业竞争关系、客户关系等外在具体环境[2]。三方面相互影响、相互制约，共同对组织创新的采纳应用产生影响。

TOE 理论一经提出便受到学者们的高度关注，同时 TOE 理论框架在研究中不断采纳也验证了其经验有效性，明确了创新的特征、组织的技术和外部环境在解释和预测采用率方面起到的显著作用。随着 TOE 理论的应用越来越广阔，单一理论框架的指导作用不足以满足日益复杂的研究需求，为此业界学者纷纷探索 TOE 理论与其他理论的契合性，进一步推动了理论突破与应用前景。例如，将 TOE 理论与资源基础理论（Resource-Based View，RBV）相结合用以探究企业采纳大数据技术的影响因素，将 TOE 理论与技术接受模型（TAM）相结合构建 TOE-TAM 模型，都体现了业界对 TOE 理论的持续探索与突破。

（二）TOE 理论的发展历程

TOE 理论作为一项综合性的技术应用情境分析框架，具有广泛的适用性和较强的可操作性，能够系统地考察技术属性以及组织内外因素对创新技术应用的影响，能够根据研究问题、研究背景以及实际情况自

---

[1] Ming-Ju Pan and Woan-Yuh Jang, "Determinants of the Adoption of Enterprise Resource Planning Within the Technology-Organization-Environment Framework: Taiwan's Communications Industry", *Data Processor for Better Business Education*, Vol. 48, No. 3, January 2008, pp. 94-102.

[2] 翟元甫：《基于 TOE 框架的政务服务智慧能力影响因素研究》，硕士学位论文，电子科技大学，2020 年。

由地将各类因素放置到技术、组织、环境三个维度中进行分析①。TOE 理论的特性使其在政务服务以及电子信息领域有着广阔的应用前景与价值，目前已被广泛应用于不同领域内信息系统创新运用的影响因素研究中。TOE 框架的提出最早基于企业技术创新，随后被应用于企业资源计划（Enterprise Resource Planning）、客户关系管理（Customer Relationship Management）、电子数据交换（Electronic Data Interchange）、电子商务（E-Business）等方面，近年来随着理论的突破与技术的革新，TOE 理论的应用逐渐拓展至公共组织信息领域与服务领域，在全球范围内受到业界学者的广泛重视。

国内外学者对 TOE 理论应用方向上的探索略有不同，TOE 理论对国内外信息系统与公共服务领域都有着显著的指导作用。国外学者对 TOE 理论的探索更聚焦于电子商务领域与技术采纳感知领域，尤其是云计算技术在企业或机构中的应用。例如，Kuan 等提出了基于感知的 EDI 采用模型，证实了 TOE 框架在小企业中的有用性②；Picoto 等基于 TOE 理论框架和基于资源的观点（RBV）理论，开发了组织层面的移动商业价值概念模型③；UMZ Usman 等将创新特征与 TOE 理论相结合，从技术、组织、环境三方面分析尼日利亚企业采用云 ERP 的影响因素，以全面评估企业对云计算技术采纳的直接与间接因素④；Amini 等在 TOE 理论与 DOI 理论的双重视角下，开发了包括相对优势、兼容性、安全问题、成本节约、技术准备、高层管理人员支持、竞争压力和监管支持八要素的研究模型，用于系统评估企业对云计算解决方案采纳的决

---

① 翟元甫：《基于 TOE 框架的政务服务智慧能力影响因素研究》，硕士学位论文，电子科技大学，2020 年。

② Kevin K. Y. Kuan and Patrick Y. K. Chau, "A Perception-based Model for EDI Adoption in Small Businesses Using S Technology-organization-environment Framework", *Information & Management*, Vol. 38, No. 8, October 2001, pp. 507–521.

③ Winnie Ng Picoto, et al., "A Technology—organisation—environment (TOE) -based M-business Value Instrument", *International Journal of Mobile Communications*, Vol. 12, No. 1, February 2014, pp. 78–101.

④ Usman Musa Zakari Usman, et al., "The Determinants of Adoption of Cloud-based ERP of Nigerian's SMEs Manufacturing Sector Using TOE Framework and DOI Theory", *International Journal of Enterprise Information Systems* (*IJEIS*), Vol. 15, No. 3, September 2019, pp. 27–43.

定性影响因素①；Abubakar 等进一步融合了 TOE 理论与 DOI 理论，开发了 TOE—DOI 框架并探究影响高等教育机构与通信技术管理局采纳云计算技术的决定性因素，促进云计算在电子学习系统与教育基础设施中的应用②。

  国内学者对 TOE 理论的研究则更聚焦于公共组织与政务服务领域，包括数据治理、网络能力提升、公共服务改善等方面。例如，谭军依据 TOE 理论框架，从技术维度、组织维度、环境维度三个层面对开放政府数据的阻碍因素进行了归纳分析③；张静等以 TOE 理论作为分析框架，对影响高校图书馆向社会开放的技术因素、组织因素和环境因素进行实证研究④；陈维龙等基于 TOE 框架，通过技术赋权、组织赋能和环境赋责三维视角，创新性地探究数字时代平台型媒体的现代治理策略，为提升平台型媒体治理体系和治理能力现代化提供了理论和实践参考⑤；杜中润运用 TOE 理论，从技术、组织、环境三个方面对我国 32 个重点城市网上政务服务能力影响因素进行了实证研究，从中探索提升地区网上政务服务能力水平的可行路径⑥；赵岩、赖伟燕通过 TOE 理论框架，利用 fs/QCA 对我国 27 个工业互联网实施案例进行组态分析，提出形成高水平工业互联网能力的路径主要包括"技术—平衡型""综合驱动型"及"平台—发展型"这三个类型，且技术、组织、环境条件

---

① Mahyar Amini and Aryati Bakri, "Cloud Computing Adoption by SMEs in the Malaysia: A Multi-perspective Framework Based on DOI Theory and TOE Framework", *Journal of Information Technology & Information Systems Research* (*JITISR*), Vol. 9, No. 2, September 2015, pp. 121–135.

② Abubakar Magira Tom, et al., "Understanding the Determinants of Infrastructure-as-a Service-Based E-Learning Adoption Using an Integrated TOE-DOI Model: A Nigerian Perspective", 2019 6th International Conference on Research and Innovation in Information Systems (ICRIIS), IEEE, Johor Bahru, December 2–3, 2019.

③ 谭军：《基于 TOE 理论架构的开放政府数据阻碍因素分析》，《情报杂志》2016 年第 8 期。

④ 张静等：《高校图书馆向社会开放的影响因素研究——基于 TOE 理论框架》，《现代情报》2011 年第 12 期。

⑤ 陈维龙等：《数字时代平台型媒体现代治理策略研究——基于 TOE 理论框架》，《传媒》2022 年第 1 期。

⑥ 杜中润：《TOE 理论下我国重点城市网上政务服务能力影响因素研究》，《行政与法》2021 年第 12 期。

之间存在可替代性①；翟元甫以 TOE 理论模型为框架，结合资源基础理论和组织制度理论，从技术、组织、环境三个维度构建了政务服务智慧能力影响因素的分析模型，为各地政务服务智慧能力的提升提出对策建议②；杨寅等以创新扩散理论和 TOE 理论框架为基础，深入分析技术、组织和环境等关键因素对开放共享平台采纳和扩散的影响，提出有利于科技资源开放共享平台进一步扩散的相关政策与建议，为在线开放平台治理提供了学理性和实践性的参考③。除了公共组织与政务服务领域，我国也有诸多学者借鉴 TOE 理论，以全新视角对企业机构的创新发展启示进行了深入探讨。例如，赵盼红基于 TOE 理论框架分析视角，研究可持续供应链管理的驱动因素，从技术特性、组织特性以及环境特性三个方面对可持续供应链的驱动因素进行了系统分析，为企业管理提供了理论与实践经验④；段淳林、崔钰婷在 TOE 理论框架的启示下对颗粒度、信息质量和临场感三个维度的概念加以延伸和发展，并进一步探讨三维度应用的可行性与必要性⑤；王萍将 TOE 理论与技术接受整合模型（UTAUT）相结合，将全新的 UTAUT-TOE 模型应用于 VR 体验培训的采纳研究中⑥。

综上所述，TOE 理论的发展与应用是一个循序渐进的过程。TOE 理论具有广泛的适用性，在许多技术、工业和社会文化背景下都具有解释力，对跨组织系统的采用、电子商务、数据交换、企业系统等都有着显著的应用价值，对制造业、医疗保健、金融业、教育等行业领域中组织创新的情况也有着强大的解释力与说服力，每项研究中都会通过技

---

① 赵岩、赖伟燕：《基于 TOE 理论下的我国工业互联网实施能力影响因素分析》，《管理现代化》2021 年第 5 期。
② 翟元甫：《基于 TOE 框架的政务服务智慧能力影响因素研究》，硕士学位论文，电子科技大学，2020 年。
③ 杨寅等：《科技资源开放共享平台创新扩散的关键因素研究——基于 TOE 理论框架》，《现代情报》2018 年第 1 期。
④ 赵盼红：《企业可持续供应链管理驱动因素研究——基于 TOE 理论框架的分析》，《物流科技》2020 年第 9 期。
⑤ 段淳林、崔钰婷：《颗粒度、信息质量和临场感：计算广告品牌传播的新维度——基于 TOE 理论的研究视角》，《武汉大学学报》（哲学社会科学版）2022 年第 1 期。
⑥ 王萍：《基于 UTAUT-TOE 模型的施工企业 VR 安全体验培训采纳影响因素的实证研究》，硕士学位论文，深圳大学，2019 年。

术、组织和环境这三个要素来证明影响组织识别需求、搜索和采用新技术的方式。同时，TOE 理论也在持续的研究中不断实现理论突破，TOE 理论与其他理论或模型的结合不仅拓宽了 TOE 理论的应用视角，也为 TOE 理论带来了更高的经验价值。

（三）TOE 理论对在线教育治理的适用性

在线教育治理可视为一种组织创新行为，受内外部因素的影响以及技术手段的限制，因此适用于 TOE 理论的融入与分析。从 TOE 理论来看在线教育治理，技术通常指新一代信息技术对治理手段带来的发展启示以及对在线教育基础设施建设的技术支持，组织通常代表政府、在线教育企业与机构、学校、公众等要素共同构成的治理网络，环境包括在线教育网络环境、国内政策制度环境、在线教育市场结构、在线教育行业文化等外部环境。

1. 技术：在线教育治理智慧化需要智能技术支撑

从技术角度分析，TOE 理论强调技术创新推动组织变革，技术的采纳受到技术本身、组织属性、技术应用场景等多种要素的共同影响。在线教育治理的诉求是实现现代化、智慧化、智能化的科学精准治理，实现在线教育智慧治理必然要引入人工智能、区块链、5G、虚拟现实等新一代的智能技术。在此过程中，技术本身的发展水平影响着技术对治理效率带来的提升效果；在线教育治理涉及的政府、企业、学校、公众等组织对新兴技术采纳的重视程度与接受程度，影响着在线教育治理理念与治理方法的变革；而在线教育治理中智能技术应用的落实涉及平台、课程、用户等多个方面，每个场景的技术应用都环环相扣。由此可见，在线教育治理走向智慧化与智能化必然需要智能技术作为支撑，技术本身、组织属性以及技术应用场景都不同程度地影响着在线教育治理的能力，技术是在线教育治理必不可少的影响要素。

2. 组织：在线教育治理是多组织协同共治的过程

TOE 理论主张组织自身的实际情况是影响组织采纳新技术、影响机构创新发展的重要因素，企业或机构想要实现良性的创新发展，必然要审视组织内部的资源、规模、管理模式等要素。在线教育治理内容包括对在线教育机构或企业的资质审核与经营监督，各组织机构的治理情况影响着在线教育的稳定发展。由此可见，在组织角度，TOE 理论与在线教育治理有着相同的理念取向。在线教育治理是政府、企业、机构、学校、公众等组织协同共治的过程，每个组织在治理过程中都发挥着特有作用，政府提供了政策指引与战略规划，在线教育企业或机构提供了开展在线教育的场所与丰富的课程资源，各级学校提供了优质师资力量，公众提供了改进在线教育发展的反馈意见。各组织发挥作用的背后，是组织内部固有的运行机理。每个组织的资源、规模、类型、管理模式、运行机制等要素都各不相同，各组织的发展情况、运行状况都影响着在线教育的治理进程，在线教育的稳定、健康发展离不开各组织的协同共治，也离不开各组织内部的自发自治。因而在线教育治理天然形成复杂、庞大的组织结构，各组织的特征、资源、沟通、联系等都可抑制或促进在线教育治理的创新发展，组织内部的协调与管理对在线教育治理的稳定性与长久性有着显著的影响作用。

3. 环境：在线教育治理涉及多重外部环境制约

环境背景包括行业结构、技术服务背景、监管环境、社会文化、制度环境等多方面的外部要素，在线教育治理不仅要维护网络环境的健康与安全，制度环境、监管环境、行业市场环境等也是亟须治理的要素。良好的制度环境才能规范在线教育有序发展，督促落实各组织的责任与义务；合理的监管是保障技术安全应用、企业合法盈利的重要举措；稳定的行业结构与市场风气则是促进在线教育欣欣向荣的基础。任何外部环境的变动都会对在线教育治理带来有益或有害的影响，对在线教育治理走向智慧化与可持续化有着直接制约作用。

综上所述，本章界定了在线教育及在线教育治理的核心概念，明确了在线教育治理的治理主体、治理对象以及治理内容，梳理了在线教育治理的理论依据，阐释了多中心治理理论、协同治理理论、元治理理论以及 TOE 理论对在线教育治理的指导意义与契合之处。其中，在线教育治理主体主要涉及政府、行业、学校和社会等，政府发挥着"元治理"的作用；治理对象主要涉及在线教育教师、在线课程管理者、在线教育服务平台、在线教育服务使用者以及在线教育行业组织；治理内容主要包括机构资质的认定、师资质量的保障、课程内容的把关、信息安全的检查、经营规范性监督、用户行为的监督六个方面。各部分内容环环相扣、协同发力，共同维系着在线教育治理的良性、规范发展。

第三章

在线教育治理现状研究

"双减"政策落地以前,在线教育行业迅速扩张,在线教育平台迅猛发展,但也涌现出平台不规范、教师资格造假、虚假宣传、数据隐私安全等问题,严重扰乱在线教育市场的生态平衡。为此,如何消除在线教育发展带来的弊端,探究在线教育治理的可行路径,已成为迫切需要解决的热点和难点问题。本章从家长、教师、学生等视角出发,调研在线教育平台应用现状与发展阻力;梳理在线教育发展20余年来的相关政策,结合政策导向与调研结果,分析在线教育治理所面临的难题,提出有效可行的在线教育治理策略,以保障在线教育服务质量,提高我国教育现代化治理能力。

第一节 在线教育现状调研

本章聚焦的在线教育主体,即中小学教师、家长、中学生、高校学生四个群体,在结合在线教育相关政策文件与已有研究的基础上,通过"问卷星"平台展开问卷调查,设计了《中小学在线教育平台应用现状调查问卷(家长卷)》《中学生教育机构在线学习现状调查问卷》《高校学生在线教育平台使用满意度调查问卷》《在线教育平台使用现状的调查问卷(教师卷)》,并在徐州地区进行小规模的预调查,根据调查结果进行多次修订,以保证问卷的信效度。正式施测后,再对收集到的问卷结果进行数据挖掘,主要采用SPSS25.0与微词云对有效问卷进行数据分析,应用了交叉分析、卡方检验、单因素方差分析、相关分析、多元线性回归分析、t检验、词频分析等方法,以保证研究数据的分析详细、真实可信。

本书根据前期调研结果以及已有相关成果，从教师与家长视角出发，开展中小学在线教育平台的应用调查；同时从学生视角出发，开展学生在线学习影响因素调查。

一 教师视角

通过调研分析不同地区、不同岗位的教师对在线教育平台的使用现状以及遇到的问题和困难，了解我国中小学在线教育平台应用现状，分析存在问题，探寻可能的影响因素，为在线教育治理提供切实可行的策略方案。

（一）调研对象概况

调研采取随机整群抽样，根据我国区域划分，在华东地区、华南地区、华中地区、华北地区、西南地区、西北地区和东北地区七大行政区发放调研问卷。调研样本涉及不同地区、不同教龄、不同职务的教师。

本书在广泛借鉴已有研究成果和问卷的基础上，形成了初始问卷。经过多次试调查和修改，以保证问卷的信度、效度以及可行性。最终形成的问卷主要围绕以下几方面展开：①对在线教育平台的认识和了解；②在线教育平台的应用满意度；③在线教育平台应用存在的问题；④在线教育平台发展建议。

（二）调研基本情况

问卷经过试调研，正式问卷通过"问卷星"平台开展网络调研。调研结束后共回收问卷2783份，其中有效问卷2387份，有效率为85.8%。有效问卷中女教师占大多数，为1879份（占78.7%）；在教师构成方面，中小学教师占91.0%；10年及以上教龄的教师，占44.7%，5年及以下的占36.6%；教师来源分布相对均衡，城市、乡镇、农村的比重分别为36.7%、40.3%以及22.9%，具体如表3-1所示。

表3-1　　　　　　　调研教师基本情况

	类别	频数	百分比（%）
性别	男	508	21.3
	女	1879	78.7

续表

	类别	频数	百分比（%）
构成	中小学教师	2172	91.0
	职业教育教师	108	4.5
	培训机构教师	14	0.6
	其他教师	93	3.9
教龄	2年及以下	376	15.8
	3—5年	496	20.8
	6—9年	449	18.8
	10年及以上	1066	44.7
地区	华东地区	2278	95.4
	华南地区	1	0
	华中地区	28	1.2
	华北地区	24	1.0
	西南地区	19	0.8
	西北地区	36	1.5
	东北地区	1	0
来源	城市	877	36.7
	乡镇	963	40.3
	农村	547	22.9

（三）数据统计及分析

1. 对在线教育平台的认识和了解

调查显示，根据学校指定使用相应在线教育平台的教师占85.4%，教师最常用的在线教育平台有一起作业、作业帮以及腾讯课堂等，其中使用一起作业平台的教师最多。同时，钉钉、腾讯会议以及社交软件是教师在线教育过程中常用的工具，其中钉钉平台的使用率高达85.4%。后疫情防控期间，线上教学发展迅速，其中以线上直播形式进行教学的占46.1%，线上线下结合进行教学的占34.2%。然而，部分学校以及教师对开展在线教学的准备尚不充足。调研显示，半数以上的教师未受到严格的培训以及考核，但多数教师对在线教育平台的应用态度是积极的，其中63.0%的教师选择继续使用在线教育平台，并表示不会更换正在使用的在线教育平台,90.0%的教师愿意将优质的在线教育平台推荐给同事或朋友。调研获知,在线教育师资应具备"基本信息素养""在线教学管理能力""良好身心素质"等基本素质和能力,如图3-1所示。

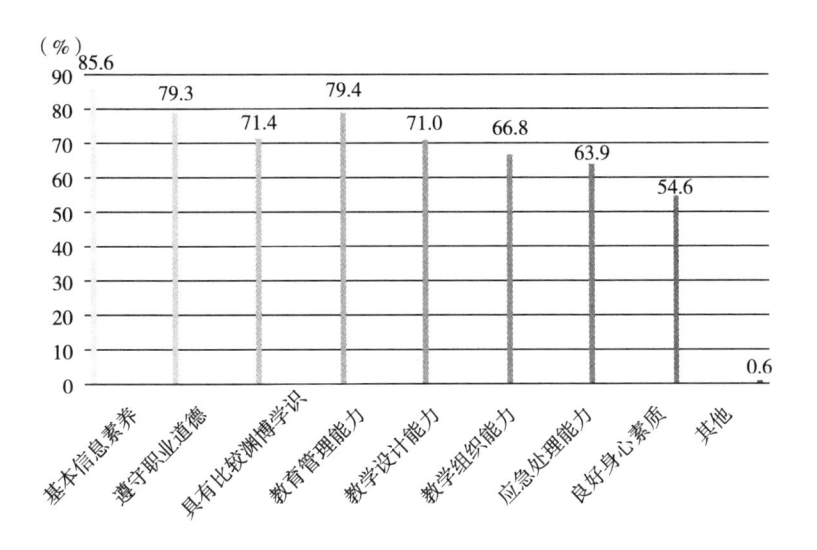

图3-1 在线教育教师应具备的能力

2. 在线教育平台应用满意度

调查显示,在线教育的整体满意度不高,认为在线教育比线下教学效果好的教师仅占7.1%,认为在线教育比线下教学效果差的教师占34.9%。可见,教师对在线教育的整体满意度不高。卡方检验显示,不同教龄的教师对在线教育教学效果满意度存在显著差异,不满两年的教师对在线教育的教学效果满意度高于其他教龄的教师,而10年及以上的教师普遍认为在线教育的教学效果并不好,如表3-2所示。究其原因可能是教龄长的教师,习惯于传统教学,很难主动适应在线教育。而随着教师队伍老龄化问题的出现,10年及以上的教师比重逐渐扩大,这导致了在线教育的整体满意度偏低[①]。

[①] 徐瑾劼:《新冠肺炎疫情下全球教育体系的应对与在线教育的挑战——基于OECD全球调研结果的发现与反思》,《比较教育研究》2020年第6期。

表 3-2　　　　不同教龄的教师在线教育效果满意度卡方检验

		教龄				合计	P
		2 年及以下	3—5 年	6—9 年	10 年及以上		
在线教育效果	比平时线下更好	31	34	28	77	170	0.000
		8.2%	6.9%	6.2%	7.2%	7.1%	
	与线下教学效果相当	79	91	61	135	366	
		21.0%	18.3%	13.6%	12.7%	15.3%	
	有时更好有时更差	186	213	194	425	1018	
		49.5%	42.9%	43.2%	39.9%	42.7%	
	比线下教学效果更差	80	158	166	429	833	
		21.3%	31.9%	37.0%	40.2%	34.9%	
总计		376	496	449	1066	2387	
		100%	100%	100%	100%	100%	

调查还显示，教师信息化教学能力有待提升，不同教龄的教师对在线教育发挥的价值程度具有显著差异。63.6%的教师认为在线教育需要技术支持，而个人信息技术水平不高会导致使用在线教育平台的积极性降低。为此，本研究采取了单因素方差分析，以揭示不同年龄教师对在线教育价值体现产生差异的原因。

经过描述性统计以及方差齐次性检验，得出变量总体在因素的各个水平上呈正态分布并具有齐次性，因此通过教师的教龄与在线教育教学价值进行单因素方差分析，方差检验的 F 值为 18.824，显著性概率 Sig. 为 0.000<0.05，说明各组均值在 $\alpha = 0.05$ 水平上有显著差异。分析发现，不满两年的教师认为在线教育价值的体现高于其他教龄段，10 年及以上教龄的教师认为在线教育价值的体现最低。总体趋势是，教龄越长的教师，在线教学价值满意度越低，如表 3-3 所示。究其原因，可能是教龄长的教师习惯于传统教学，对新出现的事物存在抵触情绪，以及其信息应用水平不高[1]等原因造成的。

---

[1] 孙妍妍等：《中小学教师信息化教学能力调研》，《开放教育研究》2021 年第 1 期。

表 3-3　　不同教龄的教师在线教学价值的满意度显著性差异

	教龄（绝对值±标准差）				F	P	事后检验
	2年及以下	3—5年	5—9年	10年及以上			
教学价值	2.46±0.888	2.68±0.964	2.75±0.983	2.89±1.007	18.824	0.000**	10年及以上>5—9年>3—5年>2年及以下

注：*表示在0.05水平下显著；**表示在0.01水平下显著；***表示在0.001水平下显著。

调查还显示，在线教育平台可以为教师带来诸多帮助，但其高效性和教学反思体现得并不明显。调查发现，在线教育平台给教师带来的帮助主要有："提供丰富的教育资源"（占83.0%）、"提供多样的交互形式"（占66.9%）、"实现随时随地的教学"（占61.0%）、"资源共享更加便捷"（占57.8%）以及"教学评价更加多元"（占34.6%）。但仅有少部分教师认为在线教育平台使"教学更加高效"（占26.5%），会"带来更深的教学反思"（占22.6%）。

3. 在线教育平台应用存在的问题

调研获知，"教学过程中出现网络故障"（占78.6%）、"平台跳出弹窗、广告"（占58.9%）以及"与学生互动困难"（占74.2%）是教师应用平台时遇到的主要问题。此外，部分教师会遇到"部分平台部分功能收费"（占25.4%）以及"师生隐私问题得不到充分保护"（占20.4%）等问题。

在线教育平台规范也存在诸多问题。当教师在教学过程中出现"授课时间过长，授课内容出错"等不当教学行为时，平台很少会提醒教师规范行为（占20.0%）。同时，在线教育平台存在"收集用户电话，并频繁推广课程""教学资源的推送与课程无关"以及"平台有诱导性信息"等现象。此外，"未经允许在教师课程中插播广告""强制要求教师使用平台某些功能"和"未经教师允许使用教师的课程和相关资源"等行为，也困扰着部分教师。

调研结果显示，学生的在线学习效果不太好。35.2%的教师认为学生的参与度不高；44.2%的教师认为，学生参与效果不好，不能积极地响应教学。同时，多数教师认为"师生缺少交流互动"、线上教学"只是简单照搬线下教学模式""缺乏完善的教学管理服务，对学生自觉性要求过高""教学内容不适合通过互联网形式呈现"以及"教师教学设计能力和教学组织能力不足"等因素是导致学生在线学习效果降低的主要原因。

4. 在线教育平台发展建议

针对目前在线教育存在的问题，教师从政府、教育职能部门、机构、平台、学校以及师生方面提出了建议。教师认为，政府应制定相关的制度法规；教育职能部门应出台在线教育规范标准，健全平台准入机制，严格限制不良应用的使用；在线教育机构应规范在线教育模式、优化运营环境、简化教育平台、净化平台资源；学校应引导学生使用正规的平台，规范平台和 App 进校园，培养学生的注意力和专注力；开展教师研修培训，提升教师素养和教学能力。

本节使用 Nvivo11 对教师建议进行编码，获取关键词，根据参考点的数量以确定教师的主要建议。分析发现，教师提出的建议主要有平台设计易操作、增加互动、对平台进行规范管理、开展教师培训、优质资源开发与共享、提高教师在线教学能力、提高学生学习积极性和注意力等。

综上所述，对在线教育的使用，大部分教师态度是积极的，但目前在线教育平台还存在诸多问题，如平台规范、网络基础、师生互动以及隐私安全等。针对这些问题，教师从政府、教育职能部门、在线教育机构以及学校等方面为平台建设、师生互动、教师培养以及资源建设等内容提出了建议。

（四）调研结果分析

信息人、信息、信息技术、信息环境是影响在线教育平台用户持续使用行为的影响因素[1]，即个人的学习以及认知特征、系统及课程信息、交互及新兴信息技术、平台、社会及文化环境；在线教育还存在理念、保障与供给、师生素养和能力、企业服务水平与质量以及家校共育

---

[1] 张敏等：《在线教育平台用户持续使用行为研究的影响因素》，《图书馆论坛》2020年第 5 期。

等潜在的影响因素①。结合相关文献，针对调研数据，本章提出教师视角下在线教育发展的五大影响因素：平台规范力度、网络环境建设、在线教学水平、学生互动积极性以及隐私安全保障。

1. 平台规范力度

平台的规范力度缺失是在线教育效果较低的重要原因。调查显示，58.9%的教师表示在线教育过程中遇到平台跳出弹窗、广告的情况。此外，平台还存在与课程无关的内容，内部运行稳定性不足，页面经常出现卡顿、崩溃等问题。这些问题在很大程度上影响了教师的教学体验和学生的学习体验。因此，需要对在线教育平台的课程资源、学习界面以及系统稳定性等内容进行严格规范。

2. 网络环境建设

网络环境是指以公众网络以及教育专用网络为基础，构建的可以实现教育有效传播，促进优质资源共享的系统。良好的网络环境是顺利开展在线教育的基础条件，完整的在线教育必须具备流畅的网络和良好的网络终端②。调研发现，近80.0%的教师反映在线教育过程中网络经常出现故障，影响了在线教育效果。目前，在线教育参与人数规模巨大，导致多数地区的网络不足以支撑大规模学生同时上课，特别是乡镇和农村地区的学生，严重制约了在线教育的发展。

3. 在线教学水平

对学生在线学习体验影响因素的调查显示，教师在线教学设计能力和在线教学管理能力的不足（占47.4%），是导致学生学习体验差的主要原因。疫情防控期间，部分教师在准备不足的情况下，迅速展开在线教育，致使教学质量达不到预期效果。调研结果显示，虽然多数学校对教师开展了在线教学相关培训，但半数以上的教师表示学校组织的教师培训缺少实战或考核等环节，培训系统性不强，教师的在线教学水平得不到很好的提升。

---

① 徐瑾劼：《新冠肺炎疫情下全球教育体系的应对与在线教育的挑战——基于OECD全球调研结果的发现与反思》，《比较教育研究》2020年第6期。

② 郑勤华等：《疫情期间在线教学实施现状、问题与对策建议》，《中国电化教育》2020年第5期。

4. 学生互动积极性

在线教育中大部分学生都能参与课堂教学，但仅 20.0% 左右的学生可以积极地响应课堂。研究显示，在线教学过程中与学生互动困难的教师占 74.2%，多数教师认为"师生缺乏交流互动"是导致在线教学效果差的主要原因。调研显示，认为在线教学效果比线下教学效果好的教师只占 7.0%。其原因在于，学生参与课堂互动的积极性不高，由于时空的限制，对学生行为的监管成为难题，教学参与得不到实时的监督；同时，部分教师在进行在线教学设计时，未设置合适的互动，多数的线上教学简单照搬线下教学模式。在此情况下，师生之间、生生之间的互动得不到保障，问题得不到很好的解决，致使学习效果受限。

5. 隐私安全保障

信息技术的广泛应用必然带来隐私安全问题，教育领域目前正面临着重大的隐私保护挑战。调查发现，隐私安全问题也是教师担忧的主要问题，部分教师认为在线教育平台经常"收集用户电话，并频繁推广课程"。在线教育数据的开放使隐私保护问题进一步加大，同时一些不正规的教育平台非法收集用户数据，加重了个人信息的泄露[1]。商家通过收集到的数据对用户进行频繁的广告宣传推销，严重影响在线教育中用户的日常生活，尤其是电信诈骗等各类网络违规犯罪现象的频繁发生，对个体财产及其生命安全构成了威胁。

总体来说，教师视角下的在线教育发展影响因素主要是平台规范、网络环境、教师在线教学水平、学生积极参与互动以及隐私安全等。为此，需要从顶层优化设计、教育服务支持、师资质量提升、技术赋能教学以及技术伦理保障等方面，制定在线教育治理策略，以提高在线教育质量，改善行业生态。

二　家长视角

从家长视角出发，主要对在线教育平台应用现状、存在问题、解决方案等展开调研，对在线教育目前存在的弊端进行研究，提出策略建议，为在线教育治理提供可行性方案，提高在线教育服务质量。

---

[1] 唐凯麟、李诗悦：《大数据隐私伦理问题研究》，《伦理学研究》2016 年第 6 期。

（一）研究对象概况

教育部发布了《关于加强中小学生手机管理工作的通知》，提出禁止学生将手机带入课堂。受设备及认知水平的限制，多数中小学生对在线教育平台的使用、在线课程的选择、平台收退费等事务都由家长代为操作。因此，本问卷的调查对象为全国多个学段的学生家长，涉及江苏、上海、山东、广州、安徽、贵州等地区，样本覆盖我国东部、中部和西部。

本书在广泛借鉴已有研究成果和问卷的基础上，形成了初始问卷。经过多次试调查和修改，以保证问卷的信度、效度以及可行性。最终形成的问卷主要围绕以下方面展开：①在线教育认知情况；②在线教育存在问题；③在线教育改进建议，其中在线教育存在问题模块包含四个维度，涉及内容问题、收费问题、师资问题、规范问题。问卷包含单选题、多选题与开放式问题，旨在了解中小学在线教育平台应用现状与改进方向。

（二）调研基本情况

调查通过"问卷星"在线实施，问卷调查为2021年1—3月。共回收问卷5173份，有效问卷4956份，有效率为95.8%。其中1—3年级有效调查样本2999份（占60.5%），4—6年级有效调查样本1200份（占24.2%），初中有效调查样本604份（占12.2%），高中有效调查样本153份（占3.1%）。

（三）数据统计与分析

1. 中小学家长对在线教育平台的认知情况

调研获知，从性别看，女性家长（占64.9%）较高于男性家长（占35.1%）；从学段看，1—3年级占60.5%，4—6年级占24.2%，初中占12.2%，高中占3.1%，低年级家长远多于高年级家长；从所在地看，大部分家庭处在城市地区（占59.3%）。

为了解家长对在线教育平台的认知情况，调查了家长获知在线教育的渠道。结果显示主要渠道为学校或教师通知、朋友或其他家长推荐、在线媒体（网络新闻、论坛等），分别占比49.7%、23.7%、14.2%。结合学段与渠道两个因素交叉分析，如图3-2所示，选择推荐类渠道的1—3年级家长均占60.0%以上，低年级家长远高于高年级家长；从学段角度分析，13.7%的1—3年级家长会专门搜索在线教育相关内容，且比例随着学段增加而上升,分别为13.5%、13.9%、19.6%,在高中阶段有明显的增长。可见,学段越低,家长受到学校、教师、朋友、媒体等因素的影响越大;随着学生年级增高,学习内容逐渐复杂化,学习困难度逐渐增高,家长会主动寻求对学习内容有针对性的在线教育平台。

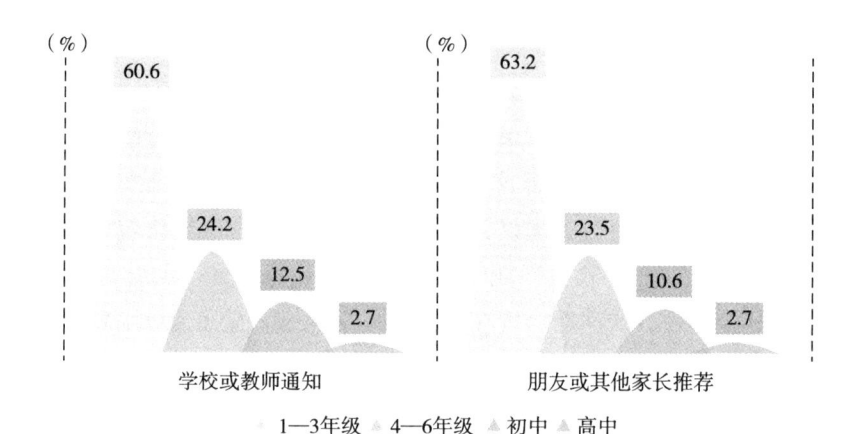

图3-2 在线教育获知渠道的学段分析

本次调查将在线教育平台分为在线教育App、在线教育机构和在线教育网络平台三个维度,在线教育App指安装在智能设备上的集在线教学与交互功能于一体的应用软件;在线教育机构指进行在线教育工作的场所和管理机关;在线教育网络平台指以互联网为技术基础,专门提供在线教学服务的网站。

调查可知,家长接触频率最高的在线教育App为作业帮(占61.0%)、一起作业(占60.8%)、猿辅导(占39.5%)等;在线教育机构为学而思网校(占52.7%)、新东方在线(占27.7%)等;在线教育网络平台为智慧树(占36.4%)、腾讯微课堂(占29.7%)、百度教育(占18.9%)等。此外,使用好感度较高的在线教育平台是一起作业(占50.6%)、作业帮(占42.9%)、猿辅导(占33.8%)、学而思网校(占16.1%)和腾讯课堂(占12.7%)等。

为了解在线教育平台对学生成绩的影响,问卷调查了家长对"在线教育能否促进学生学习成绩提高"的看法。结果显示,4.1%的家长认为没帮助，16.7%认为帮助较小，57.9%认为一般，17.7%认为帮助较大，仅有3.7%认为帮助非常大。经描述统计分析获知平均值为3.0，表明家长对"在线教育能提高学生学习成绩"持中立态度。为进一步检验样本是否受学段、地区等因素影响态度的倾向性，对问卷数据进行单因素方差分析。

由表3-4可知，如果仅考虑学段因素，F值为3.713，对应的概率P值为0.11；如果仅考虑地区因素，F值为2.466，对应的概率P值为0.085，大于0.05，表明学段因素与地区因素均没有对在线教育平台的作用产生显著影响。如果仅从单因素角度考虑，学段对在线教育平台作用的影响比地区大。因此，家长对"在线教育平台能促进学生学习成绩"这一观点持中立态度，且不同学段的家长对此观点呈现的态度差异比不同地区的家长更大。

表3-4　　　　学段与地区对平台作用影响的单因素方差分析结果

	F	P
学段	3.713	0.11
所在地区	2.466	0.085

2. 在线教育平台存在问题分析

在线教育内容问题上，调查发现存在内容设计欠缺，引起注意力分散的问题。89.3%的家长反映学生在在线教育平台进行学习时出现过注意力不集中的现象，因此结合注意力分散频率与分散原因进行交叉分析。数据显示，家长认为导致学生注意力分散的主要原因为学习兴趣低下、设备娱乐功能吸引、课程缺少互动和课程内容缺乏吸引力。随着学生注意力分散频率增高，课程内容缺乏吸引力与学习兴趣低下因素的占比分别从25.4%增加到29.8%、从38.3%增长到52.0%。而学习兴趣与课程内容有着密切的相关性，说明在线课程内容影响学习者注意力分散的频率，内容设计欠缺会增加学习者注意力分散的次数。

同时，在线教育内容还存在内容不良情况频发、课程时长超标的问题，数据表明家长中56.6%遇到过网络卡顿，27.0%经历过广告弹窗，课程内容出现不良信息、内容超纲、资源难以获取、画面模糊不清、账号故障以及客服无反馈等问题也均有不同程度的反映。

在线课程时长的管控也是在线教育内容存在的一大问题。目前，我国多个地区已提出在线课程时长管控的规定，海南省教育厅提出小学生在线学习每课时不超过 15 分钟、中学生在线学习每课时不超过 20 分钟[1]；上海市教育部提出依据小学生自主注意力集中时间将小学生线上教学每节课时长设定为 20 分钟[2]；教育部在《关于规范校外线上培训的实施意见》中明确规定线上教学每节课时长不超过 40 分钟[3]。为此，基于不同学段对在线课程时长各维度占比进行数据分析，如图 3-3 所示。其中各学段反映在线课程每节课时长超过 30 分钟的人数分别占比 43.6%、57.0%、59.1%、62.8%。说明在线课程时长的管控工作仍需要进一步落实。

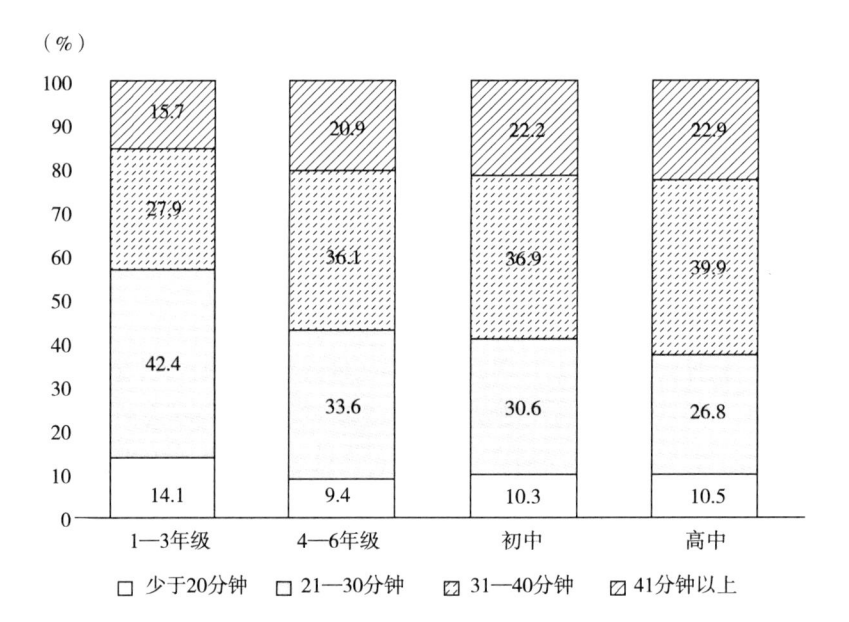

图 3-3 基于学段的在线课程时长分布

---

[1] 三亚市教育局：《三亚市教育局转发海南省教育厅关于规范中小学校"停课不停学"线上教育管理工作的紧急通知》，三亚市教育局网，http://www.sanya.gov.cn/jyjsite/bmwjxx/202002/976130c451754c3a8d33f21d64f0d531.shtml。
[2] 界面新闻：《上海：在线教学不强制打卡，小学课程每日时长不超过 2 小时》，界面新闻网，https://baijiahao.baidu.com/s?id=1658858234038008355&wfr=spider&for=pc。
[3] 李恒：《在线教育生态系统及其演化路径研究》，《中国远程教育》2017 年第 1 期。

在收费方面，在线教育平台存在收退费不规范、课程定价混乱的问题。调查显示，21.9%的家长反映曾不同频率地遇到过平台额外收费的情况，22.1%的家长认为定价不合理，不合理的原因主要概括为价格偏高、没有标准、波动幅度大、与课程质量不符等。部分家长表示课程定价对于普通家庭和多子女家庭难以负担；有些课程价格经常性上下波动易引起心理落差；大规模在线课程的价格甚至与一对一课程价格相差无几。有退费经历的家长中，39.1%表示无法合理退费，32.1%表示退费流程烦琐，仅28.8%表示退费流程简单。进一步了解退费原因后，92.4%表示会因课程效果不好、内容不符、停课等原因选择退费，66.7%表示会因时间冲突、资费问题、拍错课程等原因选择退费。可见，因在线课程相关原因选择退费的家长多于因个人主观原因选择退费的家长。

在师资方面，在线教育师生互动匮乏，教师资质审核仍需加强。本书将在线授课教师分为高校知名教授、中小学在编教师、机构签约教师、网络自由教师、其他这五个类型。结合在线教育中教师常见不良情况进行交叉分析，数据显示，家长反映教师不良情况频率最高的三种情况为：课上缺少互动、课后答疑过少、授课时间过长，其中高校教授缺少互动的不良情况占比最高（占33.2%）。因此，在线教育亟须加强师生互动，同时授课时长、课后答疑、讲授方法也是在线教育教师应当重视并需要解决的问题。此外，调查结果还显示，19.6%的家长为学生选择过外教，这些家长中57.9%表示无法得到清晰、明确的外教个人信息。这不仅违背了国家相关规定，也给学生的学习造成巨大的隐患。

在隐私安全方面，在线教育平台的隐私安全保护被忽视，运行管理不规范。调查显示，注册平台身份时填写了姓名、联系方式、学生年龄、地址等信息的家长均超过半数；邮箱、身份证号、所在单位、学生所在学校、身份信息、银行卡号等个人信息均有家长填写过。一旦这些信息安全得不到有效保障，很容易引发不良分子凭借隐私信息获取用户信任，从而通过网络、电话等渠道进行诈骗类违法活动，造成不可估量的损失。在调查家长是否收过相关宣传电话或信息时，仅有17.1%的家长表示从未收到；调查平台与用户间保密协议签署情况时，多达86.5%的家长在填写个人信息时都曾在未签署保密协议的情况下持续操作平台，可见在线教育平台的数据安全保护需要加强。为了解平台运行规范，本书调查了在线教育平台是否会提供规范操作手册以及是否标注课堂行为规范。据反馈，家长中仅20.7%收到内容详细的平台操作手册，19.0%表示平台会告知详细的课堂行为规范。结果表明，部分在线教育平台在使用规范方面已有一定的成效，但提供的使用手册与行为规范仍需要进一步充实内容，没有提供使用手册与行为规范的平台或机构仍需要进一步完善其使用规范。

（四）在线教育改进方向

调研可知，政府出台相关政策、监管部门加强执法、调整课程收费等改进均有超半数家长表示赞同。此外，详述教师履历信息、调整课程时长、增加反馈互动、美化平台界面、简化收退费流程、完善平台系统与客服功能、更新课程内容与资源呈现等措施都获得家长不同程度的支持，以及部分家长提出禁止课程中途改价、培养教师专业能力、加强对学生监管等改进措施。为保证研究数据的完整性与可靠性，问卷中设置了开放式问题，深入调查家长对中小学在线教育平台的不良印象与改进方向，并对结果进行词频分析，如图3-4所示。

不良印象反馈　　　　　　　　改进建议反馈

图3-4　家长反馈分析

家长对在线教育平台的不良印象主要集中在收费、广告、网络等方面；家长最希望在线教育平台能在收费、互动、规范、整合、教学等方面加强改进。因此，在线教育平台未来应在收费、网络、规范、教学、整合等方面作出符合用户意愿的转变。

为进一步明确家长对资源整合的态度倾向，本节在了解家长设备内在线教育软件（App）数量的基本情况后，结合家长对资源整合的意向进行交叉分析，结果如图 3-5 所示。为进一步明确在线教育软件数量与整合意向之间的相关性，在数据分析前对交叉表进行卡方检验，结果见表 3-5。

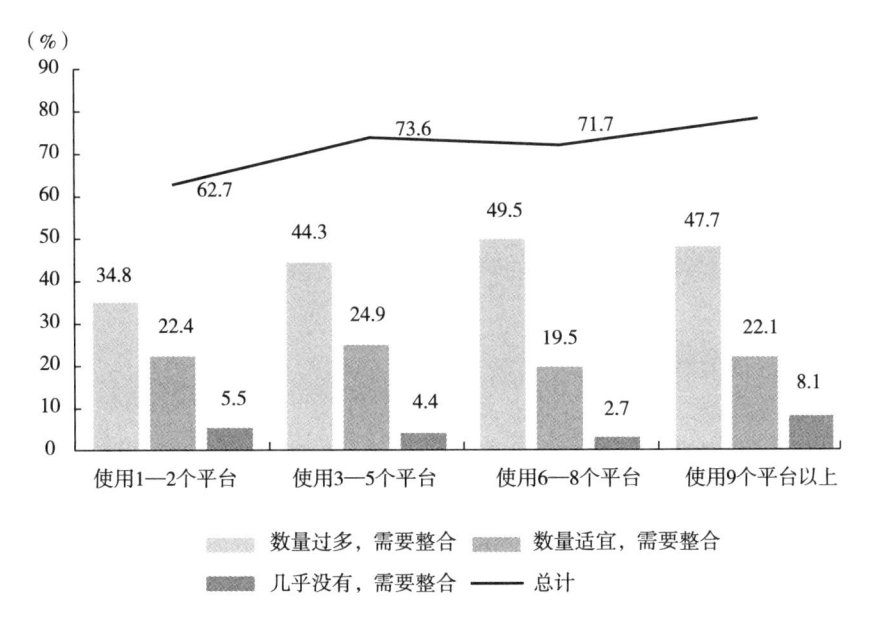

图 3-5 资源整合意愿分析

此次检验采用交叉列联表下的卡方检验，数据显示，期望频数小于 5 的单元格数为 1，仅占总单元格数的 4.2%，小于 20%，因此可以进行卡方检验。本检验中线性相关卡方的概率 P 值小于 0.05，因此行列变量具有显著的线性相关性，设备内拥有不同在线教育软件数量的家长对在线教育资源整合的意向是不一致的。

图 3-5 显示，拥有 1—2 个平台的家长有 62.7% 倾向于整合在线教育资源，3—5 个选项中倾向整合资源人数占比 73.6%，6—8 个选项中倾向整合资源人数占比 71.7%，9 个及以上选项中倾向整合资源人数占比 77.9%。数据整体呈上升趋势，说明拥有的在线教育软件越多，家长对在线教育资源整合的意愿越强烈。

表 3-5　　　　　　　　　卡方检验结果

	值	df	渐进 Sig.（双侧）
Pearson 卡方	107.174[a]	15	000
似然比	114.164	15	000
线性关联	13.123	1	000
有效个案数	4956		

注：[a] 表示 1 个单元格（4.2%）的期望计数小于 5。最小期望计数为 4.37。

总体来说，家长对在线教育平台的不良印象主要集中在收费、广告、网络等方面；家长最希望在线教育平台能在收费、互动、规范、整合、教学等方面加强改进。为此，需要从收费、网络、规范、教学、整合等方面作出符合用户意愿的转变，解决在线教育平台存在的问题，改善行业生态。

三　学生视角

学生是在线教育平台的主要使用者，在线学习是学生学习知识、培养兴趣的重要途径，但学生的在线学习体验一定程度上受网络、师资、课程质量影响，使学生在线学习效果达不到预期。因此，如何提高学生的在线学习质量，保障在线教育的健康发展是本书关注的重点。

（一）研究对象概况

学生视角问卷采取随机整群抽样方式，选取全国不同地区的中学生以及高校学生作为研究对象，初步设计和开发了中学学生和高校学生两套在线学习满意度调查问卷。经过多次修改，以保证问卷的信度、效度以及可行性。

中学生问卷主要包括两部分，第一部分为基本背景信息，涉及性别、年级、学校性质、所在省份等个人信息；第二部分为问卷主体，分为在线教育认知情况、学习满意度、学习持续力、机构规范与改进建议五个维度，其中学习满意度、学习持续力、机构规范三个维度采用李克特 5 级量表形式，"1—5"表示"认同度最弱—认同度最强"。考虑到学生认知水平差异与逻辑表达能力的限制，问卷仅发放给初中生与高中生。学生问卷的主要功能是为了解中学生教育机构在线学习现状。

高校学生问卷主要由对在线教育的基本认识、在线学习满意度以及问题与建议三个部分进行调研。在线学习满意度部分由平台设计满意度、平台管理满意度、课程内容满意度以及教师教学满意度四个分维度构成,采用李克特 5 级量表,将指标分成 1—5 个档次(完全不赞同、不太赞同、一般、基本赞同、完全赞同),用于了解高校学生在线学习现状。

(二)调研基本情况

中学生问卷共发放并回收 484 份,剔除无效问卷后有效问卷数为 259 份。高校问卷共发放并回收了 784 份,剔除无效问卷后有效问卷数为 388 份。中学生调查样本涉及初中 1 年级至高中 3 年级不同学段的学生,覆盖我国东部、中部、西部不同地区的学生。高校学生调查样本涉及专科、本科、硕士研究生不同受教育水平的学生,以及不同地区的学生。对有效问卷进行描述统计后,中学生基本情况如表 3-6 所示,高校学生基本情况如表 3-7 所示。

表 3-6　　　　　　　　　　中学生基本情况

	类别	频数	百分比(%)
性别	男	114	44.0
	女	145	56.0
学段	初中	252	97.3
	高中	7	2.7
所在地区	东部	240	92.6
	中部	10	3.9
	西部	8	3.1
	海外	1	0.4

由表 3-6 可知,中学生调查样本中,男生 114 人(占 44.0%),女生 145 人(占 56.0%),男女比例为 1∶1.3,男女比例较为均衡。初中学段的学生 252 人(占 97.3%),高中生 7 人(占 2.7%),初中生较多。其中东部地区有效问卷 240 份(占 92.6%),中部地区 10 份(3.9%),西部地区 8 份(占 3.1%),海外地区 1 份(占 0.4%),东部地区人数较多。

表 3-7　　　　　　　　　　高校学生基本情况

	类别	频数	百分比（%）
性别	男	120	30.9
	女	268	69.1
所在地区	华东地区	134	34.5
	华南地区	7	1.8
	华中地区	36	9.3
	华北地区	10	2.6
	西南地区	102	26.3
	西北地区	93	24.0
	东北地区	1	0.3
	其他地区	5	1.3
当前受教育水平	专科	23	5.9
	本科	305	78.6
	硕士研究生	60	15.5

由表 3-7 可知，参与调研的高校学生男生 120 人（占 30.9%），女生 268 人（占 69.1%），男女比例约为 1∶2，女生较多。调研样本涉及专科 23 人（占 5.9%），本科 305 人（占 78.6%），硕士研究生 60 人（占 15.5%），本科生较多。有效问卷所在地区主要集中在华东地区、西南地区以及西北地区，分别占 34.5%、26.3% 和 24.0%。

（三）数据统计与分析

1. 中学生对在线教育的认知情况

调查结果显示，中学生进行过辅导的教育机构主要包括学而思网校、网易云课堂、新东方在线等。从在线学习频率来看，23.9% 的学生每天都学习，12.7% 的学生每周学习 3—5 次，36.3% 的学生每周学习 1—2 次，21.2% 的学生偶尔学习，5.8% 的学生基本不学习。将在线学习频率与教育机构两个变量进行交叉分析后发现，基本不学习的学生中，在教育机构辅导过的学生占比为 66.7%。由此可知，教育机构对学生在线学习的监管仍有待改善的空间。

从中学生解决问题方法来看，当学生在学习时遇到难题或不理解的知识点时，学生更加倾向于询问老师（占 72.2%）、查找相关资料（占

61.0%)、询问同学（占 59.8%）。从中学生获取教育机构渠道来看，学生更倾向于教师介绍（占 52.9%）、家长告知（占 51.0%）、同学或朋友推荐（占 47.5%）。因此，教师在中学生的在线学习过程中发挥重要作用，学生遇到问题时需要教师及时答疑，查找资料时需要教师预先上传好课程相关资料，选择辅导机构时也需要教师帮助分析与建议。

2. 高校生对在线教育的认知情况

高校生方面，通过多重响应频数分析，得出高校学生进行在线学习的方式主要是"通过在线教育平台"和"通过教育 App"。在诸多平台和 App 中，高校学生使用较多的主要是超星学习通、中国大学 MOOC、腾讯课堂、智慧树、钉钉、雨课堂等，如图 3-6 所示。高校学生获取在线教育平台或工具的渠道主要是"教师介绍""个人需要针对性搜索""在线媒体"以及"同学推荐"。

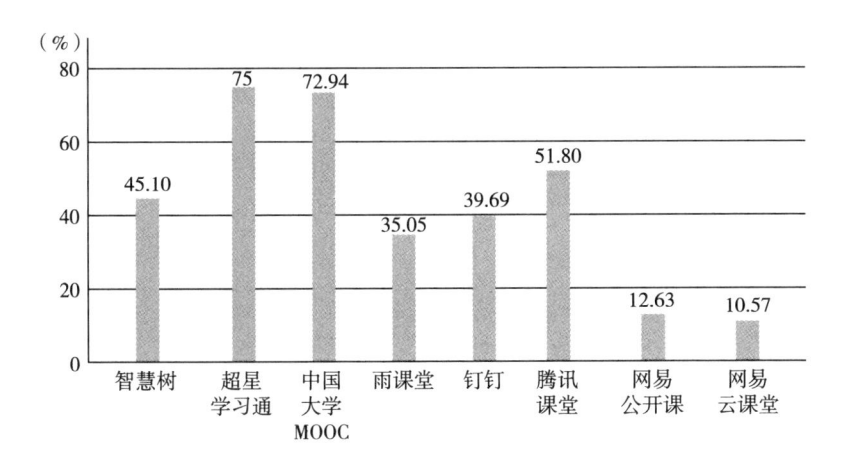

图 3-6 在线教育平台使用情况

大部分高校学生认为，在线教育相较于传统教育有以下优势：学习方式自由灵活、不受地域时间影响随时随地学习、可以自由选择学习内容、可以回放复习、可以获取优质资源以及学习成本低。但高校学生也认为，在线教育存在学生注意力不集中、教学模式单一以及缺少互动等问题。

量表部分主要从平台设计、平台管理、课程内容、教师教学四个维度对高校学生在线学习满意度进行调研。本书对量表的信效度进行了分析，量表整体的克隆巴赫系数为 0.914，分维度的克隆巴赫系数分别为 0.857、0.812、0.827 和 0.869，均大于 0.8，说明量表的系数非常好。该量表的 KMO 系数为 0.924，大于 0.8，说明量表的效度也非常好。

3. 中学生教育机构在线学习影响因素分析

描述性分析显示，中学生在线学习满意度、学习持续力、机构规范的均值分别为 3.8471、3.9006、4.0763，如表 3-8 所示，说明中学生对这三个方面持比较认可的态度。

表 3-8　　　　　　　　　　研究变量描述统计

	均值	标准差
学习满意度	3.8471	99242
学习持续力	3.9006	1.08416
机构规范	4.0763	1.03393

经相关分析，得到如表 3-9 所示的数据，学习满意度与学习持续力间存在相关关系，两者间的 Pearson 相关系数为 0.889，说明两者之间存在正的强相关性；学习满意度与机构规范间存在相关关系，两者间的 Pearson 相关系数为 0.764，两者之间存在正的强相关性；学习持续力与机构规范存在相关关系，两者间的 Pearson 相关系数为 0.850，两者之间存在正的强相关性。将研究变量间的相关性进行对比，学习满意度与学习持续力之间的相关性最紧密，其次是学习持续力与机构规范。

表 3-9　　　　　　　　　　研究变量的相关系数

	学习满意度	学习持续力	机构规范
学习满意度	1		
学习持续力	0.889**	1	
机构规范	0.764**	0.850**	1

注：*表示在 0.05 水平下显著；**表示在 0.01 水平下显著；***表示在 0.001 水平下显著。

经多元线性回归分析，得出如表 3-10 所示的数据，且各拟合指标均符合标准。表中数据显示，F 值对应的 P 值为 0.000，小于 0.05，说明学习满意度和机构规范会对学习持续力产生影响关系；R^2 为 0.861，代表学习满意度和机构规范会揭示 86.1%学习持续力变化原因；VIF 值小于 5，说明本书没有多重共线性，不需要重新处理；学习满意度的 B 值为 0.629，机构规范的 B 值为 0.430，学习满意度与机构规范的显著性均为 0.000，说明两者对学习持续力的影响关系均为正向影响，且学习满意度的影响关系大于机构规范。

表 3-10　　　　关于学习持续力的线性回归分析结果

常量	非标准化系数 B	标准误	标准化系数 Beta	T 值	显著性值	共线性统计 容差	VIF
学习持续力	-0.274	0.108		-2.532	0.012*		
学习满意度	0.629	0.039	0.576	15.951	0.000***	0.416	2.404
机构规范	0.430	0.038	0.410	11.369	0.000***	0.416	2.404
R^2	0.861						
调整 R^2	0.860						
F 值	794.416						
P	0.000						

注：* 表示在 0.05 水平下显著；** 表示在 0.01 水平下显著；*** 表示在 0.001 水平下显著。

根据表 3-10，可列出学习持续力、学习满意度和机构规范三个变量的多元线性回归方程：学习持续力 = -0.274+0.629×学习满意度+0.430×机构规范。

综上，经过描述性分析、相关性分析以及回归方程分析，学生在线学习满意度与在线学习持续力均不高，在线学习满意度、学习持续力以及机构管理两两之间均存在显著的相关关系，通过回归方程分析发现机构管理以及在线学习满意度与在线学习持续力呈正向相关关系，其中学习满意度对学生在线学习持续力的影响比机构管理的影响更大。

4. 高校学生数据分析

本书对在线学习满意度进行均值计算，得出如表 3-11 所示的均值，从表中可以发现高校学生整体在线学习的满意度并不高。在各维度中，教师教学的满意度最高，但均值仅是3.70，平台设计以及课程内容的满意度与教师教学满意度相当，而平台管理方面的均值最低，可以看出高校学生对在线学习的满意度并不高，尤其是平台管理方面。

表3-11 各维度均值及标准差

	平台设计满意度	平台管理满意度	课程内容满意度	教师教学满意度
平均值	3.69	3.09	3.68	3.70
标准差	731	771	612	616

通过独立样本 t 检验得出，不同性别的学生在平台管理满意度上在0.05水平下有显著性差异，在平台设计满意度和课程内容满意度上在0.01水平下存在显著性差异，在教师教学满意度上在0.001水平下有显著的差异，就整体而言，男生的在线学习各方面满意度均低于女生，如表3-12所示。

表3-12 不同性别学生的在线学习满意度差异分析（n=388）

变量	性别	M±SD	t
平台设计满意度	男	3.50±0.795	-3.170**
	女	3.77±0.687	
平台管理满意度	男	2.96±0.759	-2.342*
	女	3.15±0.771	
课程内容满意度	男	3.53±0.634	-3.154**
	女	3.74±0.592	
教师教学满意度	男	3.51±0.653	-3.994***
	女	3.78±0.581	

注：*表示在0.05水平下显著；**表示在0.01水平下显著；***表示在0.001水平下显著。

通过单因素方差分析获知，在平台设计满意度、课程内容满意度以及教师教学满意度方面都没有显著差异，不同受教育水平的学生这三个方面的满意度都很高，不存在显著差异。仅仅在平台管理满意度上不同受教育水平的高校学生之间存在显著性差异，具体表现为受教育水平越高的学生平台管理满意度越低，如表3-13所示。

表3-13　不同受教育水平的在线学习满意度差异分析（n=388）

	教龄（绝对值±标准差）			F	P	事后检验
	专科	本科	硕士研究生			
平台设计满意度	3.60±0.673	3.70±0.731	3.65±0.762	0.288	0.750	本科>硕士研究生>专科
平台管理满意度	3.47±0.710	3.11±0.766	2.85±0.757	6.064	0.003**	专科>本科>硕士研究生
课程内容满意度	3.67±0.640	3.66±0.621	3.78±0.559	0.887	0.413	硕士研究生>专科>本科
教师教学满意度	3.68±0.493	3.69±0.639	3.76±0.539	0.334	0.716	硕士研究生>本科>专科

注：*表示在0.05水平下显著；**表示在0.01水平下显著；***表示在0.001水平下显著。

通过对不同地区的高校学生的在线学习满意度单因素方差分析，本文发现不同地区的高校学生在线学习满意度存在显著性差异。在平台管理满意度和课程内容满意度方面，不同地区的差异性最为显著。在进行事后检验时，因东北地区的个案数仅为1人，无法进行事后检验，故将东北地区的数据剔除，剔除后的数据显示：西南地区的满意度整体较好，但是华南地区和西北地区除了在平台管理方面表现出很高的满意度外，在其他三个方面相对于其他地区表现出的满意度最低，数据如表3-14所示。

表3-14　不同地区高校学生的在线学习满意度差异分析（n=388）

	教龄（绝对值±标准差）							F	P	事后检验
	华东	华南	华中	华北	西南	西北	其他			
平台设计满意度	3.78±0.787	3.39±0.430	3.44±0.733	3.80±0.715	3.79±0.696	3.54±0.663	3.60±0.887	2.045	0.049*	华北>西南>华东>其他>西北>华中>华南

续表

	教龄（绝对值±标准差）							F	P	事后检验
	华东	华南	华中	华北	西南	西北	其他			
平台管理满意度	2.86±0.799	3.14±0.677	2.90±0.702	2.72±0.445	3.38±0.744	3.19±0.699	3.67±0.736	5.363	0.000***	其他>西南>西北>华南>华中>华东>华北
课程内容满意度	3.76±0.611	3.26±0.806	3.66±0.563	3.90±0.455	3.81±0.548	3.45±0.635	3.68±0.612	3.749	0.001***	华北>西南>华东>其他>华中>西北>华南
教师教学满意度	3.78±0.595	3.16±0.991	3.66±0.559	3.59±0.644	3.81±0.572	3.52±0.613	3.74±0.792	2.869	0.006**	西南>华东>其他>华中>华北>西北>华南

注：*表示在0.05水平下显著；**表示在0.01水平下显著；***表示在0.001水平下显著。

通过四个维度的Pearson相关分析得出，平台设计满意度、平台管理满意度、课程内容满意度和教师教学满意度两两之间呈显著中度相关。其中，课程内容和教师教学满意度之间的相关度最高，达到0.718，为显著中度相关，说明学生对课程内容满意的情况下，对教师的教学也比较满意，如表3-15所示。

表3-15　　　　　各维度相关分析（n=388）

	平台设计满意度	平台管理满意度	课程内容满意度	教师教学满意度
平台设计满意度	1	0.364**	0.587**	0.569**
平台管理满意度		1	0.392**	0.429**
课程内容满意度			1	0.718**
教师教学满意度				1

注：*表示在0.05水平下显著；**表示在0.01水平下显著；***表示在0.001水平下显著。

5. 在线教育平台问题分析

调查可知，中学生对在线教育机构存在问题的反馈结果如表3-16所示。通过对高校学生设置关于在线教育存在问题的开放式问题，并对调查结果进行词频分析，得出如图3-7所示的词频分析图。

表3-16　　　　　　中学生对在线教育机构存在问题反馈

机构问题	个案数（个）	百分比（%）
教育机构管理混乱	51	22.7
教育机构教师授课能力不足	50	22.2
机构教师课上很少与学生互动	65	28.9
教师课后不进行答疑	54	24.0
教育机构收费昂贵	74	32.9
教育机构退费困难	42	18.7
机构存在额外收费	43	19.1
课程资源不易获取	40	17.8
教育机构虚假宣传	39	17.3
机构提供的课程内容超纲	37	16.4
系统网络不稳定	104	46.2
账号故障、登录无效等	59	26.2
学习过程中突然弹出广告	42	18.7
提出问题，但无法得到机构反馈	37	16.4
教师授课时间过长	42	18.7

图3-7　学生"问题"词频分析

由表 3-16 可知，中学生反映通过机构进行在线学习时，系统网络不稳定、教育机构收费昂贵、教师课上很少与学生互动、账号故障与登录无效、教师课后不答疑是在线教育机构较为突出的问题。由图 3-7 可知，高校学生认为通过在线教育平台进行在线学习时，缺乏互动、基础设施不完善、学生积极性不高、教师教学质量不高、教学模式缺乏创新等是目前在线教育存在的突出问题。

6. 对在线教育平台的建议分析

为进一步了解学生对在线教育改进方向的意见，本书在问卷中分别对学生设置了开放式题项"您对在线教育平台的未来发展有哪些建议"。对筛选后的数据进行词频分析，调查结果如图 3-8、图 3-9 所示。

图 3-8　中学生改进建议词频分析

根据图 3-8 可以得知，在中学生反馈的改进建议中，收费、交流、基础设施、教师等词语词频较高，代表着中学生对在线学习改进方向的期望。针对目前在线教育存在的问题，中学生提出了统一收费标准、提高教师素养、增加线下线上关联度、增加互动与实践、加强硬件基础设施建设等改进建议。此外，如图 3-9 所示，高校学生对在线学习改进方向的反馈中，互动、学习、学生、课程、教学、教师等词语词频较高，可见高校学生对在线教育平台的未来发展更期望增加师生互动、优化课程结构、提升师资质量等方面的改进措施。

图 3-9 高校学生改进建议词频分析

总体来说，学生视角下，在线教育存在的主要问题包括平台和机构导致的学习体验感降低、基础设施不完善导致的学生学习体验差，以及部分教师教学水平不高等问题，同时在线教育还应该增强学生学习积极性，提高在线教育效果。

第二节　在线教育政策分析

2001 年，《中华人民共和国国民经济和社会发展第十个五年计划纲要》提出大力发展远程教育，截至目前在线教育已经历了 20 余年的发展。在线教育发展的早期，相关政策专注于网络硬件等基础设施建设，并取得了一定的成果。2021 年，在《关于进一步减轻义务教育阶段学生作业负担和校外培训负担的意见》的引导下，社会教育机构发展的乱象得到有效控制，在线教育政策推动在线教育治理体系逐步形成，从一定程度上规范了在线教育健康、可持续发展。

一　早期行业治理引导政策

在线教育治理发展的早期，在线教育的相关政策经历了从单部门的单一监管,到多部门共同管理,再到初步形成协同治理的过程。大体上可以分为以下几个时期。

(一)早期的单一监管(2000—2011年)

在我国在线教育发展的早期,相关政策的制定和部署主要由教育部负责,政策也主要指向互联网、网络服务等基础设施的建设。2000年,教育部针对新兴的现代远程教育和教育信息服务,发布了第一份国家层面的在线教育政策文件《教育网站和网校暂行管理办法》[1]。2001年,《中华人民共和国国民经济和社会发展第十个五年计划纲要》指出,要大力发展现代远程教育,提高教育信息化水平,并以此为基础展开相关建设工作。2002年,《教育信息化"十五"发展规划(纲要)》发布,部署在线教育相关基础设施建设工作[2]。2006年,《中华人民共和国国民经济和社会发展第十一个五年规划纲要》指出要推进针对农村和中西部地区的教育信息化基础设施建设工作,进一步建设CERNET等教育相关的网络工作。2007年,《国家教育事业发展"十一五"规划纲要》中提出要大力发展远程教育,全面提高教师和学生参与远程教育的能力[3]。可以看出,这一阶段的在线教育政策主要集中于基础设施的建设,并由教育部单一监管在线教育的建设和治理工作。

(二)多部门共同管理(2011—2016年)

自2010年以来,随着在线教育基础设施建设的逐步完成,在线教育政策的重点转向了在线教育服务的保障和在线教育治理。2011年,《中华人民共和国国民经济和社会发展第十二个五年规划纲要》提出重点建设"三通两平台",逐步完善教育治理的现代化。在这一时期,由于国家在线教育建设工作初步取得成效,以及社会上在线教育机构的出现,在线教育的管理由教育部单部门的管理转向了由教育部、司法部门、工信部等多部门参与的共同管理的局面。2011年年底,工信部发布了《规范互联网信息服务市场秩序若干规定》,提出规范教育网校等

---

[1] 教育部:《教育网站和网校暂行管理办法》,《中国远程教育》2000年第9期。
[2] 教育部科学技术司:《教育信息化"十五"发展规划(纲要)》,中国政府网,http://www.moe.gov.cn/srcsite/A16/s7062/200209/t20020904_82366.html。
[3] 教育部:《国家教育事业发展"十一五"规划纲要》,中华人民共和国教育部政府门户网站,http://www.moe.gov.cn/jyb_xwfb/gzdt_gzdt/moe_1485/tnull_22875.html。

互联信息服务提供商的行为。2012年，教育部印发了《精品资源共享课建设工作实施办法》，提出优质课程教学资源通过现代信息技术手段共建共享，提高人才培养质量，服务学习型社会建设等。这一时期，各部门在职能范围内对在线教育相关的内容各自进行管理，没有形成协同治理的局面。虽然在线教育政策更加细分化，但实际效果不甚理想。

（三）协同管理时期（2016年至今）

科技的不断进步推动在线教育的业态模式发生了翻天覆地的变化，原有的管理办法和多部门共同监管已无法满足在线教育发展需要。2016年《教育信息化"十三五"规划》指出，到2020年基本建成"人人皆学、处处能学、时时可学"的与国家教育现代化发展目标相适应的教育信息化体系；基本实现教育信息化对学生全面发展的促进作用、对深化教育领域综合改革的支撑作用和对教育创新发展、均衡发展、优质发展的提升作用。同年，国务院决定取消教育网站和网校行政审批事项。2017年，《国家教育事业发展"十三五"规划》中强调，推进"三通两平台"建设与应用，推进数字教育资源普遍开放共享，发展现代远程教育和在线教育，支持"互联网+教育"教学新模式，发展"互联网+教育"服务新业态。同时，教育部针对网站网校监管要求相关教育行政部门配合网信、公安等部门，做好违法违规查处工作。这是在针对在线教育行业监管的国家政策文件中，首次明确多部门合作的行业监管模式。2018年，《教育信息化2.0行动计划》强调，到2022年基本实现"三全两高一大"的发展目标，建成"互联网+教育"大平台，推动教育改革，探索人才培养，教育治理等的新模式。同年8月，《国务院办公厅关于规范校外培训机构发展的意见》发布，要求网信等部门在各自职责范围内配合教育部门做好线上教育监管工作。这是在国家层面首次用广义的"线上教育"替代狭义的"教育网站网校"，首次直接明确在线监管的具体部门，也是首次间接明确教育部门是线上教育治理的牵头部门。《关于健全校外培训机构专项治理整改若干工作机制的通知》提出，要做好面向中小学生的利用互联网技术在线实施培训教育活动机构的备案工作，同步规范线上管理政策。《中国教育现代化2035》强调，将以"互联网+"为主要特征的教育信息化推动教育现代化发展。同年发布了多个在线教育治理相关的政策文件：《教育部等六部门关于规范校外线上培训的实施意见》提出在线教育要坚持育人为本，推动校外线上培训遵循教育规律和学生身心发展规律。《关于促进在线教育健康发展的指导意见》，对在线教育资源供给、师资队伍、投资限制等作出了规定。

总体来说，疫情前的在线教育政策，注重推动在线教育普及，鼓励发展在线教育，也重视对在线教育机构和活动的监管与引导。

二 "停课不停学"的应急处理政策

2020年初，随着"停课不停学"的推出，加速了在线教育政策部署和推进的过程。在教育部统筹安排下，各级各学段在线教育政策有序部署。高校方面，2020年2月，《教育部应对新型冠状病毒感染肺炎疫情工作领导小组办公室关于在疫情防控期间做好普通高等学校在线教学组织与管理工作的指导意见》要求采取政府主导、高校主体、社会参与的方式，共同实施并保障高校在疫情防控期间的在线教学，实现"停课不停教、停课不停学"。各高校应充分利用线上的慕课和省、校两级优质在线课程教学资源，在慕课平台和实验资源平台服务支持带动下，依托各级各类在线课程平台、校内网络学习空间等，积极开展线上授课和线上学习等在线教学活动。同时，教育部组织22个在线教育平台开发在线课程2.4万余门，倡导社会力量举办的在线课程平台免费提供优质课程资源，为高校制定丰富多样的在线教学解决方案，支持教师利用慕课等在线教学资源自主开展在线教学，鼓励开展在线教学培训，继续组织在线教育机构研发多样化在线教学解决方案，为高校选择资源和技术服务提供便利。

中小学方面，教育部办公厅与工业和信息化部办公厅发布了《关于中小学延期开学期间"停课不停学"有关工作安排的通知》，提出由教育部整合国家、有关省市和学校优质教学资源，在延期开学期间开通国家中小学网络云平台和专用电视频道、开放部分省市和中小学校网络学习平台、免费提供有关学习资源，供各地自主选择使用。同时，注意防止学生学习负担增加，要求针对线上学习特点和学科特点，认真研究明确适合线上学习的课程。学校要防止照搬套用正常课堂教学方式、时长和教学安排，依据居家网上学习的特点，采取多种途径加强学习指导，帮助学生科学制订居家学习计划，注重培养学生自主学习能力，并对不同年龄段的学生分批安排，对小学低年级上网学习不做统一硬性要求，由家长和学生自愿选择，对其他学段学生作出限时限量的具体规定。

教师方面，教育部发布了《教育部应对新型冠状病毒肺炎疫情工作领导小组办公室关于在疫情防控期间有针对性地做好教师工作若干事项的通知》，要求做好"停课不停教、不停学"组织部署工作。各地教育部门和学校要因地制宜组织教师开展在线教学，明确授课内容、课程安排、授课组织形式，教学过程中要注意青少年身心健康，把握好教学内容的适量和教学时长的适当。同时也要求不得增加教师负担，不得违反相关规定安排教师超前超限超纲在线教学，不得要求教师在正常休息时间进行授课。通过各级各类国家教育资源平台对教师进行远程培训，提高教师在线教学水平。

保障方面，教育部发布《教育部应对新型冠状病毒感染肺炎疫情工作领导小组办公室关于疫情防控期间以信息化支持教育教学工作的通知》，组织网络运营商扩容国家教育资源公共平台服务能力，汇聚社会各方资源。教育部依托国家体系整合各方力量，广泛汇聚教育服务能力，为各级平台提供在线学习、名师课堂等工具和丰富的学习资源，免费供各地各校和师生、家长使用。同时优化教育管理服务，强化网络安全保障，确保"停课不停学"期间的在线教育科学有效进行。

"停课不停学"期间的在线教育政策以应急为主，进行了多层次、多角度的部署，在线教育得到了一定的发展，也为未来教学走向线上线下相结合的模式奠定了基础。

三　混合教学与"双减"政策

随着线下教学的逐步恢复，在线教育逐步走向线上线下相结合的混合教学模式，同时加强了在线教育的治理力度。2020年12月，教育部发布《关于进一步加强涉未成年人网课平台规范管理的通知》，从备案管理、日常监管、人员素质、协同治理机制等方面，对用户包含未成年学生的网课平台进行了严厉的管控。2021年2月，教育部与其他部门联合发布了《教育部等五部门关于大力加强中小学线上教育教学资源建设与应用的意见》，重点在于加强平台体系建设，完善国家级平台，加强省级平台，规范市县和学校平台；鼓励高质量开发教学资源，提高师生的信息素养，以充分利用好各级在线教育平台资源，并进一步完善保障体系。可以看出，在线教育政策一方面强调对于社会在线教育机构和平台的严格管理；另一方面大力加强了国家的各级各类在线教育服务。

2021年7月，中共中央办公厅，国务院办公厅印发了《关于进一步减轻义务教育阶段学生作业负担和校外培训负担的意见》（以下简称"双减"政策），提出对校外培训机构全面从严治理，要求线上培训要注重保护学生视力，每课时不超过30分钟，课程间隔不少于10分钟，培训结束时间不晚于21点。积极探索利用人工智能技术合理控制学生连续线上培训时间。线上培训机构不得提供和传播"拍照搜题"等惰化学生思维能力、影响学生独立思考、违背教育教学规律的不良学习方法。学校方面，要求提升学校课后服务水平，满足学生多样化需求，做强做优免费线上学习服务，教育部门要征集、开发丰富优质的线上教育教学资源，利用国家和各地教育教学资源平台以及优质学校网络平台，免费向学生提供高质量专题教育资源和覆盖各年级各学科的学习资源，推动教育资源均衡发展，促进教育公平。各地要积极创造条件，组织优秀教师开展免费在线互动交流答疑。各地各校要加大宣传推广使用力度，引导学生用好免费的线上优质教育资源。"双减"政策的实施高效遏制了校外培训机构在资本运作下的疯狂扩张以及培训焦虑的蔓延。

2021年9月，教育部办公厅等六部门发布了《关于做好现有线上学科类培训机构由备案改为审批工作的通知》，进一步对在线教育机构进行了严格治理。2021年11月，《教育部办公厅关于开展2021年度网络学习空间应用普及活动的通知》，提出在重大疫情或自然灾害等公共危机事件期间，利用网络学习空间有序开展"停课不停学"，整合各类学习资源，支持师生学习，组织校际间教师在线研讨、协同备课活动等；共享优质教育资源，组织在线教学，参与网络研修，开展主题教育活动（安全、阅读、德育、体育、心理、美育）以及家校互动等，进一步强调了建设学校在线教育服务的重要性。2022年1月，教育部办公厅在《教育部办公厅关于认真做好寒假期间"双减"工作的通知》中进一步加强了对校外培训机构的监管工作。

可以看出，在线教育治理对于社会在线教育机构的治理力度加大，管理更为严格，对于学校在线教育服务的投入加大，总体形成在线教育学校服务为主，社会服务为辅，严格把控，加强治理的在线教育态势。

第三节 在线教育治理难题

"双减"政策推出后，通过健全校外培训机构审批审查机制、规范培训服务行为、强化经营活动监管、严控广告宣传投放，社会在线教育机构与平台的乱象得到了一定控制，但部分在线教育服务仍然存在师生互动匮乏、监管难度大、用户隐私不安全等问题。同时，学校在线教育服务的建设也存在多部门沟通不畅、资源整合困难等问题，在线教育治理仍不能懈怠。

一 师生互动匮乏

在线教育平台以在线教育为主要教育形式，师生互动的及时性会遭到削弱，通过调查发现，家长对在线平台教师不良情况的反映中，频率最高的三种情况分别为教师课上很少与学生互动、教师课后不经常进行答疑、教师授课时间过长。分析发现，占比最高的不良情况都是课堂中师生互动不足。例如，部分在线教育平台上的课程以"教师+PPT"或"视频抠像+字幕"的形式为主，虽然视频中设置了一些选择题与学生互动，但仍然鲜有师生间的互动。因此，加强师生互动是在线教育教师亟须改善的措施，授课时长、课后答疑、讲授方法也是在线教育治理应当重视并解决的问题。

二 隐私安全保护被忽视

数据隐私保护一直受各部门高度重视。调查显示，注册平台身份时填写过姓名、联系方式、学生年龄、地址等信息的家长均超过半数；邮箱、身份证号、所在单位、学生所在学校、身份信息、银行卡号等个人信息均有家长填写过。因此，一旦这些信息安全得不到有效保障，很容易引发不良分子凭借隐私信息获取用户信任，从而通过网络、电话等渠道进行诈骗类违法活动，造成不可估量的损失。同时，仍有大量提供非学科类收费课程的在线教育平台被用户投诉存在网络欺诈、隐私泄露、广告推送频繁等问题。因此，平台保密协议的签署与家长个人信息外泄具有相关性，在线教育平台应当加强对用户隐私数据的安全保障，完善保密协议签订流程，减少平台用户因宣传电话或信息引发的不适。

三 网络质量有待提升

网络质量包括直播课程的流畅程度，画面的清晰度，视频课程的加载和缓存速度，在线教育平台页面的打开速度等在线教育平台自身的网络质量，以及用户自身所在地区的网络覆盖率，网络速度等。网络质量是用户在使用在线教育平台时最为直观，也是最为突出的问题。调查可知，"网络故障""网络卡顿""系统网络不稳定"等网络质量问题极大地影响了在线教育平台用户的体验。同时，部分农村地区和山区的网络信号较差，也影响了农村及山区学生在家使用在线教育平台的体验。因此，在线教育治理也必须加强对网络基础设施和硬件设备的建设，将硬件条件对学习效果的影响降低至最小。

四 市场监管难度较大

在线教育市场监管的主要对象是包括各类民办学校和培训机构在内的在线教育机构，在"双减"政策出台前，社会资本大量涌入在线教育市场，带来了如教育集团资源垄断、教育机构恶性竞争、虚假宣传、收费标准模糊等问题。随着"双减"等政策的出台，在线教育的问题得到了一定的控制，但仍然存在内容设计不当、课程时长超标等监管难度较大的问题；同时，在线教育平台在隐私保护、保密协议签署、使用手册供给等方面仍有不足。调查发现，某些互联网企业提供的在线教育服务存在严重的质量问题，如在收费课程中聘用不具备相关资质证明材料的外籍讲师；部分平台虽然提供了优质课程，但导航不清晰，课程没有进行细致分类，部分课程模块中多种语法课程混杂在一起，致使用户无法快速找到个人的目标课程。这些问题促使政府出台相关政策法规，因此政策法规的缺失也是网络生态环境恶化的重要原因。总之，在线教育行业生态系统仍未进入成熟状态，在线教育平台、企业、政府、行政部门等都要根据其各自功能发挥各自的作用，维系行业生态系统的健康发展。

五 教育资源有待整合

在线教育的教育资源包括在线课程、拓展内容、课程作业和测试等。目前，在线教育的教育资源多分布在各个平台中，互不相通，分散的教学资源对家长、学生和教师都极为不便，且部分学校为了维持本校的升学率，禁止教育资源共享，造成了优质教育资源的垄断。调查表明，拥有的在线教育软件越多，家长对在线教育资源整合的意愿越强烈。而线下的校内优质教育资源没有转换成线上资源，学校课堂积累的课件、案例等也没有同步成线上资源，学生在校外无法方便地使用校内的优质资源。因此，建议以学段为单位，建立资源管理与转化平台，整合分散在线下学校和不同软件上的教学资源，简化在线教育平台烦琐的操作流程，并保障偏远地区实现优质教学资源共享，促进教育公平。

在线教育是推动教育公平和个性化教育的重要手段。在线教育经过20余年的发展，取得了一定的成果，但目前仍存在师生互动匮乏、隐私安全保护被忽视、网络质量有待提升、市场监管难度较大、教育资源有待整合等问题。这些问题阻碍了在线教育发展，影响了在线教育教师和学生的体验。解决在线教育问题，需要各治理主体协同处理，针对具体问题提出治理措施，以改善在线教育现状，推动现代化在线教育治理体系的形成，使在线教育成为推动教育现代化、促进教育公平的良好途径。

第四章

在线教育治理典型案例分析

　　随着信息技术和移动互联网的普及应用，在线教育市场和行业急速发展，但也暴露出备案审查机制不健全、师资供给不平衡、教育收费不透明、市场监管难度较大、知识产权保护意识匮乏等弊端，在线教育市场上的多种产品"野蛮生长"。2021年，我国相继颁发了《关于进一步减轻义务教育阶段学生作业负担和校外培训负担的意见》（以下简称"双减"政策）《教育部办公厅关于进一步明确义务教育阶段校外培训学科类和非学科类范围的通知》《关于坚决查处变相违规开展学科类校外培训问题的通知》等系列"双减"政策文件，这些文件的出台在一定程度上填补了在线教育治理的政策空白，规范了在线教育治理的方向，从一定程度上结束了在线教育的"野蛮生长"态势，保证了在线教育服务的质量，对在线教育进行有效治理，促进在线教育健康、规范、有序发展。

　　在线教育治理涉及多个治理主体，面对的治理问题复杂多样，本书对选取的国内外在线教育治理典型案例进行分析。通过分析国内在线教育治理典型案例，梳理国内在线教育治理历程，整理在线教育治理的国内经验；同时分析国外在线教育治理的典型案例，梳理国外在线教育治理的一般规律，为我国的在线教育发展提供经验参考。

第一节　国内典型案例

一　"双减"前的野蛮生长

移动互联时代，随着人工智能、VR、5G等技术的发展，运用互联网、人工智能等现代信息技术进行教与学互动的在线教育逐渐成为新型教育方式。同时,"人人皆学、处处能学、时时可学"学习型社会的构建促使人们的学习需求也越来越高。加之"停课不停学"的催化,国家对在线教育高度重视,出台了诸多相关政策加以引领指导。至此,在线教育进入了高速发展时期。

中国互联网络信息中心发布的报告显示,"双减"政策发布前,我国在线教育用户规模呈爆发式增长。2018年12月、2019年6月、2020年12月统计数据显示,中国在线教育用户规模分别达到2.0亿人、2.3亿人、3.4亿人[①]。2020年全年在线教育融资总金额超过539.3亿元,2019年同期数据为146.8亿元。而2016年至2020年已公开的融资总额分别为62.5亿元、95.0亿元、223.0亿元、146.8亿元和539.0亿元。这说明2020年的在线教育融资金额超过了过去四年的总额。2021年,受"停课不停学"等因素的影响,在线教育行业发展快速,各在线教育平台也积极响应政府号召,面向学生群体推出免费直播课程,线上教育用户规模迅速增长。数据显示,2021年3月,我国在线教育用户规模达4.2亿人,较2018年年底增长2.2亿人;同时,教育App和相关在线教育网站也如雨后春笋般涌现出来,成为"互联网+教育"的重要载体和学生学习的有益帮手,但在线教育行业也亟须加强统筹指导和监管[②]。具体来说,野蛮生长主要体现在以下几方面。

(一)师资良莠不齐,授课内容不佳

2017年,中国教育学会启动培教教师专业电子档案库和机构认证,形成培训机构教师的行业准入资格和评价体系。2019年,《关于规范校外线上培训的实施意见》将师资合格作为排查和日常监管的重点。可见,师资准入一直受到国家教育部门的重视。但目前大量的机构平台存在师资质量问题,师资准入标准宽松。部分在线教育平台由于教师资质审查或信息公示的机制缺失,师资质量良莠不齐,部分在线教育平台监管薄弱,授课内容不佳,存在不符合国家主流意识形态和社会公序良俗的问题,尤其是国外教育资源的引进方面,法律上没有明确平台的内容

[①] 中国互联网络信息中心:《中国互联网络发展状况统计报告(第47次)》,中国政府网,http://www.gov.cn/xinwen/2021-02/03/content_5584518.htm。

[②] 张烁:《在线教育,治理须"在线"》,《人民日报》2019年10月9日第5版。

审查义务。

(二) 收费高, 退费难

在收费问题方面, 一些在线教育培训项目收费居高, 资本过度涌入存在较大风险隐患, 培训机构"退费难""卷钱跑路"等违法违规行为时有发生。例如, 部分平台存在"与联合国合作""微信1对1辅导""您的4名好友已抢购成功……点我抢报"等虚假或引人误解的商业宣传行为, 违反了《中华人民共和国反不正当竞争法》第八条第一款规定, 即经营者不得对其商品的性能、功能、质量、销售状况、用户评价、曾获荣誉等作虚假或者引人误解的商业宣传, 欺骗、误导消费者。

(三) 缺少资质证明

在资质方面, 大量校外在线教育平台的建设主体并不持有互联网信息服务增值电信业务经营许可证、网络文化经营许可证等互联网经营许可证。一些在线教育机构无视社会责任, 屡屡用网课推广网游、交友信息, 甚至散布暴力、诈骗信息, 危害广大学生特别是未成年人身心健康。例如, 部分机构为了吸引老学员, 在微信公众号公布了"学霸锦鲤""续报锦鲤"等有奖销售活动, 但有奖销售信息不明确; 且在宣传中使用了"85%以上授课老师来自知名985、211高校""90%以上的老师毕业于双一流院校"等宣传用语, 但实际并非如此; 在"停课不停学"期间, 该机构在线上加强引流量的同时, 也受到了众多学员的强烈声讨, 众多学员在网络投诉平台中谴责在线退款套路多, 以无理原因故意克扣退费、拖延退费操作等, 存在严重的违规行为。

(四) 频繁违法违规

由于在线教育的虚拟特征, 规范在线教育产品和教育服务的难度较大, 部分资质不足、证照不齐的机构混入其中, 影响了在线教育的品质。以社交、游戏类为主的在线网络平台尚处于监管的空白。"双减"政策实施前, 部分教培机构野蛮增长, 甚至存在违法行为。例如, 浙江省242款教育类平台 (App) 普遍存在违规采集数据、用户通话记录、短信、通讯录及位置等敏感信息[①]。2019年, 国家网信办等部门专项整

---

① 郝伟杰:《浙江数十款教育APP被查处》, 央广网, http://edu.cnr.cn/list/20200501/t20200501_525075540.shtml。

治教育类 App 行动中，查实 20 余款教育类程序存在传播违法违规信息的行为①。这些问题导致学生作业和在线教育培训负担过重，家长经济和精力负担过重，严重对冲了教育改革发展成果，社会反响强烈。

针对在线教育乱象，教育部等部门先后下发了相关政策法规，对在线教育实施监管和规范。2019 年 7 月，教育部等六部门颁布的《关于规范校外线上培训的实施意见》，在培训内容、培训时长、培训人员、信息安全等方面作出明确规定。2021 年 3 月，教育部办公厅发布了《关于进一步加强中小学生睡眠管理工作的通知》，强调校外培训机构培训结束时间不得晚于晚八点半，线上直播类培训活动结束时间不得晚于晚 9 点等。教师在整个教学活动中处于主导地位，师资质量直接影响在线教育的授课质量、学习者的学习体验和学习效果。虽然部分平台依照国家法规，通过撤销一对一教学服务限制公办教师进入平台兼职，但是平台执行力度不一，部分平台存在教师准入标准不够严格的现象，而部分平台虽然在教师准入方面非常严格，通过笔试、面试、复试、培训四大环节，层层筛选，但是国家市场监督部门在 2021 年监管行动中仍发现部分机构存在教师资质虚假宣传的现象，师资乱象问题依旧突出②。

二 "双减"后的综合治理成效

随着在线教育市场和行业的急速发展，在线教育也暴露出备案审查机制不健全、师资供给不平衡、教育收费不透明、市场监管难度较大、知识产权保护意识匮乏等弊端，其行业结构、服务模式、构成要素、教学产品都发生了巨大变化，阻碍了其健康发展，在线教育市场亟须有效治理。

2021 年 7 月，我国相继颁发了《关于进一步减轻义务教育阶段学生作业负担和校外培训负担的意见》《教育部办公厅关于进一步明确义务教育阶段校外培训学科类和非学科类范围的通知》《关于坚决查处变相违规开展学科类校外培训问题的通知》等系列"双减"政策文件。文件的出台给野蛮生长的校外线上培训"降温"，使其回归正常轨道。

---

① 本刊编辑部：《打击涉黄低俗清朗学习环境——国家网信办等部门专项整治教育类 App》，《网络传播》2019 年第 7 期。
② 国家市场监督管理总局：《市场监管总局对多家校外培训机构顶格罚款 3650 万元》，国家市场监督管理总局，https://www.samr.gov.cn/xw/mtjj/202106/t20210607_330305.html。

在市场准入方面，要求义务教育阶段的学科类校外培训不再审批，现有的机构全部转为非营利性机构，以前按照备案制登记的线上学科类教育，都要重新办理审批手续；在业务范畴方面，线上线下节假日、休息日、寒暑假均不允许上课，同时线上教育课时长度也受到了限制，不得做拍照搜题业务，不允许进行学龄前培训，价格要按指导价制定；在融资形式方面，不允许上市，上市公司不允许投资学科类培训机构。

2022年3月，北京师范大学中国教育与社会发展研究院发布了《全国"双减"成效调查报告》[1]。报告显示：第一，"双减"政策受到普遍赞同。校长、教师、家长和学生赞同"双减"政策的比例分别是96.8%、92.8%、90.5%和96.0%。第二，学生作业负担有效减轻。88.0%以上的教师自觉严格控制书面作业总量，75.3%的学生感受到作业量比上学期减少，83.4%的学生基本能在学校完成书面作业或完成大部分书面作业。第三，学校作业设计质量明显提高。减负是为了提质，提质才能促进减负。53.2%学生认为教师"能根据我的学习情况布置针对性的作业"，47.8%的学生认为"增加了需要动脑思考的作业"，45.9%的学生认为"增加了科学、体育、艺术类等活动作业"等。第四，课后服务总体满意度较高。89.0%的学生对课后服务满意，其中64.2%非常满意；88.4%的家长对课后服务满意，其中48.3%非常满意。85.8%的学生参加了课后服务，超74.0%的学生每周参加5天课后服务。学校课后服务平均每天120分钟。学校课后服务内容丰富，超过91.0%的学校提供作业辅导和各类兴趣课程。各省学校课后服务均以作业辅导和各类兴趣课程为主。第五，学生对学校学习生活满意度高。86.5%的学生喜欢学校学习生活，其中，四年级、六年级、八年级学生喜欢学校学习生活的比例分别为90.0%、88.1%、79.9%。第六，学生居家学习活动内容发生积极改变。75.5%的家长认为周一至周五孩子在家阅读、运动、劳动、社会实践总时间增加，其中28.2%的家长认为增加了2小时以上，增加了1—2小时的比例为35.9%，增加了1小时以内的比例为11.4%。第七，学生的睡眠时间增加。68.2%的家长认为

---

[1] 李钒：《北京师范大学中国教育与社会发展研究院召开"双减"成效调查座谈会》，北京师范大学新闻网，https://news.bnu.edu.cn/zx/zhxw/126713.htm。

孩子的睡眠时间明显增加，小学平均睡眠时间为 9.3 小时，初中为 8.5 小时。第八，学生校外培训负担有效减轻。83.5%的学生未参加校外学科培训，63.3%的学生未参加非学科类培训。参加校外学科培训的学生中，31.5%的家长认为孩子参加学科类培训班的数量减少了。第九，家校社协同育人机制初步建立。95.2%的家长认为学校开展了家庭教育指导工作，56.2%的"学校有家庭教育网络平台"，促进了家长科学育人能力提升。

"双减"政策的落地对教培行业进行了一定程度的规范。为在线教育发展带来了新机遇，打开了广阔的新天地，使在线教育在规范中健康发展，从而结束其"野蛮生长"态势。

第一，明确市场准入程序，提高在线教育供给质量，提高师资准入门槛。"双减"政策发布后，在线教育行业迎来凛冽的"寒冬期"。2021 年 7 月，在纽约证券交易所挂牌上市的三大教育巨头股价暴跌，市值合计蒸发 655 亿元[①]。与此同时，多地纷纷采取措施推进"双减"进程，如北京市禁止学科类培训机构暑期开课，广东省不再审批新的学科类培训机构，成都市对学生参加校外培训进行实名制管理等。现阶段，我国在线教育发展矛盾的主要方面在供给侧，表现在有效供给结构不能适应需求结构的变化，最直接的表现是一些存在问题的服务内容和方式影响了需求的满足，进而违背教育初心。

在线教育必须坚持以供给侧结构性治理为主线，对在线教育管理者和提供者提出明确要求。一是建立备案制度，确定在线教育提供者资质，为事中监管提供支撑，为事后问责提供依据，从源头上防止带有问题的在线教育服务进入教育领域。二是强化在线教育内容的科学性，针对以未成年人为主要用户的教育移动应用和服务，投入市场前要对内容进行严格把关，以有益于其身心发展为前提，杜绝以应试为导向的教学内容进入培训市场等。三是规范数据管理，提高数据治理效力。杜绝收集与其提供服务无关的个人信息，禁止以默认、捆绑、停止安装使用等手段变相强迫用户授权，严厉打击违反有关规定和契约，泄露、非法出

---

① 长江商报：《新东方等三教培巨头市值年内蒸发 4388 亿"双减"落地校外培训市场面临大洗牌》，长江商报官方网站，http://www.changjiangtimes.com/2021/07/616716.html。

售个人信息的行为，以期实现"网络空间是亿万民众共同的精神家园，网络空间天朗气清、生态良好，符合人民利益"[①] 的发展目标。自"双减"政策以来，部分教育培训机构在市教委、区教委等管理部门的监督指导下，严格落实"双减"意见工作要求，规范自身业务的经营和发展，减轻学生课外负担，保障学生和家长的权益。面对学生的退费需求，也将承诺"无条件按比例退费"；对于报名后未开课学生的退费要求，无条件给予退费，对于已开课学生的退费要求，按照已完成课时扣除相应学费，其余全部无条件退费。部分教育培训机构支持国家政策，深入学习贯彻"双减"文件内容，全面贯彻党的教育方针，积极做好全方位的"体检"和调整，杜绝超前超纲超强度培训，不断提升教育质量和服务水平，在政策允许、遵循孩子成长规律的前提下，助力学生的德智体美劳全面发展、健康成长。因此，为保证在线教育能够高效稳定地运行，各教育部门、机构应建立科学的准入标准，严格整顿在线教育师资准入乱象，对新入职的教师进行全方位考量，综合学历、品德、教师资格、考试、信息化教学能力等多方面，通过层层筛选，全面优化教师准入资质，促进在线教育教师质量的提升。

第二，健全了教师成长机制。在线教育需要学校以及机构加强教师研修培训，全面提升教师素养和信息化教学能力。一方面，应加强在线教育教师的专业培训。对新入职的教师，各单位应对教师的在线教育方面进行培训，并做到教师培训工作常态化，从在线教学设计能力、在线教学组织能力、在线教学管理能力等全方位提升师资质量。教育部印发的《中小学幼儿园教师在线培训实施指南》可以为各地的教师在线培训工作提供指导，以标准化的形式培训教师的信息化能力。另一方面，在线教育机构的管理部门可以设置适当的教师等级提升制度，根据教师培训以及教学成绩开展定期和不定期考核，对在线教育中表现优异的教师给予更高的等级评定并与工资待遇以及荣誉晋升挂钩，在教师内部形成促进教师发展的良性竞争，最终促进在线教育教师成长与发展。

第三，提升了教育质量，促进了教育更加公平。通过减少培训对学生考试分数的影响，是维持教育公平公正的一个重要手段。"双减"政

---

① 黄鹏举：《在线教育，规范中健康发展》，《中国教育报》2020年1月7日第1版。

策在教育质量提升上发力,让教育评价的方式更加多元。"双减"政策的影响正逐步波及K12教育培训领域。目前,部分在线教育机构陆续发布K12学科类课程已不在其中①。例如,初一学生可选课程为"素养综合",该课程面向喜欢中国文化的初中学员,组织学生到中国国家博物馆研学;六年级学生可选课程为"科学益智""人文美育""编程"和"科学实验";部分教育App上,系统为高中阶段学生推送的课程选项多为"选科指导""志愿填报"等。据了解,对K12学科类培训的监管早就有章可循。《北京市关于进一步减轻义务教育阶段学生作业负担和校外培训负担的措施》明确提到,"对面向普通高中学生的学科类培训机构的管理,参照中央及本市有关规定执行。"

第四,落实立德树人的根本任务,促进学生全面发展。如部分教育培训机构承诺将全面转型素质教育,从孩子的认知规律、心理特点出发,培养孩子的阅读、逻辑、动手、合作和表达等能力,提升其科学精神和人文底蕴。部分培训机构的课程在培养目标、教学内容、教学形式、评价标准等方面,均已进行升级与创新,会通过面授小班、分组研讨、应用探究的形式,带给孩子全新的课堂体验、激发兴趣,让孩子主动学习,让孩子厚积薄发面向未来。因此,部分教育培训机构将落实立德树人根本任务,严格选拔培训教师团队、不断提高课程质量、提高服务质量,持续探索适合孩子长远发展的成长路径,努力为培养德智体美劳全面发展的社会主义事业建设者和接班人贡献一份力量。

三 "双减"政策的启示思考

在线教育违法违规行为主要特点是"虚构、夸大、诱导"。一是虚假宣传多样化、普遍化,包括虚构教师资质、虚构执教履历、夸大培训效果、夸大机构实力、编造用户评价等类型,炒名师、炒低价、冠名综艺、海投流量广告等,这是教培机构打知名度、获客的惯用方式。二是价格欺诈行为问题突出,主要表现为虚构原价和虚假优惠折价。从公布的具体违法行为看,虚构教师资质和履历、虚构原价和优惠折扣,是教培机构常见的营销套路。与此同时,随着大班直播课模式盛行,各大机

---

① 河南省教育厅:《受"双减"政策影响学而思、作业帮、新东方等叫停高中学科培训!》,中华网河南,https://henan.china.com/edu/info/2022/0214/2530247674.html。

构开始用低价上名课、免费体验课等口号进行虚假宣传。教育培训机构的价格套路中，经常被诟病的还有续课越多越优惠，这也导致很多家长课越买越多，消课进度却越来越慢，约课越来越难，最终课上不完，退款无门。双减政策的落地有效解决了这些问题。自2022年以来，义务教育阶段学科类培训机构原有10万多个，现已压减到1万以下，压减率超过90%。中小学生作业总量也得到了有效控制，在规定时间内完成书面作业的学生，由"双减"前的46%提高到了90%以上。"双减"政策的有效落地对在线教育治理有如下几点启示。

(一) 加强顶层设计，发挥政府职能

政府在整个教育治理中起着"元治理"的作用，承担着宏观决策与调控的职责。政府应加强政策决策的支持并通过信息化手段提高顶层设计能力。政府和教育职能部门应制定在线教育规范的政策标准，健全平台准入机制，严格限制不良应用的使用。政府对错综复杂的在线教育市场进行宏观调控，可对在线教育实施过程中的问题以及不良现象进行日常排查与监管，以促进在线教育的健康稳定地运行。教育部等相关部门发布了双减政策，已为在线教育发展提供政策支撑。2021年11月，校外教育培训监管司加强了教育系统行政执法能力建设，加强了在线教育的法制治理，为我国在线教育治理工作提供了便利。《教育信息化2.0行动计划》也明确提出要"实现教育政务信息系统的全面整合和资源的开放共享"。面对鱼龙混杂、乱象迭出的在线教育市场，政府应充分运用信息化手段，建立国家在线教育资源大平台，整合全国优质的平台和资源，为学校、教师和学生提供安全可靠的优质学习平台和资源。政府需统筹建立教育政务数据中心，全面整合全国教育领域的教育政务数据，收集并存储教育系统内的教育大数据，进行智能分析并形成可视化报告，最终呈现给教育机构、学校、教师以及学生，实现在线教育治理的"上下联动"，形成即时感知、科学决策、主动服务、高效运行、智能监管的新型教育治理模式。

(二) 促进政企合作，加强平台监管

在线教育平台需要加强监管，对在线教育平台的运营环境、教学资源等进行监管，可以为师生提供绿色的教学环境，增强用户的应用体验。调研数据显示，在线教育平台内出现的弹窗广告、与课程无关的内容以及平台不稳定等情况，会导致师生的教与学体验降低。因此，需要从政府、机构以及平台等层面制定相应管理策略。首先，政府对在线教育机构和平台进行实时监控，并通过相关政策文件规范在线教育机构及平台的管理。虽然国家发布了一系列政策文件，提出要规范机构和平台，但在线教育市场仍然存在一定的乱象。政府部门应进一步加强对在线教育平台的监控以及规范，对各培训机构开展常规化监管，发布权威政策文件，通过相应措施规范在线教育发展。根据《国务院办公厅关于规范校外培训机构发展的意见》的整体要求，教育部联合相关部门出台了《关于规范校外线上培训的实施意见》《关于进一步减轻义务教育阶段学生作业负担和校外培训负担的意见》等文件，对学科类校外线上培训的排查整改、备案审查、监管机制等提出了明确要求，构建了校外线上培训的基本管理制度体系，推动校外线上培训在制度的轨道上有序发展。对学科类的在线校外培训而言，政策的监管力度超预期，行业将大幅收缩。"双减"政策是规范在线义务教育阶段学科类培训的起点，未来还将出台更多的配套监管政策。后续学科类课外培训行业将大幅收缩，因此主要主营业务中包含义务教育阶段学科类课外培训的相关公司都存在极大的不确定性。未来各培训公司需针对退役军人、新型职业农民、农民工等不同群体的教育需求，研发课程包、课件包和资源包，建设一批通识课程、五分钟课程、全媒体数字教材课程、"三农"特色课程等专项共建共享课程，提高教育供给精准度。

（三）加强机构监管，规范课程内容

机构规范是影响学生学习持续力的重要因素。因此，为提高在线学习效果，应重点关注机构与平台的规范问题。首先，政府部门以及教育职能部门应加强对线上教育培训机构的监管，对表现不好或内部存在问题的机构勒令定期整改，并制定定期和不定期结合的机构监管计划，做好机构监管工作。其次，对于在线教育平台的内容规范方面，应做到课程资源实时更新、教学资源贴合教育内容、严格限制广告进入在线教育平台、规范讨论区言论等。对非学科类的在线校外培训而言，目前的政策监管影响不大，但是不排除后续政策强化监管的可能性。与学科类培训相比，对非学科类的在线校外培训监管相对宽松。主要表现在四方面：市场准入方面仅要求区分类别，严格审批；业务范畴方面，线上的非学科类培训同样限制了每节课的时长；营销模式方面，应与学科类培训一视同仁，禁止广告；在融资方式方面，仍未提出具体要求。最后，非学科类在线培训可以被适当引入学校的课后服务。总体来看，非学科类培训受此次政策监管的影响不大，目前暂时没有规定非学科类培训不能在节假日/休息日/寒暑假进行办学，但政策的整体导向是"减负"，非学科类培训同样也应适度、不应占用过多的精力与成本，因此不排除后续政策强化监管的可能性。

（四）减轻课外负担，加强产业建设

"双减"政策发布的目的是减轻中小学生过重课外负担、减轻家庭为课外培训的支出成本，这不仅要严格管理校外培训机构，更要提升学校内的教育质量。而教育基础设施建设则是提升校内教育质量的重要一环，加强教育信息化产业建设与"双减"政策的思想是一脉相承的。对此，一方面，2021年7月教育部等六部门印发了《关于推进教育新型基础设施建设构建高质量教育支撑体系的指导意见》，明确了后续教育基础设施建设的重点方向；另一方面，"双减"政策文件提出，要做强做优免费线上学习服务，意味着在线教育后续可能是依托公共的平台、以免费公益的形式提供。因此，深入推进"三通两平台"（"宽带网络校校通、优质资源班班通、网络学习空间人人通"，教育资源公共服务平台、教育管理公共服务平台）建设，推动智能技术融入教育教学全过程；优化结构，统筹利用现有资源，通过"网络学习空间人人通"专项培训。

从"停课不停教、停课不停学"到如今的"双减"政策，教育部从加强平台体系建设，为教育高质量发展提供数字底座，到推动在线教育服务质量，做强做优免费线上学习服务，对线上机构实施严格审批，无不体现了国家对于在线教育治理的重视和决心。

第二节 国外典型案例

在国外案例的选取方面，由于国外"在线教育治理"的内容和表述方式与我国存在一定差异，例如本书定义的在线教育治理，日本称为ICT教育改革等；美国对社会上的在线教育机构出台的政策较少，在线教育治理多集中于对各州学校的在线课程,关于在线教育治理的相关内容包含在其他政策与标准中,因此在查阅相关文献和政府数据后,本书主要选取了美国、英国与俄罗斯等国家进行在线教育治理的政策研究。美国、英国与俄罗斯的科技发展速度位于世界前列,美国、英国、俄罗斯、芬兰、日本的中小学在线教育治理政策,能够从一定程度上反映世界范围内在线教育的发展和治理政策演变过程;日本的信息技术产业位于世界前列,且日本的教育体系与我国相近,研究日本的中小学在线教育治理政策有助于与我国的教育体系进行对比;芬兰则拥有全世界教育质量最高的基础教育,芬兰的中小学在线教育治理的优化与提升,对我国具有较高的借鉴意义。因此本书重点选取了美国、英国、俄罗斯、芬兰、日本的中小学在线教育治理案例,为我国的在线教育治理提供借鉴和参考。

一 美国在线教育治理

2000年,美国在教育白皮书中将在线教育定义为,通过互联网进行的教育教学,可以使学生不受时空限制地进行学习。受21世纪新自由主义的影响,美国给予社会教育机构和高校充分的自由。2002年,美国总统布什颁布了《不让一个孩子掉队》法案,全方位描绘了美国新世纪中小学追求优质教育的蓝图,使美国的中小学教育改革和教育治理进入了新阶段。这一法案强调提升中小学的教育质量,重在对学校进行教学评估,也关注在线教育治理。2008年,美国数字教育中心发表了《在线学习政策与实践:面向各州的一份调查报告》,对美国各州的在线学习状况进行调查,调查结果表明约1/3的州没有提供完善的在线教育服务。同年,美国联邦教育部联合美国计划、评估、政策开发办公室,美国基础教育网络学习国际联盟,提出建立《美国网络教育质量国家标准》[National Standards for Quality(NSQ)Online Learning],如图4-1所示。

《美国网络教育质量国家标准》由美国基础教育网络学习国际联盟制定,包括《网络项目质量国家标准》《网络课程质量国家标准》及《网络教学质量国家标准》,具有层次分明,以目标为导向;以学生需求为中心;重视教师专业化成长;有完善的、行之有效的保障体系等特点。这对我国完善线上教育质量标准具有较强的借鉴意义,本书以《美国网络教育质量国家标准》为例,分析美国的在线教育治理。

图 4-1 《美国网络教育质量国家标准》

(一) 标准体系

在标准方面,美国构建了一套完善的在线教育标准体系,为各级学校和教育组织的在线教育治理计划提供了系统框架,有助于提升在线教育质量。以《美国国家网络课程质量国家标准》为例,该标准包括课程支持、课程内容、教学设计、学习者评估、课程适用性、课程技术支持、课程评估多个标准在内。每个标准都带有一组指标,以及相应的解释说明和案例。通过层次分明、规定详细的标准体系,为美国中小学提供了高质量的在线教育标准,为在线教育治理的开展提供了指导。

(二) 课程设计

在课程设计方面,《美国网络课程质量国家标准》提出课程设计应该以学生为中心,指出在线教育的课程包含符合标准的教学材料、教学互动、教学资源和评估体系,为所有学习者服务,并支持学习者实现其学习目标。课程应该为不同种族、阶层和文化背景的学生提供同等的学习机会，课程内容要客观公正，不带有任何种族歧视，明确规定了隐私政策，教学设计要方便学生获得课程资源、音频视频材料等。在信息技术方面，《美国网络课程质量国家标准》设计更加详细，指出设计要方便教师增减教学内容，在教学内容中加入小组合作、成果展示等教学活动；教学相关的软硬件设计要满足学生的需求，不同学习系统间课程内容共享；学生的分数和个人信息等隐私应受到相关法律保护等。

（三）师资建设

教师质量是美国在进行教育治理时的重要环节。在《美国网络教学质量国家标准》中，教师专业职责标准提出教师应该拥有授权机构颁发的教学证书，应是"反思型教师"。"反思型教师"应积极参与教学合作，通过教师互评等教研活动不断提升自己，提升有关在线教育和教学的技能，最终目的是满足学生的需求。例如，当学生遇到问题时，教师应给予各种形式的鼓励性交流，同时给予学生切实可行、具体、及时的反馈，帮助学生掌握内容。构建支持性的在线学习社区，促进教师间的互动和协作，从而促进教师主动提升能力。教育部门应该为教师提供相关培训，促进教师在线教育技术的进步，及时为教师提供有效的技术支持。

（四）评价体系

美国的在线教育，主张让学生成为"自己想成为的人"，在对学生进行评价时，应该采取多种评价方式进行评价，不能单纯地将成绩等级作为评价方式。《美国网络教育质量国家标准》提出应该采取多元化的评价体系，且在线教育评价体系应分为项目评价和学生评价，其中项目评价分为内部评价和外部评价，内部评价属于非正式评价，从主观角度出发，能快速得到反馈信息；外部评价属于正式评价，从客观角度评价，结果更加可信；学生评价则分为形成性评价和总结性评价两部分，形成性评价鼓励学生在课程中检查个人知识的掌握程度并根据需要变更学习路径，终结性评价可以评估教学目标的总体完成情况。在评价过程当中，评价应包括测试类自动评分评价、学生项目完成度、多媒体展示等多种评价方式。同时，教师应利用教学法来开发和实施有效的评估，确保评价体系的有效性和可靠性。

二 日本在线教育治理

日本的网络服务产业起步较早,信息通信技术也较为发达。1994年,日本政府将信息通信技术定位为国家战略产业。1999年,颁布了《教育信息化实施计划》,提出了一系列旨在提高学校信息化程度,方便学校开展在线教育的措施。2000年,日本实施了《信息技术基本法》,正式提出了"IT立国"的国家战略,指出要为学校配备信息技术专家,为学校开展在线教育提供技术帮助,并利用科学方法提升师生的信息技术能力。2003年,日本开始利用互联网进行在线教育,学生可通过广播电视和专用网站进行课程的学习。但受金融危机和"教育传统"的影响,日本各级教师和学生家长认为,在线教育不利于学生学习成绩的提升,因此日本各级学校和教育机构仍然停留在传统的纸质化线下教学,在线教育推进缓慢。2016年,随着科技的发展与世界范围内MOOC等在线课程的兴起,日本提出了Society 5.0构想,如图4-2所示,该构想指出未来社会将是"超智能社会",学校应探索基于网络和计算机开展的全新的教学模式;日本文部科学省相继发布中学和小学的《学习指导要领》,提出变革中小学的信息技术课程和课堂教学模式,建设面向未来的课堂和课程,提升学生的信息素养,提高学生的学习效率等。

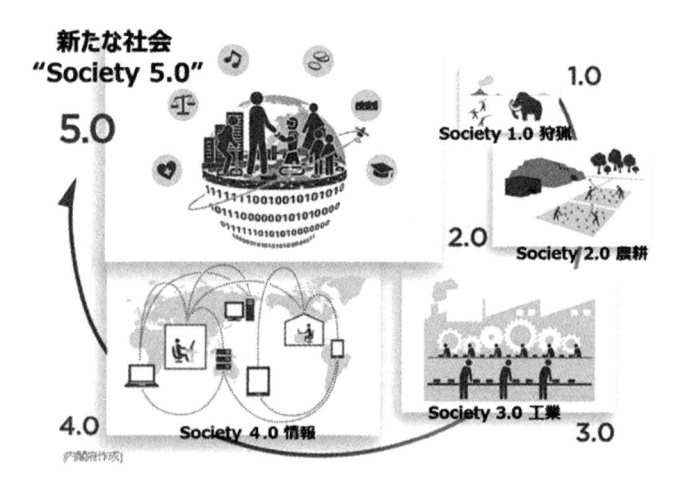

图4-2 "Society 5.0"

2019年，在日本学校信息化水平低下、信息化教学设备利用率低下的情况下，日本文部科学省正式发布"GIGA School 构想"，向全体中小学学生提供信息终端设备以及高速大容量通信网络，以创建公平公正、适应儿童个性发展、培育全球化创新人才的学校教育，同时发起相关子项目，鼓励日本企业和高校开发在线课程，如图 4-3 所示，以弥补日本中小学在线教育课程的空缺。该构想旨在提高信息化设备保有率，减少教育信息化的地区差距。"GIGA School 构想"提出了"未来教室 Learning Innovation"项目来进行面向各级学校的在线教育治理。本书以"GIGA School 构想"为例，对日本的在线教育进行分析。

图 4-3　构想子项目 STEAM library 推出的在线课程

日本"GIGA School 构想"全称为"向所有人提供全球化创新入口"，是日本文部科学省发布的教育改革方案，是要向全体中小学学生提供信息终端设备以及高速大容量通信网络，以创建公平公正、适应儿童个性发展、培育全球化创新人才的学校教育。该构想旨在提高信息化设备保有率，减少教育信息化的地区差距。针对中小学的在线教育治理，该构想提出了一定的措施，并设立了"未来教室 Learning Innovation"项目。

（一）在线学习系统

面对部分学校无力开发在线教育平台的问题，"GIGA School 构想"为了保证学生在紧急情况下，能够不受时空限制地接受教育，提出在建成"一人一机"基础上，开发一个面向各学段学生、家长和教师，涵盖各个学科的在线学习系统"MEXCBT"，该系统具有在线学习、学习管理、电子教材、在线测试、学力调查等功能；学生能够随时随地学习，教师能通过该系统上传教学视频，了解学生学习状况，家长能够通过该系统了解学生的学习进度和学习问题，政府教育部门可以通过该系统进行全国范围的学力调查等。利用该系统可以进行早自习，提高学生学习的效果，学生也能够在课中、课后、家中等情况下活用该系统进行学习。日本政府原计划 2023 年在全国范围内开始普及"MEXCBT"系统，疫情使中小学的在线教学问题进一步凸显，日本政府也提出加速"MEXCBT"系统的建设推广，进而实现中小学在线教育的整体治理。

（二）评价体系

在课程内容方面，构想提出应为学生提供各类在线教育课程，重点提供能够提升学生信息素养的编程、人工智能、软件开发等课程，同时构想提出构建多元双向的评价体系，既要评价学生的学习能力，又要评价其实践能力和创造能力，以及在实现"一人一机"的基础上，通过师生共用的学校平台实现师生双方的双向评价。通过统一在线学习系统实现对学生的学习能力评价，而学生的创造能力等评价通过学校内的活动和评价来实现。这一评价体系将传统的学习能力评价转移到线上进行，以便进行数据分析，而创造能力等评价则通过线下进行。线上线下共同构成评价体系，进一步提升了日本中小学在线教育的线上线下融合。同时，师生双方的互评也促使教师主动提升信息素养和教学能力。

（三）减负改革

为应对信息化时代的挑战，以及在线教育治理的要求，教师的信息素养急需提高。经日本经济产业省的调查发现，日本中小学教师每月加班在 80 小时以上的人数均在半数左右，如图 4-4 所示[1]。教师的巨大

---

[1] 経済産業省，"学校 BPR 学校における働き方改革"，Learning Innovation，https：//www.learning-innovation.go.jp/bpr/。

负担使教师疲于应对日常的教学任务和学校事务，面对信息素养提升的要求显得力不从心。

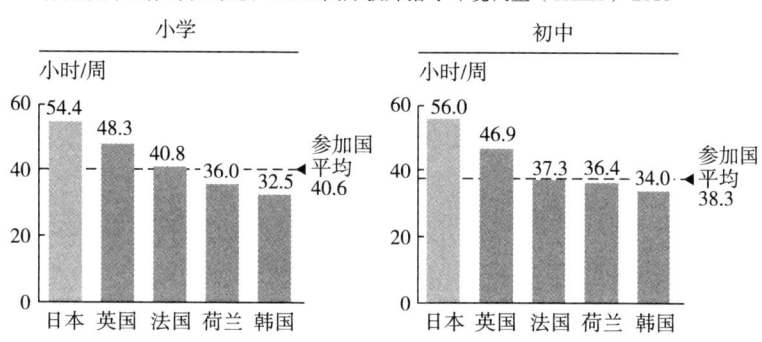

各国教师工作时长对比：OCED国际教师指导环境调查（TALIS）2018

小学
小时/周
日本 54.4　英国 48.3　法国 40.8　荷兰 36.0　韩国 32.5
参加国平均 40.6

初中
小时/周
日本 56.0　英国 46.9　法国 37.3　荷兰 36.4　韩国 34.0
参加国平均 38.3

图4-4　日本调查的教师劳动时间

因此，"学校BRP（Business Process Re-engineering）：面向学校的劳动改革"项目，目的在于利用在线教育模式改革学校原有的教学模式和事务处理，减轻教师负担，提高教师的教学和教研效率，提升教师的素养和教学能力。具体来说，一方面，通过统一的在线教育系统实现在线作业和测试的批改，并通过在线教育使部分教师的职能转变为专门的支援，负责解答学生在在线教育过程中遇到的问题，学生的知识学习通过在线教育实现；另一方面，建立面向教师的在线管理系统，实现在线教师交流等活动，提高教学效率。

三　俄罗斯在线教育治理

由于国家对科学教育和教育技术的重视，俄罗斯的远程教育起步较早，20世纪90年代中期，俄罗斯建成Relcom网络，并由国家拨款，设立专门用于研究和教学，禁止进行商业活动的在线教育专用网络RE-LARN分网。在莫斯科等核心地区率先通过网络实现在线教育。但此后，由于俄罗斯自身经济状况的低迷，以及盗版资源的猖獗，俄罗斯的在线教育治理主要集中于打击盗版在线课程资源，且收效甚微。根据数据统计网站的数据分析，俄罗斯在线教育的主要困难包括提供的在线教育资源与学生需求不符、教师无法适应在线教育的新要求、在线教育资源的转化和管理混乱、在线教育资源匮乏、学校信息化水平较低等。

为了解决这些问题，俄罗斯于 2016 年提出了"现代数字教育环境建设项目 2016—2025"，该项目由俄罗斯联邦政府通过，作为实施 2018—2025 年国家"教育发展项目"的一部分，旨在利用现代信息技术，扩充网络学习的空间，充分开发在线学习资源，计划将开发 3.5 万门基础教育等领域的在线课程。该项目在在线教育治理方面提出了诸多有参考价值的措施，本书以该项目为例，分析俄罗斯的在线教育治理。

（一）在线教育平台

2017 年，俄罗斯"统一窗口"系统试运行，主要包括在线注册系统、学生数字成果系统、匿名数据系统三个子系统。在线注册系统包括用户对课程的评级、相关领域的专家对课程的评级以及学生的评估；学生数字成果系统则是通过"数字组合"算法将学生在在线教育平台上取得的学习成果进行记录，并转化成数字证书，为开展在线教育的学校和组织提供建议。针对中小学，该系统根据学生所处的学段，为学生提供和教材相匹配的在线课程资源和电子图书资源，提供由知名教师进行授课的、涵盖所有学科的课程。通过学业评级量表，为学生推荐合适的教师和课程，在符合评价标准后获得学校相应的认证，进入下一阶段学习。

（二）质量评估机制

面对在线教育平台中课程质量水平参差不齐的情况，为了鼓励教师产出优质的在线教育课程，形成良性竞争，俄罗斯建立了统一的在线课程质量评估体系。该体系将评估分为三种形式：强制性评估、自动评估、持续性评估。强制性评估是指在课程上线时，对教师的资质、预先准备的授课内容进行评估，对质量较差或教学准备不充分的课程不予上线；自动评估是在课程结束时，通过学生的学习效果对课程进行自动评估，提升或降低该课程的评级；持续性评估是指在课程结束后，通过学生在其他相关课程中的学习，对该课程所涉及知识的运用情况进行评估，该种评估方式能够对课程的效果进行长时间的体验，缓解了课程给学生留下的印象不深的情况。

（三）学习机构管理

在俄罗斯现代数字教育环境建设项目中，最关键是通过发掘推广优秀的学习方法和治理经验，来提升各个地区的在线教育质量，同时对各地区的在线教育治理情况和教育信息化进程进行跟踪汇报。为此，俄罗斯建立了多个地区在线学习中心机构，旨在负责该地区的在线教育治理，在高等院校和中小学推广和培训在线教育技术的使用，监督管理教育过程以及开发在线课程等。由来自全国一流学校的教师和优秀在线教育平台的教育专家和技术人员，负责对该地区学校的教师进行在线教育治理、在线课程开发和教育技术应用的培训。此外，地区在线学习中心机构还负责该地区优秀案例的上报和推广，如推出特定的在线课程，提升该地区整个教育系统工作人员的素质，以及向上为教育系统行政人员提供建议，将在线教育的治理情况及时汇报与落实等。

四　芬兰在线教育治理

长期以来，芬兰以高质量的中小学教育而知名，这得益于其国内较少的人口和发达的教育资源。芬兰通过线下的小班制教学对学生进行个性化培养，同时通过 STEAM 课程培养学生的综合能力。对于在线教育，芬兰教育部认为在线教育无法给予学生生动的教学环境，师生之间、生生之间不能随时互动，不利于学生的人格成长。但在无法进行正常线下教学的突发情况下，面对不得不进行在线教育的现实，芬兰将自身高质量、个性化的中小学教育模式，与在线教育有机结合，通过在线教育部署，通过提高教师水平，创新在线教育模式，其在线教育治理方式不同于其他大多数国家。本书以芬兰在 2020 年期间的在线教育部署为例，分析芬兰的在线教育治理。

（一）政策部署

疫情防控期间，芬兰对在线教育进行了分层部署。对 1—3 年级和需要接受特殊教育的学生鼓励进行班级授课，满足其班级授课的需要，同时给家长以自主权和选择权，让有能力的家长进行教学。其余学生可以正常进行在线教育，所有基础教育的教科书、其他学习材料和工具对学生免费，分年龄执行。15 岁以下的学生，由监护人决定是否使用移动设备，以及是否在家中进行远程学习；15 岁以上可以自行决定，是使用移动设备还是家用其他设备进行远程学习。

（二）个性化教育

芬兰的在线教育提倡以小组合作的形式，培养学生技能。用差异化教学开展在线个性教育和辅导；用独立学习的方式培养学生的自主权；用反馈和评估促进在线教学采用多种教学手段，在开展在线教育传授知识的同时培养学生的能力。教师在日常的教学和交流中鼓励学生独立思考，培养学生学习的自主性；优先满足学生的需求，例如个性化的在线辅导，针对性的作业等。

（三）评价体系

在评价体系上，芬兰中小学在线教育强调及时反馈和过程性评价。评价以肯定学生的优点为主，对学生不足的地方提出改进意见，并鼓励学生进行挑战。芬兰不采取传统的考试作为评价学生的手段，对学生的评价主要是对其学习过程的评价。此外，芬兰国家教育委员会为防止在线教育中出现课程量和课时数的过多增加，提出评价应围绕教学大纲中的能力目标展开，防止教师为向学生传授更多的知识而增加课程，同时允许教师在完成能力目标培养的前提下，减少在线教育的课时数和课程量。

五 英国在线教育治理

英国在线教育起步较早，推进速度也较快。1995年，英国推出了名为"英国网络年"为期五年的计划，目的在于提升英国教育的信息化水平。2000年，英国提出了"南约克郡在线学习计划"（The South Yorkshire E-leaning Program）作为英国在线学习推进的先锋计划，目标是为至少160所学校和教育机构配备计算机和网络，帮助至少37000人参与在线学习，培养1500名在线教育教师等。2003年，英国工党政府下发了《21世纪技能：实现我们的潜力》文件，指出要培养包括中小学、高等院校以及成年人的ICT技能。2005年，英国教育与技能部制定了"e-Strategy"战略，旨在明确英国在线教育治理所应包括的范围、实现的内容、要达到的目标和优先展开的活动等。英国较早推进了在线教育的部署，2010年英国教育部门发布了《教育的重要性——英国教育白皮书2010》。白皮书提出英国学校应该借鉴美国与芬兰的经验，提升教师信息素养，以确保教师能够应对信息时代的教学困难和挑战。

2013年，针对学校管理水平落后，学生的信息素养得不到有效提升等问题，英国教育部在《学校治理：政策概述》中提出，英国应该更多地关注包括信息素养在内的科学与工程素养的提升，打造更灵活的治理框架。经过长年的治理，英国的在线教育的课程体系、评价体系、在线教育平台等已经相对完善，但仍然存在如乡村地区学校网络覆盖率较低、教师信息素养较低等问题。2019年，英国教育部提出了《释放教育中的技术潜力》(*Realizing the Potential of Technology in Education*)，该政策针对英国在线教育目前存在的问题的治理作出了具体要求。《释放教育中的技术潜力》是英国在其相对完善的在线教育体系的基础上提出的治理方案，本书以此为例，分析英国目前的在线教育治理。

（一）基础设施建设

英国政府计划到2033年，在全国范围内普及访问速率更快、稳定性更好、价格更便宜的高速光纤网络。相应地，英国教育部积极地与数字、文化传媒和体育部合作，加快高速光纤网络部署建设，大幅提升学校的网络访问速度。对于部分中小学校而言，可能存在资金规模和地理位置的问题，难以通过商业化的运作来实现。同时，未来解决英国乡村地区的网络覆盖率和通信速度慢的问题，《释放教育中的技术潜力》也推出"乡村千兆宽带项目"，预计投资2亿英镑来支持这些学校。整体而言，通过"商业运作+政府支持"的模式，来帮助所有学校覆盖高速网络。对于发达地区，英国则重点推动已有基础设施的更新，优化网络设备的稳定性，同时还推进学校"云服务"的建设，通过"云服务"使教师可以在课堂教学和自身专业发展方面投入更多精力，还可以有效管理师生的教学和学习数据，减轻教师的重复性工作和教学管理工作负担。

（二）师资队伍建设

在师资队伍建设方面，英国在《释放教育中的技术潜力》提出的方案是"示范推广"。由英国政府联合学校、企业和高校，在中小学建立了部分试点学校，推出优秀典型的在线教育示范案例，展示在线教育的最佳实践。每一所学校的教师都能有机会去参观这些试点学校，直观感受运用在线教育开展教学的特点。试点学校还与高校联合，积极探索在线教育的新模式，提供更多有效的在线教育案例。同时，为了进一步推动在线教育的发展，英国以学术期刊为核心，搭建了在线教育学术交流平台，鼓励中小学教师多与高校教师交流，分享和反思在线教育经验，同时也使高校的新思想、新方法能够得到实践检验，不断推动在线

(三) 隐私保护工作

英国推出了《2018年数据保护法》，指出学校和在线教育服务供应商需关注个人数据泄露等安全问题。英国政府还发布了数据保护指南，对学校的关键数据进行保护，包括收集和处理数据的流程，防范数据泄露的方法，以及应对风险的措施。而《释放教育中的技术潜力》提出英国教育部将与相关部门合作，发布网络安全的白皮书，制定应对网络危害的措施，明确利益相关者的责任和义务等。此外，还要求在线教育服务的供应商必须遵守英国政府颁布的网络安全法律法规，使在线教育平台的设计和开发符合国家网络安全中心规定的网络安全最低标准。同时，加强学校中的网络安全教育，明确规定网络安全作为一门课程对学生开发，并将网络安全纳入教师培训中。学校应该制定明确的规章制度，规范在线教育活动，同时帮助家长理解网络安全的重要性，了解在线教育的基本规范。

六　国外典型案例的经验分析

国外在线教育治理，其治理逻辑都是立足本国的教育需求，为学生提供能够满足各项需求、安全的并符合规范的在线教育服务，同时确保教师能够持续提供优质的在线教育课程。其中，构建统一在线教育平台、打造多元化评价体系，以及个性化的在线教育政策内容可为我国的在线教育治理提供经验借鉴。

(一) 构建统一在线教育平台

目前，日本的"GIGA School构想"和俄罗斯的"现代数字教育环境建设"项目都提出要建设一个统一的、集合多种功能的在线教育平台，整合在线教育资源，同时让政府、学生、教师、家长通过这个平台参与在线教育治理。通过建设统一在线教育平台，可以方便地将教育发达地区的教育资源输送给教育欠发达地区，从而提升整体的教育质量，促进教育公平。除日本和俄罗斯外，澳大利亚、德国也建有国家级的在线教育平台或学习资源平台。

美国、英国和芬兰没有统一在线教育平台，一定程度上受政治体制影响，也由于整体的教育信息化程度较高，更加鼓励各地政府依托当地教育资源进行在线教育治理，打造具有当地特色的教育。但美国提出的网络教育质量国家标准实际上也是对全国开展在线教育的统一要求，目的也是为了提升整体的在线教育质量，促进教育公平。英国打造在线教育学术交流平台，是为了促进整体的在线教育质量提升。对于我国来说，分散的教学资源对家长、学生和教师都极为不便，因此建议以学段为单位，建立资源管理与转化平台，整合分散在不同软件上的教学资源，简化在线教育平台烦琐的操作流程，保障偏远地区实现优质教学资源共享，实现教育公平。

面对运维受阻与设计落后的难题，优化平台不仅能解决现实难题，还能提升用户的使用体验。一方面，采取设计优化，改善在线教育平台的界面设计，完善平台客服、导航等功能，以应对用户遇到账号故障、课程出现突发情况、咨询课程详情、咨询平台功能等情境，提高用户对平台界面的第一观感。另一方面，采取技术优化，充分利用5G、人工智能、大数据等信息技术手段提升平台运行的稳定性，满足用户实时信息咨询、智能推荐、故障处理、意见反馈等需求，促进人机友好互动，技术赋能用户体验。因此，构建统一的在线教育平台，需要制定相关政策，应由政府牵头联合社会各级力量完成。

（二）打造多元化的评价体系

为了应对或避免出现"唯分数论"的应试教育，各国都提出了要打造多元化的评价体系，俄罗斯利用统一的在线教育平台开展多种评价，日本通过实现"一人一机"进行学生教师双向互评，芬兰提出评价学生知识掌握运用以外的能力，美国为了解决《不让一个孩子掉队》法案以来的应试教育倾向，利用在线教育进行多种评价。在线教育有助于打造多元化的评价体系，更好地实现在线教育治理。

应积极借助在线教育平台，通过大数据，打造多元化的评价体系，大数据的合理应用对机构、学校、教师或学生都能起到非常重要的作用。学习分析技术作为大数据技术的一种技术手段，在在线教育中发挥着重要作用。大数据技术可以收集并处理在线教育过程中的管理数据、教师教学数据、学生学习数据等诸多数据。首先，机构和学校可以利用大数据技术对组织内的教学行为进行实时监控，并对机构或校园中的各种管理数据进行精准分析，为机构以及学校提供可行性的在线教育运行机制。其次，利用大数据技术对教师教学行为进行监控并进行综合评价，帮助教师针对不足进行教学整改，为教师成长提供精准指导，帮助教师提升教学能力。再次，利用大数据，通过对学生的全学段数据采集、存储、处理以及应用，开启"智评"模式，国外的多元化评价实践可以为我国教育大数据的建设提供借鉴。学校或机构可以借鉴吸收其成功的经验，利用大数据采集、挖掘、分析和反馈等技术对学生学习过程数据进行收集和处理，通过学习者画像，提供个性化的评价与指导，促进精准教育的实现。最后，学校和平台可以建立学生数据管理中心，实时监控教学动态，通过数据捕捉，监控并干预学生的注意力表现，以提高学生的注意力和积极性。利用在线教育治理打造多元化的评价体系，能够较为平缓地从传统的考试评价进行过渡。

（三）实施个性化在线教育

在个性化教育方面，美国、英国、芬兰、日本等国主要依靠小班制来进行。小班制的优势在于教师需要关注的学生群体较少，能够对每一位学生有更细致的观察，便于开展个性化教育，同时也有利于培养学生的独立意识与自主学习的能力，但小班制不利于培养学生的集体感，人力成本消耗过高。为了弥补线下小班制教学带来的不利影响，同时培养学生的人际交往能力与合作意识，各国普遍都采取在线教育来进行个性化教育，美国提出课程设计以学生为中心，满足不同学生的不同需求；日本为了减轻小班制的教师负担，提出利用在线教育实现教师职能分化，同时实现学生的"个别最适教育"；俄罗斯通过统一的在线教育平台对学生进行学业评级，为学生推荐最合适的课程和教师，来实现学生的个性化发展；芬兰在疫情防控期间通过分层部署，自主选择来实现最适合学生的在线教育。对于我国而言，疫情防控期间的部分网课，个性化不足，因此开展个性化在线教育，是我国在线教育治理的一项重要任务。

（四）推动基础设施建设

基础设施建设，主要指开展在线教育所需要的计算机、网络、通信设备等硬件设施建设，同时也包括对这些设施的使用培训和维护保养工作。在基础设施建设方面，美国、芬兰、英国国内硬件基础设施建设相对完善。美国在《美国网络教育质量国家标准》中提出，要借助企业和社会，对教师开展相关培训，同时提供学校硬件的维护、检查、更新服务。英国针对发达地区和乡村地区不同的硬件设施基础情况，分别制定了不同的策略，针对网络覆盖率低的乡村地区，推动硬件设施的普及，针对网络相对发达城市地区，则注重网络设备的更新与网络速度的提升。日本在"GIGA School"构想与学校 BRP 改革中也指出，目前日本大多数学校并未配备计算机，而部分配备了计算机和网络的学校，在教学和教务工作中计算机和网络的使用率极低，同时部分硬件设备老化落后，无法适应目前教学的需求，日本在"GIGA School"构想中指出要为每一所学校都配备计算机和高速大容量的 5G 通信网络，实现"一人一机"，同时由政府部门出资，为学校聘请专门的技术人员，开展教师的信息素养培训和硬件设施维护工作。俄罗斯由于国土面积大，部分偏远地区存在网络通信不畅的问题，因此在现代数字教育环境建设项目中提出建设区域学习中心，由区域性机构统筹负责该区域的包括基础设施建设的在线教育工作，类似于专门的在线教育部门。而我国也面临着欠发达地区基础设施建设落后，发达地区存在设备不会用、用不好、缺乏维护的问题，同时也有发达地区的教师和家长反映在进行在线教育时，常常面临网络卡顿的问题。为此，我们可以依照我国不同地区的具体情况，开展基础设施建设，推动在线教育基础设施发展，使硬件设备对在线教育质量的影响降到最低。

  总体来说，国内外的在线教育治理案例，都强调建设公共基础设施，提供在线教育服务，加强在线教育的隐私保护工作等。要解决我国的在线教育问题，需要打造优质的公共在线教育服务平台，确保优质在线教育资源能够共享，推动教育资源均衡发展，促进教育公平，促使在线教育更好地发展。

第五章

在线教育治理系统框架构建

智能时代，运用互联网、人工智能等现代信息技术进行教与学互动的在线教育逐渐成为新型教育方式。发展在线教育有利于构建"人人皆学、处处能学、时时可学"的学习型社会，促进教育公平。随着在线教育的推进，其行业结构、服务模式、构成要素、教学产品都发生了巨大变化，涌现出政策文件较为分散、教育机构类型繁杂、产品质量参差不齐、课程内容缺少监管、运营规范性缺失等问题，阻碍了在线教育的健康发展，在线教育市场亟须有效治理。在线教育治理是推进教育治理体系和治理能力现代化的重要组成部分。本章主要从核心要素、构建原则、构建理论以及模型构建四个方面构建在线教育治理系统框架。

第一节 核心要素

在线教育智慧治理，其多元协同的特点要求不仅有政府治理，更要社会的参与，建设什么样的政府、拥有什么样的社会成为在线教育智慧治理的关键。此外，智慧治理的内涵及其特征要求充分利用新一代信息技术，利用智能化的技术手段，助力在线教育智慧治理的精准、高效实施。而目前在线教育应用分析显示，网络不稳定、系统崩溃等情况时有发生，需将基础设施纳入在线教育治理体系建设中。因此，本章借鉴多中心治理理论、协同治理理论和元治理理论，从数字政府、参与型社会、社会治理人才、智能化技术和新型数字基础设施这五个核心要素出发，打造出多元协同、精准高效的在线教育治理框架。

一 数字政府

作为智慧治理的核心推动者，政府的政策制定、行动取向、治理效率，是智慧治理能否成功的关键[1]。在线教育智慧治理对政府的数字化水平提出较高的要求。"数字政府"是在认可政府具有存在价值和政治功能的前提下，赋予政府运行的智能化和技术化属性，并使这一属性表现在政府管理数字化与政府决策数字化两个方面[2]。政府应当积极主动地将现代信息技术融入在线教育治理中，并彰显公平、民主、参与等价值理念，提升在线教育治理的效率和水平。例如，数字政府在采集和分析海量数据的基础上，主动感知在线教育市场发展状态，提前预测和防范在线教育可能出现的问题与风险，为学生、家长、管理者带来精准化、个性化、高效化的在线教育治理服务。《2020年浙江省教育领域深化"最多跑一次"改革推进教育治理数字化转型工作要点》明确提出，推进教育治理数字化转型，加快形成"'政务服务便利、协同办公高效、监督管理精准、教育决策科学、数据开放有序、资源应用共享'的数字化教育治理模式"[3]。杭州、宁波、温州、余姚等市纷纷响应浙江省教育领域"最多跑一次"改革要求，主动将教育政务服务接入到省服务2.0平台，并依托移动应用和智能化平台为民众提供"一站化"服务[4][5][6][7]。但当前各级数字政府所提供的教育治理服务仍主要集中在

---

[1] 谭成华：《智慧治理的内涵、逻辑与基础探析》，《领导科学》2015年第24期。

[2] 梁木生：《略论"数字政府"运行的技术规制》，《中国行政管理》2001年第6期。

[3] 浙江省教育厅办公室：浙江省教育厅办公室关于印发《2020年浙江省教育领域深化"最多跑一次"改革推进教育治理数字化转型工作要点》的通知，浙江省教育厅网，http://jyt.zj.gov.cn/art/2020/6/1/art_1532974_44337184.html。

[4] 杭州市人民政府：《杭州市人民政府关于印发杭州市深化"最多跑一次"改革推进政府数字化转型实施方案的通知》，杭州市教育局网，http://edu.hangzhou.gov.cn/art/2020/7/5/art_1695202_49845154.html。

[5] 宁波市教育局办公室：《2020年宁波市教育领域深化"最多跑一次"改革推进教育治理数字化转型工作要点》，宁波市人民政府网，http://www.ningbo.gov.cn/art/2020/7/7/art_1229095999_962466.html。

[6] 温州市教育局办公室：《市教育局召开全市教育系统深化"最多跑一次"改革推进政府数字化转型工作视频会议》，温州教育网，http://edu.wenzhou.gov.cn/art/2020/5/18/art_1324555_43130248.html。

[7] 余姚市教育局办公室：《2020年余姚市教育系统深化"最多跑一次"改革推进教育治理数字化转型工作要点》，余姚市人民政府网，http://www.yy.gov.cn/art/2020/8/5/art_1229137367_1677960.html。

传统线下教育领域,而有关在线教育治理的数字化改革仍有很大的进步空间。

二 参与型社会

参与型社会主要是指以市场主体(在线教育企业、机构)和社会主体(学生、教师、家长、相关专家等)为主的在线教育治理非政府主体。传统的教育治理是以政府为核心的封闭式(半封闭)结构[①],市场、社会主体的权益诉求缺乏全面畅通表达、反映、保障、协商的渠道,导致了非政府主体参与教育治理的积极性不高。智慧时代的在线教育治理强调利用技术赋能实现多元参与的在线教育治理体系,这就要求行业、学校、社会等非政府实体转变以往在线教育治理中被动接受监管的观念,以更加积极主动的态度参与在线教育协同治理,打造参与型社会。通过发挥参与型社会共治共享作用,营造治理的协同效应和可持续的合力,推动在线教育治理由垂直化向扁平化、一元化向多元化、威权化向民主化方向发展。当消费者在购买在线教育服务面临虚假宣传、合同纠纷、违规授课等问题时,可以依法向市场监管部门举报,净化市场环境。同时,师生、家长还可以主动向新闻媒体反映在线教育市场的各类违法违规行为,充分发挥大众传媒的舆论监督作用,提高在线教育智慧治理的透明度。

三 数字治理人才

作为智慧治理的核心建设者,人才的数字化水平、专业化程度是为智慧治理保驾护航的根本保障。在线教育智慧治理对人才的数字化水平提出较高的要求。数字治理人才是保障在线教育智慧治理落地实施的基石。随着大数据、人工智能和云计算等新兴技术与在线教育治理的结合,迫切需要复合型的数据治理人才推进在线教育治理的深度发展。然而,目前部分地区因数字化人才匮乏、人才结构不符合智能时代的治理模式等因素,导致在线教育智慧治理的框架构建受到一定限制。《中共中央关于制定国民经济和社会发展第十四个五年规划和二○三五年远景目标的建议》提出要激活数据要素潜能,引领中国的数字化发展,向

---

① 申国昌、郭景川:《大数据时代的教育宏观治理体制现代化变革》,《教育研究与实验》2017年第2期。

建设数字中国迈出一大步①。习近平总书记还强调，要构建完善的人才培养制度体系，实施人才优先发展战略。人才是全面建设社会主义现代化国家的引领力量，人才的数字化转型尤为重要。为此，要想推动在线教育智慧治理的变革与创新，亟须加强对人才的数字技能培养和数字治理的人才队伍建设，并搭建人才交流平台，健全人才发展治理体系，用人才发展治理现代化带动在线教育治理现代化，实现数字治理人才的内培外引，增强数字治理人才的责任感、使命感、积极性和创造性，为在线教育智慧治理献智献力。

四 智能化技术

智慧治理是智能时代在线教育治理的必然选择，是智能技术对在线教育治理赋能的发展趋势。智能时代的教育治理，旨在通过智能化手段和技术平衡治理主体间的价值诉求，寻求共同目标。以区块链、大数据、人工智能等技术为代表的新一代智能技术相互渗透、融合发展，对构建现代化的在线教育治理格局，推进在线教育治理能力提升产生了重要影响。在线教育治理中利用区块链技术实现治理主体以平等节点的地位实现点对点传输，实现治理过程的公开透明；利用大数据技术实现在线教育治理中数据信息的互联互通，打破数据屏障，提升教育治理透明度，通过对数据的收集处理分析，提出策略方案规避风险；通过依托机器学习和精准算法等人工智能关键技术，对在线教育进行即时感知、科学决策、主动服务、智能监管。《关于进一步减轻义务教育阶段学生作业负担和校外培训负担的意见》（以下简称"双减"政策）发布后，各地纷纷要求在线培训机构不得开展学科类培训，在面对防范线上学科培训转入地下等风险时，智慧治理依靠信息化技术赋能，实现对在线教育的精准化治理。例如，山东省淄博市依托民办教育机构智慧服务平台，要求所有培训机构在平台上公布相关证照、师资、教学环境等信息，利用大数据技术助力线上的培训治理，帮助政府部门及时掌握校外培训机

---

① 新华社：《中共中央关于制定国民经济和社会发展第十四个五年规划和二〇三五年远景目标的建议》，中国政府网，http://www.gov.cn/zhengce/2020－11/03/content_5556991.htm。

构情况及信息，进一步规范了培训机构行为，推动在线教育市场良性发展①。

五 新型数字基础设施

基础设施是指为社会生产和生活提供基础性、大众性服务的工程和设施，是社会赖以生存和发展的条件②。推动基础设施的数字化转型是实现新型数字基础设施的核心举措。新型数字基础设施是以新发展理念为出发点，以人工智能、物联网、互联网和5G等新型信息技术为驱动的数字型基础设施③，其布局、构建与利用是在线教育治理智慧发展的基础依托。目前，部分乡村地区新型数字基础设施建设落后，治理结构不合理，发展水平不均衡，迫切需要补齐短板，加大投资，实现网络设施、应用设施和硬件设施的迭代升级与融合创新。在网络设施方面加快互联网、云计算和人工智能与教育的深度融合，实现数据存储、接入、传输、分析、计算一体化，为在线教育创造智慧学习环境，推动教育治理向智慧教育治理转变；在应用设施方面，完善数据中心的建设，实现智能信息集成设施向智慧应用设施的转变，为在线教育的智慧治理提供保障；在硬件设施方面，加大教育硬件设施的资金投入，提升师生满意度。

第二节 构建原则

2017年，党的十九大报告中首次提出智慧社会的表述，并主张打造共建共治共享的社会治理格局④。2020年，党的十九届五中全会通过《中共中央关于制定国民经济和社会发展第十四个五年规划和二〇三五年远景目标的建议》指出，"提升公共服务、社会治理等数字化智能化水平"。在线教育智慧治理正是顺应智慧社会发展和国家教育现代化背

---

① 毛睿：《教育新闻：信息化+大数据助力校外培训治理》，网易新闻，https://www.163.com/dy/article/GKTQSLIG0514T96S.html。
② 任泽平等：《中国新基建研究报告》，《发展研究》2020年第4期。
③ 钞小静等：《新型数字基础设施如何影响对外贸易升级——来自中国地级及以上城市的经验证据》，《经济科学》2020年第3期。
④ 习近平：《决胜全面建成小康社会夺取新时代中国特色社会主义伟大胜利——在中国共产党第十九次全国代表大会上的报告》，《思想政治工作研究》2017年第11期。

景下的一种在线教育治理新模式，是对传统教育治理模式的继承与发展，聚焦于治理、法制与技术的深度融合。在线教育智慧治理以万物互联为基础，以大数据分析为手段，以人工智能技术为支撑，实现"事前、事中、事后"全过程在线教育监管，密切关注和跟踪治理过程，形成在线教育市场监管工作闭环，全面提升监管质效。在线教育智慧治理是一种融合现代化治理价值与理念的智能治理技术与工具，协调不同道德与价值体系之间的利益与冲突，推进我国教育治理体系与能力现代化的治理方案。在线教育智慧治理以人民群众的权利为根本目的，强调政府、市场、社会组织等主体的协同合作，受大数据驱动，运用现代化信息技术辅助治理的一种治理方式，其框架构建要遵循以人为本、技术赋能、多元协同和数据驱动的基本原则。

一　以人为本

随着在线教育行业飞速发展，人民群众对在线教育治理的需求日益呈现出多样化、复杂化、个性化的发展趋势。《国务院关于深入推进义务教育均衡发展的意见》《国家中长期教育改革和发展规划纲要（2010—2020年）》等文件均强调，推动教育以人为本，坚持以人为本、全面实施素质教育是教育改革发展的战略主题。因此，在线教育智慧治理的首要特征就是坚持"以人为本"的核心理念，从学习者、教育者的真实需求出发，致力于满足人民群众多元化的在线教育治理需求。一方面，以政府为主导的在线教育智慧治理主体通过了解用户对于在线教育服务的真实诉求，利用现代化的治理工具与技术为用户提供精准、高效、个性化的治理服务，提升用户对在线教育的满意度；另一方面，在线教育智慧治理是透明、民主、平等的治理，通过扩宽公众的评价渠道接受社会的监督，主张构建以用户为主体的评价机制，确保人民群众的合法权益不会受到侵害。

二　技术赋能

智慧治理强调以现代技术为支撑，《教育部关于加强新时代教育管理信息化工作的通知》《教育部关于全面推进教师管理信息化的意见》等文件都强调了利用现代信息技术推动教育治理现代化。因此，智能时代以人工智能、大数据、区块链等为代表的前沿信息技术与知识赋能是在线教育智慧治理的重要特征。相较于传统教育治理模式，在线教育智慧治理更加凸显现代信息技术在在线教育治理领域的深度与广度,通过打造泛在化、智能化的在线教育治理环境,实现对在线教育的网格化、科学化、精准化的治理。在线教育智慧治理带来的不仅是治理能力、治理效率的提升,同时也势必推动治理理念、治理模式、治理制度的变化,通过将公平、民主、平等、包容等治理价值融入治理工具与技术变革,实现治理过程与治理价值的和谐统一。

三　多元协同

在线教育智慧治理相较于传统科层制、垂直化的教育监管模式,更加凸显多元化、扁平化的特征。传统的行政区划、专业分工、纵向分权的官僚组织模式已越来越无法适应数字时代在线教育治理的需求,并面临权力交叉、职能重叠、推诿扯皮、运行效率低下等风险,公民的合法权益得不到有效保障。《教育部等十一部门关于促进在线教育健康发展的指导意见》提出了多元治理的基本原则,要求加强部门协同监管,推动形成政府引导、机构自治、行业自律、社会监督的在线教育治理格局。为了更好地实现多元社会治理价值,需要政府突破传统科层制的桎梏,转变执政理念,促进政府、行业、学校、社会等多元主体的协同参与。

四　数据驱动

大数据资源是驱动在线教育智慧治理的基础要素。《国务院关于印发促进大数据发展行动纲要的通知》提出,推动大数据发展与科研创新有机结合,形成大数据驱动型的科研创新模式。《教育部关于全面推进教师管理信息化的意见》强调以数据为驱动力,利用新一代信息技术推动教育决策由经验驱动向数据驱动转变。可见,政府已将数据驱动纳入教育治理领域中,数据驱动成为在线教育智慧治理的另一重要特征。一方面,通过搭建统一规范的在线教育智慧治理平台,实现数据跨区域、跨层级、跨部门、跨业务的流动,有效地缓解了传统治理场景中因行政分割带来碎片化治理的问题;另一方面,数据作为一种生产要素已经深入参与在线教育市场活动,通过数据资源的汇集整合、传输存储、挖掘利用、分析预测,能够实现对在线教育市场行为的实时动态监管以及可能性风险防范,有助于在线教育治理范式由基于主观经验、威权主义向循证决策、共识管理转型。

第三节　构建理论

在线教育智慧治理在构建过程中以多中心治理理论、协同治理理论和元治理理论为理论支撑,强调政府、社会、学校、行业等多中心的参与,重视政府元治理的地位,社会、学校和行业等治理主体的协同治理,共同推进在线教育智慧治理。

一　多中心治理理论

多中心治理理论是由美国学者埃莉诺·奥斯特诺姆提出的,这一理论主张多元主体共同参与公共事务的治理,提供公共服务,治理的目标是实现"多赢",即网络结构中每个参与者都能够获取各自的利益所得。理论中的治理主体多元化是指公共部门、企业、非营利机构、个人均可参与公共事务的治理,并以平等的地位处理公共事务以及协调各主体之间的利益关系。"多中心"意味着多个决策中心,它们在形式上是相互独立的,多中心决策之间通过竞争的关系考虑对方开展多种契约性和合作性事务。这种"多中心"趋势表现为在政府这个轴心的周边围绕着几个不完全依附、部分自治的治理主体,这种模式主要是在政府指导下,各层级主体发挥相应的治理作用,层次化清晰,通过政府元治、市场自治、社会监督的方式解决在线教育中出现的问题。

二　协同治理理论

协同治理(Collaborative Governance)的研究兴起于20世纪80年代末90年代初的西方社会,协同治理强调参与者通过达成共识或构建协作网络等方式共同参与公共问题管理,以处理单一主体无法解决的复杂问题。协同治理包括问题解决与决策中的各种正式或非正式关系,其通过促进政府、非政府部门、私人机构等主体之间的合作,将传统的政府决策过程嵌入更广泛的社会管理程序中。在与协同治理相关的各种定义中,美国政治学者Chris Ansell和Alison Gash对协作治理的定义较为权威和有代表性。他们将协同治理定义为以制定、实施公共政策或管理公共项目、资产等为目的的,一个或多个公共机构让非国家利益相关者直接参与正式的(Formal)、以共识为导向的(Consensus-oriented)、商议的(Deliberative)集体决策过程的一种治理安排。在线教育智慧治理吸收了协同治理的部分思想，其强调治理不单单依靠政府部门的行政手段，还有赖市场、社会等非政府主体发挥作用。在线教育智慧治理要求政府在决策过程中应当构建与市场、社会等主体的协同网络，征询各方意见，在各方达成共同利益的基础上确立治理的原则、规则与手段，促进治理资源的合理分配。同时，治理过程中，政府也要接受各方的监督，坚持规范的监管流程，提高监管的透明度，保障治理的民主性与公平性。

协同治理一定程度上反映了20世纪七八十年代以来的西方新自由主义风向，协同治理过于反对政府的干预行为，高估了市场、公民社会发挥的作用，结果发现各方并不能在脱离政府强制力量后实现共同利益的最大化。在面对社会组织自治能力不足、公民参与精神与参与能力欠缺、行政缺乏有序性和稳定性等问题时，不少西方学者开始对治理理论进行反思与修正，其中具有较大影响力的是英国政治学者杰索普提出的"元治理"（Meta-governance）理论。

三 元治理理论

元治理理论（Meta-governance Theory）脱胎于治理理论，最早提出该理论的是英国学者鲍勃·杰索普（Bob Jessop）。杰索普认为，"元治理可以作为治理的组织条件，通过对科层治理、网络治理和市场治理进行重新组合，以达到更好的治理效果。"元治理是一种具有整合性质的治理模式，它旨在协调不同治理模式之间的冲突，实现各治理模式之间的再平衡。元治理理论与治理理论的最大区别在于，在强调多元参与主体的同时，突出了在参与主体中"元"即"同辈中的长者"这一角色——承担着宏观把握的任务，以期减少多元治理主体之间的摩擦，提高治理效能。正因如此，元治理理论是对治理理论的反思与修正，被称为"治理中的治理"。元治理承认了治理失败的可能性，它否定了治理过程中不同立场的各方参与者一定能够就某一问题达成共同目标、实现共同利益的基本假设，并明确提出政府要承担"元治理"的角色[①]。由于政府具有至高无上的权威、相对垄断的资源，能够为不同治理模式提供基本规则，引导各主体在治理过程中的有序参与，平衡各主体的利益

---

① 丁冬汉：《从"元治理"理论视角构建服务型政府》，《海南大学学报》（人文社会科学版）2015年第5期。

关系，平衡合作与竞争、开放与封闭、原则性与灵活性、责任与效率之间的张力，使政府成为"元治理"的唯一主体。在线教育智慧治理在借鉴协同治理理论多元参与原则的同时，也吸取了元治理理论对协同治理的改进，强调政府在构建在线教育治理结构、组织协调各主体工作、平衡各主体利益关系等方面发挥主导作用。

构建在线教育协同治理网络的过程中，政府方面发挥着主导作用，对治理的方向进行把控，有效缓解了在线教育治理结构组织松散、各方就某一问题互不相让导致治理成本及时间高昂等协同治理固有弊端。同时，政府在在线教育智慧治理中承担"元治理"作用，组织协调各方的治理工作，有效遏制了影响力较为强大的资本市场试图操纵在线教育治理向对自己有利的方向发展，使在线教育行业的"逐利逻辑"超越教育原有的公益属性等资本异化教育风险。

第四节 模型构建

治理通常是指一个社会系统通过法律、规范、权力或语言进行互动的所有过程，全球治理委员会认为，"治理是或公或私的个人和机构经营管理相同事务的诸多方式的总和"[1]。可见与统治、管制不同，治理不单单依靠政府的强制力量，而是通过政府、市场、社会组织等主体围绕一个共同目标而共同开展的管理活动。

协同治理强调参与者通过达成共识或构建协作网络等方式共同参与公共问题管理，以处理单一主体无法解决的复杂问题[2]。尽管协同治理在保障治理过程趋于公平民主方面具有积极作用，但过于反对政府的干预行为，高估了市场、公民社会发挥的作用，结果发现各方并不能在脱离政府强制力量后实现共同利益的最大化。面对这种治理失灵现象的产生，英国学者杰索普提出"元治理"理论。元治理理论承认了治理失败的可能性，它否定了治理过程中不同立场的各方参与者一定能够就某

---

[1] 阮开江：《新时代现代化社区治理体系的探索——以深圳市宝安区松岗街道为例》，《小康》2019年第5期。
[2] 周凌一：《纵向干预何以推动地方协作治理？——以长三角区域环境协作治理为例》，《公共行政评论》2020年第4期。

一问题达成共同目标、实现共同利益的基本假设,并明确提出政府要承担"元治理"的角色①。

本章在借鉴协同治理、元治理理论的基础上,结合我国在线教育发展实际情况,提出要实现对在线教育的智慧治理。第一,要对在线教育治理的应用服务进行清晰界定。第二,在线教育智慧治理不单单依靠政府强制力量进行"垂直治理",而是在政府发挥主导作用的前提下,组织政府部门、市场企业、社会组织等主体形成治理网络,建设什么样的政府、拥有什么样的社会成为在线教育智慧治理的关键,确保治理的广泛性、公平性、民主性、合法性。第三,在线教育智慧治理强调在规范的流程下充分利用新一代信息技术,通过智能技术赋能实现在线教育的精准化、科学化、网格化、高效化的治理。目前,在线教育应用分析发现,网络不稳定、系统崩溃等情况时有发生,还需将基础设施纳入在线教育治理体系建设中。第四,在线教育智慧治理离不开合适的政策和市场环境,通过政府颁布相应的法律法规,行业达成统一的规范标准,政府、行业协会、社会组织、高校等主体为行业发展制定科学的合理规划等方式,为在线教育智慧治理提供适宜的生存土壤。基于此,本书借鉴多中心治理理论、协同治理理论和元治理理论,从组织、服务、技术、环境等层面打造出多元协同、精准高效的在线教育治理框架,具体如图5-1所示。

一 服务层:市场监管与生态完善

在线教育智慧治理服务层是指面向学生、家长、教师、企业用户等主体提供各类个性化在线教育治理服务的信息化技术平台。如学生、家长、教师等社会个体可以就在线教育平台乱收费、虚假宣传、违规授课等违法违规行为进行投诉,并对治理过程进行监督;在线培训机构、企业等市场主体可以通过服务层登记、查阅或修改授课内容、在线师资、企业资质等信息,并对行业内企业对中小学生进行学科培训、侵犯他人知识产权、开展不良竞争等违反市场秩序、损害行业形象的违法行为进行举报。通过分析在线教育治理内容,本书认为服务层主要面向社会提

---

① 丁冬汉:《从"元治理"理论视角构建服务型政府》,《海南大学学报》(人文社会科学版)2010年第5期。

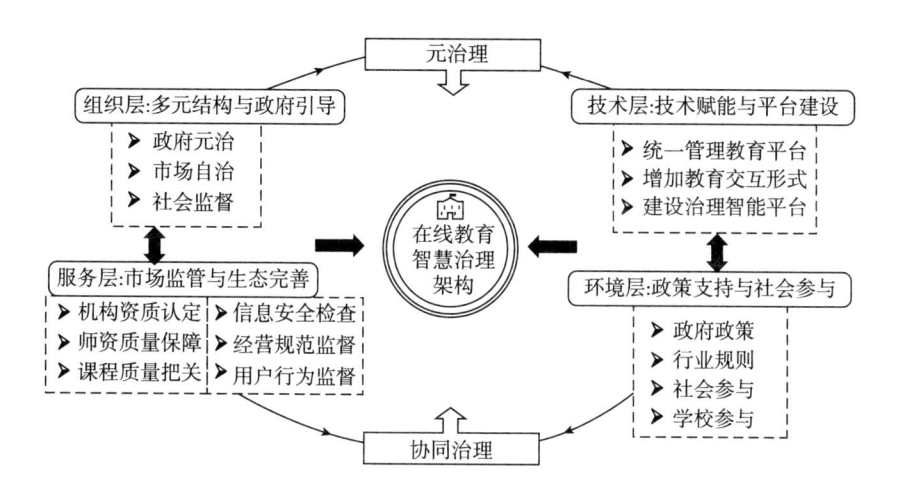

图 5-1　在线教育智慧治理框架构建

供的在线教育治理服务，主要集中在机构资质认定、师资质量保障、课程质量把关、信息安全检查、经营规范性监督、用户行为监督六大部分[①]。

（一）机构资质认定

在线教育是教育行业与互联网技术的有机融合，在线教育产品和平台虽凭借着互联网技术迅猛发展，但也使规范在线教育产品和教育服务的难度增大。目前，大量资质不足、证照不齐的校外在线教育平台出现教学质量良莠不齐、诱导消费者非理性消费、卷钱走人、课程内容缺少监管、消费者维权困难等现象，因此迫切需要在线教育行业的资质规范。2018 年 3 月，教育部印发了《教育部办公厅关于加快推进校外培训机构专项治理工作的通知》，重点治理培训机构的安全隐患、证照不全等问题，没有互联网信息服务增值电信业务经营许可证、网络文化经营许可证等互联网经营许可证的机构必须立刻停业。为此，应重点关注提供在线教育产品与服务的企业或机构的资质发放与审查，依法取缔存在违规授课行为的在线教育产品、平台、培训机构等。一方面，应建立统一的资质规范，如《办学许可证》《营业执照》《办学消防合格证》

[①] 王娟等：《智能时代的在线教育治理：内涵、困境与突破》，《电化教育研究》2021 年第 7 期。

《信息网络传播视听节目许可证》等。另一方面，在线教育服务的目标、过程、实施方式和手段，都需要在法治监督下进行审视和选择。此外，还需设计相关标准和规则，对提供在线教育服务的机构、平台与企业进行资质审核，并采取定期与不定期考核，对不满足资质的服务与产品进行及时查处与取缔。

（二）师资质量保障

教师在整个教学活动中处于主导地位，师资质量直接影响着在线教育的授课质量、学习者的学习体验和学习效果。《中华人民共和国民办教育促进法》规定，教育机构教师应当具有国家规定的任教资格。在此背景下，中国教育学会于2017年启动培教教师的专业电子档案库和机构认证，形成培训机构教师的行业准入资格和评价体系。2019年，教育部等六部门《关于规范校外线上培训的实施意见》，将师资合格作为排查和日常监管的重点。可见，师资准入一直受到国家教育部门的重视。但目前大量的机构平台仍存在师资质量问题，部分在线教育平台的师资准入标准宽松，教师准入标准一降再降，虽然部分平台通过撤销一对一教学服务，限制公办教师进入平台兼职，但是其教师准入标准仍不够严格。因此，为保证在线教育能够高效稳定地运行，各教育部门、机构应建立科学的准入标准，严格整顿在线教育师资准入乱象，对新入职的教师进行全方位的考量，综合学历、品德、教师资格、考试、信息化教学能力等多方面[1]，通过层层筛选，全面优化教师准入资质，促进在线教育教师质量的提升。

目前，在线教育平台师资队伍水平差异悬殊，如何提高师资门槛、打造高水平师资队伍是在线教育平台亟须思考的问题。其一，建议教师加强专业能力培训，提高在线教学能力，掌握更多的教学模式以适应在线教学方式，进而帮助教师在线上教学时更好地把握教学时长、精练教学内容以及掌握多种在线交互方式，从根源上避免教师在线教学不良情况的出现，例如已有研究提出的在线教学三维学习支持模式[2]、5G时

---

[1] 龚欣、郑磊：《由提升资格准入门槛就可以提高幼儿园教师质量吗——基于数量与质量双重短缺背景的分析》，《教育发展研究》2020年第3期。

[2] 陈万勇、陈千梯：《三维学习支持：提升中小学在线教学质量》，《上海教育科研》2020年第8期。

代直播教学系统等①。其二，教师在线教学时的不良行为会造成严重的教学事故，建议教师应加强综合素养的培训，注重与学生关系的经营，例如精心设计和组织教学、促进学生讨论、优先选择微信和网络视频会议等实时交互工具、保证师生交互频次和时长，增加师生友好交互②。其三，教师是中小学家长获知在线教育平台的重要渠道，建议加强教师道德观与价值观的培养，保障教师没有偏向性，并结合自身实际经验、平台口碑、课程质量等因素经慎重考察后再向家长推荐平台或课程，禁止强制要求家长为学生选择课程，也不可盲目推荐。

（三）课程质量把关

高质量课程是在线教育稳步发展的根本，也是行业竞争的关键。目前，一些在线教育平台的课程开发认证机制和监督管理机制不达标，课程实施出现形式主义，课程评价的科学性难以保障。此外，部分平台对低俗、暴力、恐怖、游戏等有害信息缺乏必要的过滤；部分平台存在超纲教学、提前教学等现象，这严重干扰学校的正常教学秩序。为此，2016年12月，工业和信息化部印发《移动智能终端应用软件预置和分发管理暂行规定》，明确规定互联网信息服务提供者不得提供或传播含有不健康内容的移动智能终端应用软件。2020年12月，教育部网站发布了《关于进一步规范中小学在线教育市场的提案》，指出要规范校外线上培训机构，保障在线教育内容。因此，应强化对课程内容与教学材料的监管，严禁在基础教育阶段实行线上学科培训，增加未成年学习者学业负担。同时，对教学内容制定统一的课程大纲与质量标准，防范质量低下甚至谬误频出的在线课程出现在市场上。例如，美国虚拟学习领导联盟（Virtual Learning Leadership Alliance）和QM（Quality Matters）制定《在线教育课程质量全国标准》，为在线课程设立明确的质量指标。

（四）信息安全检查

互联网与教育的融合加速了海量教育信息的生成，使信息安全面临

---

① 王运武等：《5G时代直播教育：创新在线教育形态》，《现代远程教育研究》2021年第1期。
② 宋佳等：《在线教学中师生交互对深度学习的影响研究》，《中国电化教育》2020年第11期。

新的挑战，亟须建立信息安全规范[①]。2020年，国际网络研讨会召开"在线教育信息安全与个人隐私保护"，提出在线教育中的信息和隐私安全的重要性。在线教育中不仅存在师生的个人信息及隐私安全问题，其治理过程中各治理主体同样面临着信息安全问题，治理信息的流失以及非法使用，会在很大程度上影响在线教育行业的健康发展。因此，亟须讨论在线教育发展及治理过程中的信息安全问题，提出切实可行的信息安全管理方法。首先，在政府层面立法保护师生的信息安全并设置专门的信息保护机构，不得窃取、倒卖、非法利用公民的个人隐私信息，防止在线教育领域的大数据杀熟，严格监管信息安全问题，保护用户信息安全。其次，对于一些恶意收集和非法使用、出卖用户信息的个人以及企业，将其与自身及企业的信用评定挂钩，通过信用等级来约束信息安全问题的发生。此外，在线教育机构、平台可以充分运用区块链技术，利用其去中心化、可追溯性等特点，对在线教育产品进行加密处理，利用非对称加密算法对教育信息进行保护，只有拥有密钥的用户才能够访问信息[②]。最后，政府、机构与学校三方联合建立专门的信息保护系统，对于非法获取信息的行为进行警报并追踪拦截信息。

（五）经营规范性监督

在线教育平台需要加强监督，对在线教育平台的运营环境、教学资源等进行监督，可以为师生提供绿色的教学环境，增强用户的应用体验。前文调研数据显示，在线教育平台内出现的广告弹窗、与课程无关的内容以及平台不稳定等情况，会导致师生的教与学体验感降低。因此，需要从政府、机构以及平台等层面制定相应管理策略。一方面，政府对在线教育机构和平台进行实时监控，通过相关政策文件规范在线教育机构及平台的管理。虽然国家发布了一系列政策文件，提出要规范机构和平台，但目前在线教育市场仍然存在诸多乱象，政府部门应进一步加强对在线教育平台的监控以及规范，对各培训机构开展常规化监督，发布权威政策文件，通过强制性措施规范在线教育发展。另一方面，在

---

① 庄榕霞等：《5G时代教育面临的新机遇新挑战》，《中国电化教育》2020年第12期。
② 杨现民等：《区块链技术在教育领域的应用模式与现实挑战》，《现代远程教育研究》2017年第2期。

政府对在线教育平台监督的同时，各教育机构也应规范其在线教育模式、优化运营环境、净化平台资源，简化平台设计，建立在线教育监督机制，针对平台进行实时监督，定期检查清理有害信息，调整违背学生发展规律的内容，以优化机构运营环境、净化教学资源，营造绿色的学习环境。此外，在线教育治理服务平台受理在线教育产品与服务合同纠纷，应切实保障消费者合法权益，对商家违规宣传、拒不退费、推荐贷款产品等非法违规行为依法予以行政处罚。

（六）消费者行为监督

在线教育的消费者主要包括学生、家长和教师三类群体，每类群体的需求各不相同。消费者行为是指消费者以获取、使用、处置消费物品或服务为目的而进行的各种包括行为决策在内的一整套行动过程。目前，中国消费者协会发布的《2021年全国消协组织受理投诉情况分析》[①] 提到人格尊严问题逐渐成为消费者投诉的热点之一，消费者在使用在线教育平台时有时会出现辱骂、诋毁和传播谣言等言语攻击的问题，致使消费者的人格尊严受到伤害，在线教育平台也没有发挥其原有的作用。因此，消费者的行为亟须监管。一方面，在线教育治理平台须接受其他学习者及平台的投诉，对一些消费者利用互联网传播非法信息、侵犯商家合法知识产权的行为依法进行处置。另一方面，政府应引导在线教育平台的用户账号与个人学信档案等挂钩，监管用户在线学习的社交行为，对于用户的不良行为进行警告和处罚，并记入档案。此外，还应建立持续性消费行为监督管理系统，利用政策手段严格制止污染型消费。

二 组织层：多元结构与政府引导

组织层是指由政府主体、市场主体、社会主体构成的在线教育多元治理结构。《教育部等十一部门关于促进在线教育健康发展的指导意见》提出要坚持多元治理，形成政府引导、机构自治、行业自律与社会监督的在线教育治理格局。多元治理已成为当下治理研究的重点，多方合力的协同治理更有利于兼顾不同主体需求和利益。例如，《关于引

[①] 中国消费者协会：《2021年全国消协组织受理投诉情况分析》，中国消费者协会，https：//cca.org.cn/tsdh/detail/30346.html。

导规范教育移动互联网应用有序健康发展的意见》由教育部等八部门联合出台，宏观把控在线教育市场。一方面，在政府引领下，可构建政府、机构、行业和社会多元协同的在线教育治理结构。政府出台政策法规，积极引导在线教育机构及行业的自治与自律；社会公众作为在线教育中最庞大的集体，可反映在线教育服务指向的最终需求，需整合社会力量，提升在线教育治理的市场活力；行业机构在政策指引下相互监督，构建竞争共存的行业新模式，以保证在线教育行业的健康发展。另一方面，通过政府元治、市场自治、社会监督等方式，明确各方对在线教育治理的立场、诉求与利益，达成共同治理目标以形成治理合力，在政府引导下对在线教育行业所出现的问题进行整治与管理，塑造遵守教育逻辑、良性竞争的市场环境。因此，构建在线教育治理体系的关键，是发挥各治理主体的功能，构筑良性互动、有序发展、多元共治的在线教育治理体系，逐步实现治理模式的多元化、扁平化，改善行业生态。因此，形成政府元治、市场自治、社会监督的在线教育治理体系具有重要意义。

（一）政府元治

政府在整个教育治理中起着"元治理"的作用，承担着宏观决策与调控的职责[1]。政府应加强政策决策的支持并通过信息化手段提高顶层设计能力。政府和教育职能部门应制定在线教育规范的政策标准，健全平台准入机制，严格限制不良应用的使用。政府作为教育服务供给的主导力量，可以通过顶层决策设计对教育服务供给全过程进行宏观调控和科学监管[2]，对错综复杂的在线教育市场进行宏观调控，对在线教育实施过程中的问题以及不良现象进行日常排查与监管，以促进在线教育健康稳定地运行。目前，国务院、教育部等相关部门发布了《中国教育现代化2035》《教育部等十一部门关于促进在线教育健康发展的指导意见》等文件，已为在线教育发展提供政策支撑。但在线教育行业仍缺乏系统完善的在线教育发展的指导性文件，为此政府应不断加强在线

---

[1] 杨现民等：《数据驱动教育治理现代化：实践框架、现实挑战与实施路径》，《现代远程教育研究》2020年第2期。

[2] 曹培杰、孙立会：《把全社会变成学生学习的大课堂——教育服务供给社会化的发展路径与监管策略》，《现代远程教育研究》2021年第1期。

教育政策和规范制定，探索适合在线教育发展的指导性文件，以便为在线教育平台、产品等的准入和应用制定严格标准。

（二）市场自治

在线教育市场的良性发展离不开市场的自治作用。目前，一些在线教育平台的课程不考虑教师专业能力高低、课程规模大小、平台硬件设施完善程度、人工维护成本等因素而随意标价，严重违反市场规律。结合平台自身情况有规律、有计划地酌情调整价格是符合市场规律的，但课程定价大幅度波动，会严重扰乱在线教育市场。因此，市场主体应构建行业协会等自治机构，制定市场标准规范，对于未经专业部门审定的课程内容以及未严格按照法律法规、技术规范等要求开展在线教育服务的机构或平台进行严厉打击，出台具体整治细则，厘清因果链、责任链，标本兼治，以维护市场的稳定与和谐，提升在线教育市场的透明度，促进教育的公平性发展。

（三）社会监督

为有效解决在线教育市场乱象问题，需要着力打造社会组织监管平台，完善相关网络平台，健全组织机构和阵地建设，优化投诉举报流程，拓展投诉举报渠道。一方面，可借助大数据、人工智能等信息技术对在线教育相关数据自动采集与智能分析。另一方面，可加大人工审核管理力度，从课程目标、教学设计、课程内容、教学方法、教学效果等方面对课程品质进行全方位评估，促进在线教育治理向过程化、智能化方向发展。可借鉴他国经验，建立面向社会和市场的信息公开制度，明确行业协会的主体地位，建立多元参与的在线教育问责机制，加强行业协会监管[1]。例如，对于师资缺乏认证、质量无法保证、师资信息缺失乱象问题，应增赋行业协会职权进行监管，建立对在线教育工作者的评估机制，进而提升社会组织监管的专业化水平。

三 技术层：技术赋能与平台建设

技术层强调的是在线教育智慧治理中的技术赋能和平台建设。智慧时代传统的人工治理模式已逐渐与在线教育催生的治理需求产生脱节，

---

[1] 林靖云、刘亚敏：《我国教育治理中的社会参与：困境与出路》，《现代教育管理》2020年第11期。

需要充分依托以人工智能、大数据、区块链、物联网等现代信息技术为代表的智能技术集合，实现在线教育智慧治理。例如，通过大数据的收集和分析建立起智能化的管理手段[①]。大数据技术可以收集并处理在线教育过程中的在线教育管理数据、教师教学数据、学生学习数据等诸多数据。首先，机构和学校可以利用大数据技术对组织内的教学行为进行实时监控，并对机构或校园中的各种管理数据进行精准分析，为机构以及学校提供可行性的在线教育运行机制。其次，利用大数据技术对教师教学行为进行监控并对教师进行综合评价，帮助教师针对不足进行教学整改，为教师成长提供精准指导，以帮助教师提升教学能力。此外，利用大数据采集、挖掘、分析和反馈等技术对学习过程数据进行收集和处理，通过学习者画像，提供个性化的评价与指导，促进精准教学的实现。同时，学校和平台可以建立学生数据管理中心，实时监控教学动态，通过数据捕捉，监控并干预学生的注意力表现，以提高学生的注意力和积极性。可见，技术赋能对形成在线教育治理的智能化、网格化、精准化具有重要意义。此外，还需统一管理教育平台、增加教育交互形式和建设治理智能平台，从而促进在线教育的健康发展。

（一）统一管理教育平台

在线教育平台作为在线教育的重要支撑，其设计与治理成为在线教育治理中的重要部分。目前，对在线教育平台应用调研显示，各地区对在线教育治理的理解存在差异，在线教育机构类型繁杂，在线教育平台多而乱、交互功能单一、系统不稳定，教育产品存在问题严重，不利于在线教育治理水平的提升，影响到国家管理体制改革的整体进展。因此，需借助现代信息技术，建设一个基于在线教育市场特点和多层次需求的多要素、多维度、全时域、多功能的数据驱动在线教育平台，充分利用和挖掘数据价值，推进数据的互联互通和共建共享；运用先进的数据治理理念，了解社会真实的在线教育治理深层次需求，提供多维度、跨部门、全流程的数据，推动在线教育治理走向数据化、科学化，为政府决策提供强力支持。此外，还需政府和教育行政部门充分整合在线教

---

① 南旭光、张培：《智能化时代我国高等教育治理变革研究》，《中国电化教育》2018年第6期。

育资源以及平台，实现在线教育平台的统一管理、维护与监管，从而实现在线教育治理的现代化发展。例如，2022年3月底上线的国家智慧教育平台，是集国家中小学智慧教育、国家职业教育和国家高等教育于一体的教育平台，该平台依托大数据、物联网、人工智能和云计算等技术，采用先进的智联网引擎技术，对课程的信息及学习的数据进行实时采集、计算和分析，为教师教学与学生学习提供定制化、精准化分析服务，在服务智能化、数据精准化和管理全量化这三个方面实现了技术创新与突破。

（二）增加教育交互形式

人工智能可以在增加教育交互形式方面发挥重要作用。首先，在线教育中，教师可以应用AI技术，实现人工智能与人类教师的协作教学[1]。人工智能可以将教师从在线教育中的机械、重复的脑力工作中解脱出来，成为教师有价值的伙伴[2]，成为在线教育的好助手，人工智能扮演助教的角色可以帮助教师智能出题、智能批改作业、进行薄弱知识分析等，减轻教师的负担。其次，人工智能通过人机自然交互，对学生在在线学习过程的行为感知、情绪识别以及注意力进行追踪，实时监控学生在线教育过程中的课堂表现，做学生的智能学伴。部分机构利用AI技术实时分析师生的专注力曲线，利用AI语音学习系统做出及时反馈等。此外，人工智能可以实现对学生精准评价。人工智能可以改变传统教育中的考试评价体系。目前，大部分在线教育仍沿用传统的评价体系，评价过程以考试为主，由教师开展，学生被动参与[3]。人工智能可以在很大程度上改善传统的教师评价问题，通过长期的数据监控、收集，自主对每位学习者进行精准画像，可以实现教育精准评价，为学生个性化学习提供帮助，促进教育评价的科学性。

（三）建设治理智能平台

建设在线教育治理智能平台可以借助物联网、大数据、人工智能、云计算等新兴技术，对在线教育服务机构提交的信息进行智能识别、校

---

[1] 刘震等：《继续教育的新形式：清华终身学习云课堂》，《现代教育技术》2021年第1期。
[2] 余胜泉：《人工智能教师的未来角色》，《开放教育研究》2018年第1期。
[3] 张生等：《人工智能赋能教育评价："学评融合"新理念及核心要素》，《中国远程教育》2021年第2期。

对，向社会各界提供机构资质认定、教师质量管理、课程内容把关、数据安全维护、市场行为监管、用户行为监督等一站式集成服务，真正做到智能化治理。尽可能地激发教育行政部门和学校、社会、家庭、教师的活力，调动社会提供教育资源和参与教育治理的积极性，提升在线教育治理服务效率和水平，实现治理事项全流程、全天候、全方位智能办理，优化各主体在线教育治理体验，使在线教育治理更合理、更高效、更精准，从而提高人民满意度。

例如，面向系统的教育人工智能应用平台基于教育管理信息系统，旨在实现学校管理自动化，为教师和管理员提供信息，为学生提供指导。从教育管理信息系统中提取的大数据也有助于制定教育教学决策。教育人工智能还显示出其基于学习者个性化需求和学习水平分析来策划跨平台学习内容的潜力。面向系统的教育人工智能应用平台主要用于监控学生在课堂上的注意力、跟踪出勤率和预测教师表现。人工智能在教育管理和教学中的应用主要有教育聊天机器人、学习分析应用程序和自适应学习平台等。教育聊天机器人是使用云服务和人工智能技术与人进行模拟对话的在线计算机程序，其教育应用包括促进学生入学、提供全天候信息、直接支持学习，其典型案例包括艾达（Ada）和迪肯精灵（Deakin Genie）；学习分析应用程序由英国开放大学设计的人工智能应用程序，通过分析该大学教育管理信息系统的大数据来预测学生成绩并识别有失败风险的学生；自适应学习平台系统提供后端人工智能功能支持标准教育技术，分析用户数据，并将其汇总，创建每个学生互动、偏好和成就的心理测量档案。面向学生的在线教育人工智能平台被誉为"第四次教育革命"的组成部分，旨在为全世界的学习者提供高质量、个性化和泛在的终身学习。主要包括智能辅导系统平台、基于对话的辅导系统平台、自动写作评估平台以及人工智能驱动的阅读和语言学习平台等。

1. 智能辅导系统平台

在线教育智能最常见的平台是智能辅导系统（Intelligent Tutoring Systems，ITS），其主要通过结构化科目的主题为学生提供个性化的循序渐进的辅导。一些智能辅导系统虽有利于监控学生学习情况，为教师提供采取行动的进一步和不间断的信息，但其设计引发了隐私权等人权问题。目前，全球有 60 多个商业智能辅导系统可用，包括 Alef、ALEKS、Byjus、Mathia、Qubena、Riiid 和 Squirrel AI 等。

2. 基于对话的辅导系统平台

基于对话的辅导系统（Dialogue-based Tutoring Systems，DBTS）利用自然语言处理和其他人工智能技术，模拟师生间的口语教学对话，完成在线学习任务；它采用苏格拉底式教学方法，借助人工智能生成的问题，引导学生自己解决问题，旨在鼓励学生参与阐述，达到对主题的深入理解。目前基于对话的辅导系统有 Auto Tutor（自动辅导），以及由 IBM 和皮尔森教育公司开发的 Watson Tutor（沃森导师）商业系统。

3. 自动写作评估平台

自动写作评估（Automated Writing Evaluation，AWE）利用自然语言处理和其他人工智能技术提供写作的自动反馈。自动写作评估方法包括形成性自动写作评估和总结性自动写作评估。目前，自动写作评估教育应用的示例主要有 e-Rater（"写作评分"系统）、Turnitin（"数字图书馆"平台）和 Smartmusic（"智能音乐"应用程序）。

4. 人工智能驱动的阅读和语言学习平台

阅读和语言学习工具越来越多地使用人工智能来增强其方法，如人工智能驱动的语音识别。人工智能驱动的语音识别系统检测并自动分析阅读技能，通常用于将学生声音与母语人士录音样本进行比较，以提供自动反馈来帮助学生改善发音。人工智能驱动的自动翻译可帮助学生阅读其他语言学习材料，并使来自不同文化的学生能够更容易地相互交流。人工智能支持的阅读和语言学习应用程序包括 AI Teacher、Amazing English、Babbel 和 Duolingo。

四　环境层：政策支持与社会参与

在线教育智慧治理环境层主要包括法律环境与市场环境两部分。在线教育治理体系需要政府、学校、企业、社会等主体的共同参与，政府的主导、相关企业的积极响应、消费者的权益保护、学校的自主自治、行业协会的监管，对在线教育治理均有其独到的贡献，并在效用上互补，这正是在线教育治理"共治"机制高级性集中表现，相较于单一主体的政府管理，多元参与的在线教育治理会带来在线教育治理的现代化以及更加优质、公平、高效、有序的崭新格局①，能够在协调各方利益的基础上对在线教育行业进行全方位、全时域、全维度的智能化、精准化、常态化治理，进而推动我国在线教育治理体系和治理能力现代化。在线教育治理实践中，政府如何落实相关政策，如何正确确立行业规则，各主体通过何种途径进行践行，都需要对在线教育治理的责任进行再认识。因此，需从政府、行业以及社会等层面着手，打造政府政策、行业规则和社会参与的大环境。

（一）政府政策

政府是维持在线教育行业生态健康发展的重要主体，平台的隐私保护、规章制度、收费标准、时长规定等方面都离不开政策法规的支持。为规范在线教育有序发展，2019年我国教育部等六部门联合发布了《关于规范校外线上培训的实施意见》，同年教育部等十一个部门联合发布了《在线教育规范发展指导意见》《关于促进在线教育健康发展的指导意见》等文件，国务院办公厅发布了《关于促进平台经济规范健康发展的指导意见》；2020年教育部副部长郑富芝提出各级教育行政部门要把网络环境治理工作摆在重要位置，深入推进网络环境治理工作，为在线教育未来的发展提出新要求②。然而，在线教育暴露的问题涉及教育、网络、市场、民事等多个领域，各领域的法规文件包括《中华人民共和国教育法》《中华人民共和国网络安全法》《中华人民共和国消费者权益保护法》《中华人民共和国民法总则》等，现有在线教育法律法规难以同时覆盖多方面的法律规范。政府及有关部门应综合考虑多领域的法律要求，结合在线教育平台实际需求，在已有政策基础上进一步完善法律法规，保障在线教育平台的教育服务、网络安全、市场稳定以及消费者与经营者的合法权益。此外，政府还应出台在线教育治理的指导文件及在线教育治理问责办法等政策和法规。党的十九届四中全会通过的《中共中央关于坚持和完善中国特色社会主义制度、推进国家

---

① 褚宏启、贾继娥：《教育治理中的多元主体及其作用互补》，《教育发展研究》2014年第19期。
② 曹建：《教育部、中央网信办联合召开涉未成年人网课平台及网络环境专项治理视频推进会》，中华人民共和国教育部政府门户网站，http://www.moe.gov.cn/jyb_xwfb/gzdt_gzdt/moe_1485/202009/t20200916_488295.html。

治理体系和治理能力现代化若干重大问题的决定》中明确提出，要建立健全网络综合治理体系，从而提高网络治理能力，落实互联网企业信息管理主体责任并营造清朗的网络空间①。因此，应从国家总体需求出发，遵循在线教育治理规律，保证在线教育治理具有针对性和规范性，确保在线教育治理的合法、合理、合规，促进在线教育治理精准、高效。

当前，在线教育行业仍存在"野蛮生长"的发展态势，市场缺乏清晰统一的准入门槛，迫切需要政府制定统一的标准规范，引导在线教育向规范化治理方向发展。在线教育标准体系主要包括在线教育资源标准、在线教育服务标准、在线教育机构标准以及在线教育从业人员标准四部分，这四个标准环环相扣，并接入统一的数据平台进行查询、共享、交换、更新。通过促使在线教育市场遵循规范统一的在线教育行业标准体系，将加速在线教育行业的优胜劣汰，进而推动在线教育服务的供给侧改革，扩大优质资源供给，促进在线教育高质量发展。

政府应转变行政职能，须从"划船者"转变为"掌舵者"，发挥其在在线教育治理中的宏观主导、协调作用②，积极推进制度创新，做好相关教育制度的"立"与"破"，以制度创新改善治理结构。将成熟的在线教育治理制度上升为教育法规，避免各地方各自为政、无法及时跟进在线教育内容资源的审核与监管的现象，减少采取"一刀切"舍弃在线教育平台利益链的举措③。为治理在线教育收费高昂、超纲教学、虚假宣传、欺骗消费等乱象问题，政府应主导建立在线教育收费公示制度，对在线教育违规违法收费行为进行严厉打击，出台具体整治细则，理清因果链、责任链，标本兼治，以维护市场的稳定与和谐，促进在线教育市场良性发展。

（二）行业规则

在线教育行业、协会建立在线教育行业发展规则，应严格遵循行业

---

① 张挺：《包容审慎视角下校外在线教育平台的法律监管》，《中国电化教育》2020 年第 2 期。

② 朱皆笑：《教育治理现代化研究热点及政策演进——基于 SATI 的可视化分析》，《教育科学研究》2017 年第 3 期。

③ 张兆曙、段君：《网络平台的治理困境与数据使用权创新——走向基于网络公民权的数据权益共享机制》，《浙江学刊》2020 年第 6 期。

自治原则，对违反行业规则的在线教育机构及平台进行整顿。目前，教育部相继发布了《关于规范校外线上培训的实施意见》《关于引导规范教育移动互联网应用有序健康发展的意见》《关于促进在线教育健康发展的指导意见》《教育移动互联网应用程序备案管理办法》等文件，但在线教育行业、市场仍缺乏清晰统一的准入门槛，迫切需要制定统一的标准规则，推动行业自律，改善行业生态。在线教育标准体系主要包括在线教育资源标准、在线教育服务标准、在线教育机构标准以及在线教育从业人员标准，这几个标准环环相扣，需要接入统一的数据平台进行查询、共享、交换、更新。通过促使在线教育市场遵循规则统一的在线教育行业标准体系，将加速在线教育行业的优胜劣汰，推动在线教育服务的供给侧改革，扩大优质资源供给，促进在线教育高质量发展。

推行依法治理，提升在线教育治理效能，须对其行业组织、在线教育教师、在线课程管理者、在线服务平台等在线教育治理对象进行严格把关。对在线教育教师的师资力量进行高标准考核，做到不虚假、夸大其师资力量。例如，部分机构建立对在线教育工作者的评估机制，定期对评估得分低的教师进行培训或淘汰。某机构依法对在线教师公布教师资格证编号，执证上岗，不聘用 K12 在职教师，外籍教师的聘用严格遵守国家法律法规，培训人员姓名、照片、工作经历和教师资格证等信息公示在课程界面的显著位置。

在线教育的课程资源是核心竞争力，而网校的课程资源产品要比传统的线下教育更加丰富多样，采用双师模式，利用 AI 辅助教学，学习方式不受时空限制。其课程内容经过专门部门审定，且不涉及与学习无关的内容及链接等。近年来，在线教育辅导机构特别注重在线教育用户的合法权益，摆脱了收费高昂、虚假宣传、欺骗消费等乱象，促进了在线教育市场的良性发展。

（三）社会参与

社会参与在线教育治理是规范在线教育持续健康发展的重要保障。目前，社会参与制度不够完善，社会主体的法律地位得不到保障，要走出社会参与在线教育治理的困境，亟须保障社会参与在线教育治理的大环境。2019 年 2 月，中共中央、国务院印发了《中国教育现代化2035》，强调要"推动社会参与教育治理常态化，形成全社会共同参与教育治理的新格局"。此外，社会公众是对在线教育感触最深的服务主体，最了解在线教育存在哪些现实问题。因此，需社会参与在线教育治理，精准定位在线教育存在的问题，实现精准治理并推动多元协同治理结构的完善，提高在线教育治理效率。

学生、教师、家长等社会公众是在线教育治理利益的密切相关者，凡是有关在线教育发展方向、政策颁布、重大改革和消费者切身利益的事项，都应充分考虑广大学生、家长、教师的建议。国家需制定相关法律法规对在线教育公司予以严格规范，广大社会公众也需提高警惕，在购买在线教育课程时，要查看该公司的资质、经营信息，了解运行状况；签订合同时理性思考，认真查看合同的内容，尤其要注意违约条款，避免一次性支付大额费用；妥善保存相关协议文本和交易凭证，与培训机构产生消费纠纷时，可到教育主管部门进行举报，也可向法院申请仲裁、诉讼，依法维护消费者合法权益[1]。通过合法的渠道，维护用户的权益，为在线教育的健康发展贡献力量。

（四）学校参与

学校的参与对于在线教育治理是必不可少的，学校对在线教育治理的参与度将直接影响学生学习的效率。近年来，"加强实践"是国家基础教育教学方式改革的一大着力点，也是培育学生核心素养的一条重要路径。伴随着信息化校园建设的推进，积极探索基于情境、问题导向的互动式、启发式、探究式、体验式等日常实践性学习活动，探索数字化环境在实践性学习活动中的应用空间。例如，设计"线上+线下"融合的实践性作业，将实践性学习评价纳入K12综合评价平台，完善实践性学习在网络空间中的过程性记录机制等[2]，都有助于学生在教育领域中的发展。

在学校开展在线教育的初衷在于运用现代教育技术手段，聚集优质教育资源，开放共享优质资源[3]。但学校在发展在线教育的过程中要避免演变成"超纲"学习，增加学生负担。盲目进行超纲学习，看似满足了学习者的个性化需求，实则罔顾学习者自身的基础，增加不合理、

---

[1] 梁婧媛：《治理教育培训机构乱收费》，《人民法院报》2021年2月9日第2版。
[2] 堵琳琳：《在线教育：学校改革的契机和挑战》，《江苏教育》2020年第90期。
[3] 都慧慧：《学校在线教育质量提升的路径研究》，《教学与管理》2021年第6期。

不健康的学习需要,危害了学习者的身心健康①。这违背了学校开展在线教育的初衷,也与教育循序渐进的规律相背离。在线教育治理过程中,教师要提高教学设计理论知识,形成规范的教学模式,提高教学的系统性和科学性;学校应该注重提高学生学习过程中的技术层的需求,避免因为技术的问题影响教育教学,同时合理规范学生的学习行为,及时解决在线学习过程中产生的各种问题。

政府政策、行业规则、社会参与、学校参与,都在在线教育治理过程中发挥着至关重要的作用,四者相互协作,共同作用于在线教育治理行业,促进在线教育治理的健康良性发展。

综上,在线教育治理应从组织层入手,强调政府的引导作用,发挥其元治理作用,同时发挥市场自治和社会监督的作用;技术层面,强调技术对平台开发的功能,统一管理教育平台,建设智能治理平台;环境层面,强调政策的支持与社会的参与;服务层面,强调市场监督和生态完善。因此,在线教育治理系统框架的构建以多中心治理理论、元治理理论和协同治理理论为理论依据,统筹学校、政府和社会的职责,充分发挥其领导作用,从组织层、技术层、环境层、服务层出发,打造出多元协同、精准高效的在线教育治理框架。

---

① 陈玲等:《个性化在线教育公共服务推进过程中的关键问题思考——对北京市中学教师开放型在线辅导计划的实践反思》,《中国电化教育》2019年第11期。

第六章
在线教育治理机制设计

在线教育治理的目的在于重拾社会对教育的满意度,重塑家长和学生对在线教育的期待感[①]。截至目前,在线教育领域产生的诸多问题与参与者的价值认知、执行力度以及教育质量等高度相关,需要从多视角创新在线教育治理机制。2015年,《教育部国家发展改革委财政部关于引导部分地方普通本科高校向应用型转变的指导意见》提出"建立学校、地方、行业、企业和社区共同参与的合作办学、合作治理机制"。《教育部2018年工作要点》提出"建立健全大数据辅助科学决策和教育治理机制"。2021年,《对十三届全国人大四次会议第5430号建议的答复》指出将进一步"健全完善在线教育监督监管长效机制"。一系列文件都强调了建立治理机制的重要性,设计科学合理的在线教育治理机制,可肃清当下在线教育病灶所在,采取智能化手段进行多维度治理。为此,本书运用智能分析决策机制助力在线教育治理科学决策;运用智能管理协商机制,协同在线教育主体的职责分配,加强数据管理;运用在线教育质量评估机制对机构、教师、课程等方面开展质量评估;运用在线教育数据安全保护机制,保障在线教育数据安全与网络环境安全。多方机制共同作用、协同发力,进一步提升在线教育治理水平和治理效果,具体如图6-1所示。

---

① 李芒、葛楠:《中小学在线教育病灶与治理》,《开放教育研究》2021年第4期。

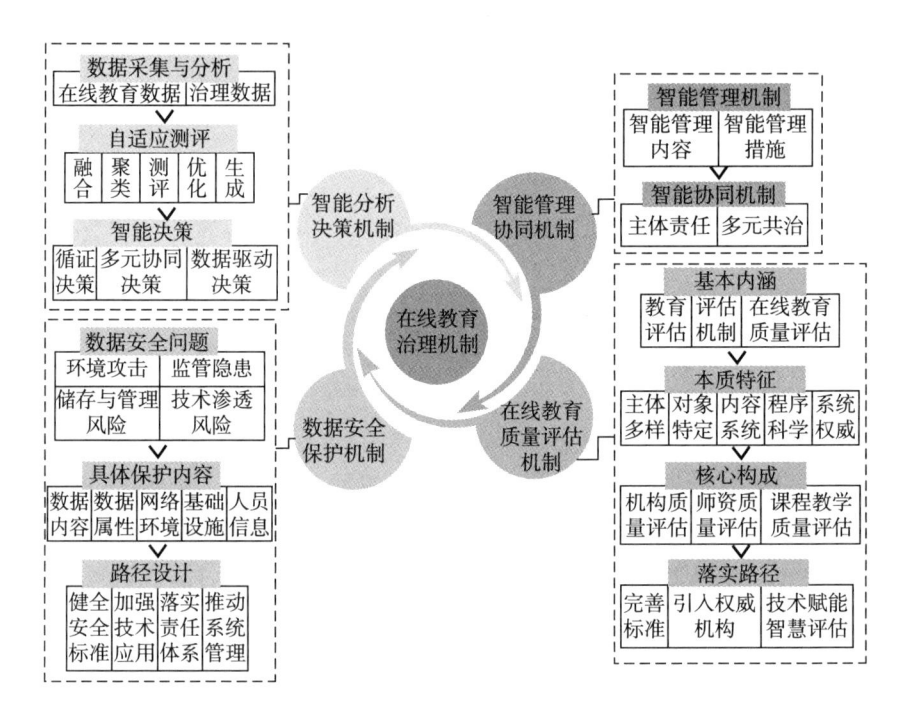

图 6-1 在线教育治理机制

第一节 智能分析决策机制

智能时代的在线教育治理应是智慧的治理，需要充分利用大数据、人工智能、区块链等现代信息技术，探讨人工智能应用在政府决策、行业分析、产品监控、资源整合、学习者分析等方面的智能决策分析机制，在采集大量在线教育及其治理数据的基础上，运用自适应测评技术对大规模数据进行融合、聚类、测评、优化，并生成证据信息，实现"数据—信息—证据"的转化，最终形成循证决策，实现数据驱动的循证治理，如图 6-2 所示。例如，2021 年西安电子科技大学在探索"智能教育"建设方面提出了"新治理"，通过构建分析模型和决策模型，搭建智能决策分析平台,助力提升治理能力现代化水平①。

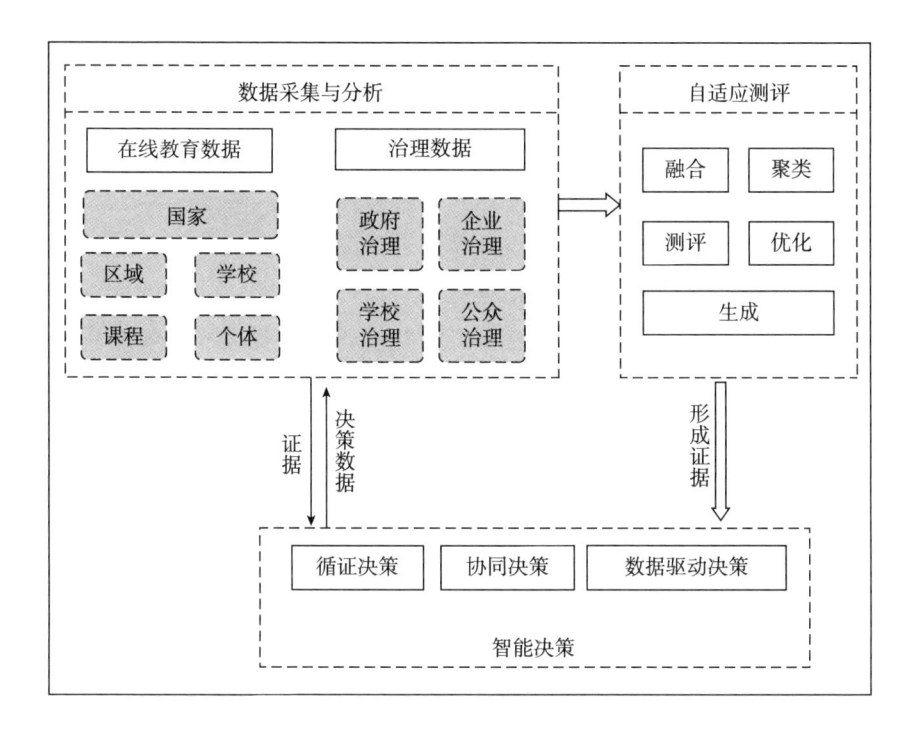

图 6-2　在线教育治理智能分析决策机制

一　数据采集与分析

在线教育治理过程中会产生大量的教育数据,如用户行为数据、学生基础数据、教职工基础数据等个人教育大数据,课程资源、课程作业、师生行为数据等课程教育大数据,学校管理数据、教育数据、设备和平台的使用维护等学校教育大数据,区域教育大数据,国家教育管理数据和教育决策数据以及政府、企业、学校、公众等主体产生的治理数据,这些庞杂的数据要求拥有高效率、安全化的信息收集手段,保证数据采集具有更强的实时性、连贯性、全面性和自然性,分析处理更加复

---

① 教育部:《西安电子科技大学探索"智能教育"建设推动新时代教育高质量发展》,中华人民共和国教育部政府门户网站,http://www.moe.gov.cn/jyb_sjzl/s3165/202201/t20220120_595340.html。

杂多样。因此，需要政府、企业和学校等多个治理主体发挥各自效能，合理分配数据采集与分析工作，针对基础层（存储国家教育基础数据）、状态层（存储教育装备环境与业务的运营状态数据）、资源层（存储各种形态的教学资源）、行为层（存储教育用户的行为数据）以及治理层（存储在线教育治理决策、过程和效果等数据）等数据，采取多样化的采集与分析手段，融入多种智能化技术，促进在线教育及其治理数据采集与分析更加高效、准确。通过测试评估、分析挖掘、调整适应等系统化流程对在线教育治理数据进行智能分析，不仅可以支持学生的个性化学习，还可以保障在线教育精准治理，提高治理效能[①]。一方面，利用智能分析技术不仅可以高效汇聚泛在海量的在线教育资源，并根据智能算法和规则构建科学、合理、有序、优质的数据资源库，还可以实现对学习者行为数据的监控、评估、诊断和干预，实时把控学习者的真实学情，及时给予学习者动态、精准、个性化指导。另一方面，利用智能分析技术在精准获取在线教育及其治理数据后，对其进行智能化、全面的比对分析，可以精准识别在线教育病灶所在，通过分析在线教育治理决策漏洞，提高在线教育治理决策能力。

在线教育治理智能分析机制的建立，可以保证在线教育治理工作的合理配置，促进数据的高效流通，提高在线教育治理效率，其作用具体表现在以下几方面：首先，在线教育治理智能分析机制可以保证在线教育数据的高效共享，保障不同平台数据或不同类型的数据活性得到最大限度激活，实现地区治理决策"一地一档"、学校管理"一校一档"、在线课程建设"一课一档"，在线教师发展"一师一档"、学生学习成长"一生一档"的数据监测目标，保证不同平台、不同部门间的数据得到高效共享、整合。其次，智能分析机制可以通过对数据的语义化分析以及精准跟踪，智能刻画学习者认知与非认知活动轨迹，分析学习者学习效果。再次，智能分析机制可以保障在线教育数据的合理分类和数据可用。通过汇聚泛在海量的教育数据，对其进行分层以及标签化处理，分析不同情境下的多源数据，清洗、过滤无效的数据源，为科学路

---

① 顾小清、李世瑾：《人工智能教育大脑：以数据驱动教育治理与教学创新的技术框架》，《中国电化教育》2021年第1期。

径的筛选提供依据，采用规范统一的数据规则，打破数据融合的壁垒，实现教育数据的高效流通，保障教育数据治理或决策的系统性和精准性。最后，智能分析引擎能够通过知识模型、学习者模型和教学模型等感知或捕捉教学多模态数据，并以规范统一的数据接口提供诊断与交互服务。例如，英国坎特伯雷大学Antoni ja Mitrovic等开发的EER-Tutor的智能辅导系统[1]，为建构学习者有效行为模型、诊断学习者过程性状态、提取有效教学干预策略等提供科学依据。

人工智能和大数据技术的发展满足了智能化数据采集与分析的需求。大数据技术具有强大的信息处理能力、数据分析能力和决策支持能力。人工智能、大数据技术可以对在线教育及其治理中学生的学习数据、教师的教学数据、在线教育平台的管理数据以及教育行政部门的教育政务数据等数据进行智能存储、整理，达到数据高效采集和海量存储的目的。通过对大数据的深度挖掘，可以为在线教育治理提供决策支持，对在线教育发展的现状和存在的问题进行精准识别，预判风险，为在线教育治理提供安全保障。

二 数据自适应测评

自适应是指改变个人以使个人的行为符合新的或者改变了的环境[2]。对在线教育治理数据的自适应测评，是在收集大量在线教育治理数据的基础上，通过数据融合、特征提取[3]等方法对数据进行智能分析，通过自适应控制策略，获取最佳在线教育治理数据，以形成最佳的在线教育治理决策的过程。在线教育治理数据在收集过程中，不是规则排序的，并未形成细致的分类或整合标准，导致收集到的数据无法直接用于在线教育治理决策。自适应测试能够对收集到的数据进行科学筛选，将原始数据转化为成熟可用的数据，实现对数据的模拟优化，为在线教育决策提供可续的证据，助力科学决策，因而对数据的自适应测试

---

[1] Arroyo, I., et al., "A Multimedia Adaptive Tutoring System for Mathematics that Addresses Cognition, Metacognition and Affect", *International Journal of Artificial Intelligence in Education*, Vol. 24, No. 4, 2014.

[2] Åström, K. J., "Theory and Applications of Adaptive Control—A Survey", *Automatica*, Vol. 19, No. 5, 1983, pp. 471-486.

[3] 朱军飞等：《配电网信息智能分析与自适应控制策略研究》，《电子设计工程》2022年第2期。

显得尤为必要。

截至目前，学界关于自适应的相关研究比较系统，自适应学习系统、自适应控制、自适应算法等成为自适应研究的主要领域。早在20世纪中后期，华盛顿与俄勒冈州的教育研究者就组成了自适应教育测评机构，并引入大数据技术和自适应学习共同研发了CPAA和MAP两大自适应系统[1]，致力为学生创建最优学习路径，搭建有效的学习支架，并形成系统的诊断报告，以满足自适应需求。CPAA（Childrens Progress Academic Assessment）适用于学前至3年级的识字和数学测评，以可视化、可听化方式考查学生学业水平和学业进步程度；MAP（Measures of Academic Progress）根据年级分为MPG（1—2年级）和MAP（3—12年级）两种形式，内容涵盖语文、数学和科学[2]。自适应控制在20世纪50年代出现，此后有很多学者尝试定义自适应控制[3][4]，但自适应控制的研究基本集中在器械、电子等领域，用以根据过程的动态变化和干扰改变其行为。随着大数据、人工智能的发展，自适应算法也被广泛应用于多种领域。

在线教育及其治理过程中通过平台可以记录学习者的结构化和非结构化的学习行为数据和在线教育治理行为数据，这些数据往往表现为大规模、多样化，但收集后的数据仅仅是信息和知识的原生素材。数据只有通过系统化、专业化的分析后才具有一定的价值，实现数据的价值增值需要更加专业的数据测评手段。在线教育数据的质量影响着在线教育决策的质量，因此对在线教育治理数据的自适应测评成为必然。一个完整的自适应系统应该包含数据特征的提取、高质量数据挖掘、自适应适配以及演化调整[5]。首先，在收集大规模在线教育治理数据后，通过对

---

[1] 张钰、王珺：《基于美国NWEA的自适应教育测评及其启示》，《教学与管理》2019年第4期。

[2] 蔡敏、高晓宇：《美国中小学生学业评价MAP系统及其启示》，《辽宁师范大学学报》（社会科学版）2016年第5期。

[3] Truxal, J. G., "Theory of Self-adjusting Control", *Proc. 2nd IFAC World Congress*, 1964.

[4] Saridis, G. N., J. M. Mendel, et al., "Report on Definitions of Self-organizing Control Processes and Learning Systems", *IEEE Control Systems Society Newsletter*, 1973.

[5] 代浩等：《数据驱动的应用自适应技术综述》，《计算机研究与发展》2022年第11期。

多源数据的融合将原始数据转化为成熟的数据。其次，在数据预处理之后，针对在线教育治理需求，提取一定的特征向量，并完成数据的聚类分析，优化治理数据结构。再次，通过智能分析，在线教育治理数据已呈现出一定的价值，不再是散乱无规则的数据，运用自适应测评技术可以对此时的在线教育治理数据进行综合测评。最后，结合在线教育治理的现实需求和已有成效，关联多样化数据可以对已有的数据进行模拟优化，测试决策数据的科学性与价值性，最终通过多轮测评形成在线教育治理决策证据，助力科学决策。

三 智能决策分析

智能时代，需要通过智能化手段，实现在线教育治理决策的精确与高效。例如，人工智能教育大脑融合了规模化的数据、深度学习的算法以及高度的计算力，可以通过科学规范的数据聚类、数据认知、决策优化等过程，挖掘教育数据的复杂性关联和潜在价值，启发数据决策理念、决策主体以及决策过程的智能化和适切化，这在在线教育治理领域存在一定的适切性[1]。

（一）循证决策

大数据环境下，运用数据决策理念可以保证在线教育治理由经验决策走向循证决策，经由"提出问题→获取证据→评价证据→应用实践→效果评估"的科学流程，指向准确的最佳教育证据筛选与应用，保障在线教育治理决策有据可循。所谓循证决策（Evidence-Based Policy Making，EBPM），是指公共政策制定建立在科学的证据之上，以助力政府制定科学的公共政策，其中"循证"的概念最先出现在医学领域，随后扩展到政府决策[2]。1999年英国布莱尔政府公布《政府现代化白皮书》，强调政策应是基于证据的理念，随后循证决策在国际公共政策领域得到了广泛关注。循证决策提出并得以发展的根本原因在于它从内在逻辑上对传统公共政策的创新和超越，而大数据等技术的发展为政策证

---

[1] 顾小清、李世瑾：《人工智能教育大脑：以数据驱动教育治理与教学创新的技术框架》，《中国电化教育》2021年第1期。
[2] 魏景容：《大数据时代循证决策研究：一个分析框架》，《中国科技论坛》2020年第7期。

据的快速搜集和大规模存储提供了可能[1]。循证决策强调的是"信息"向"证据"的转换[2]，强调的是用科学的方法获取客观的证据作为政府决策的依据。数据和信息是科学制定决策的基础，与过去的人工收集数据和信息相比，智能时代的政府在数据收集、管理和应用的深度和广度都有了突破性的提升，大数据技术的出现使数据的获取方式变得更加丰富、便利和低成本，为公共政策制定提供了技术基础。在线教育治理过程中，平台使用数据、教师教学数据、学生学习数据、资源利用情况数据、在线教育治理过程和成果数据等都可作为教育决策的重要证据，而大数据技术和人工智能等技术在多模态数据的收集、分析、挖掘以及可视化呈现方面均有独特的优势。面向在线教育开展及其治理过程中的现实问题，通过获取、收集在线教育治理相关数据，经分析、测评后形成科学的政策信息以促进在线教育治理精准决策，最终将决策应用于治理实践中，验证治理效果，形成完善、科学的治理决策。

（二）多元协同决策

在线教育治理中的决策主体应转向"去中心化"的多元协同机制，教育工作中的政府、学校等主体通过协同完成数据收集、组织与分析等环节，精准定位并预测教育数据链的需求与供给，满足每位受教育者的个性化需求。有效证据的产生与扩散以包括政策制定者与执行者、专家系统、公众以及利益集团在内的相关方之间的一系列稳定机制为前提，反过来有效证据的产生与扩散又依靠循证决策机制维持着不同主体之间的有机联系与有效互动[3]。这也是多中心治理理论所倡导的，社区、市场、公众等共同作为治理的中心，形成多个中心协同管理公共事务，权力回归民众的公共事务治理。在线教育治理的决策过程中，政府、市场、学校、公众等利益相关者协同参与政府治理决策的各个过程。相对

---

[1] 张云昊：《循证政策的发展历程、内在逻辑及其建构路径》，《中国行政管理》2017年第11期。

[2] 周志忍、李乐：《循证决策：国际实践、理论渊源与学术定位》，《中国行政管理》2013年第12期。

[3] 郁俊莉、姚清晨：《从数据到证据：大数据时代政府循证决策机制构建研究》，《中国行政管理》2020年第4期。

于其他主体而言，公众在参与在线教育治理过程中，更能切身感受在线教育的真实需求，可以为在线教育治理决策的制定提出反馈与建议；对于学校而言，作为在线教育开展的主要场所，各学校根据在线教育开展状况，了解在线教育的痛点、难点，为政府治理决策提供意见；对于市场而言，可以做到对市场中在线教育平台软件的应用现状及应用效果进行充分了解，对在线教育治理过程中的平台和资源建设提出建议，为在线教育提供安全、可靠的发展环境。对于政府而言，在线教育中的各利益相关者从不同方面为在线教育治理决策提供针对性的建议，政府通过一定的技术手段，将各主体的数据以及建议进行有效整合，最终形成科学、高效、精准的在线教育治理决策体系。

（三）数据驱动决策

在线教育治理决策过程应是数据智能驱动的科学决策，以规模化的数据和智能算法作为中介，将教育数据表征为信息，进而将信息转化为行动知识，最终生成洞见的智慧决策方案[1]。《关于政协十二届全国委员会第五次会议第0340号（教育类034号）提案答复的函》中曾提出"推进国家教育科学决策服务系统应用，加强对教育大数据的研究，利用大数据应用服务教育决策，提高教育决策的科学性"。人工智能、大数据、云计算等技术已经在教育领域得到了充分的发展，教育领域的创新与突破需要借助智能化的手段。在在线教育治理决策方面，智能化的决策手段可以帮助管理者精准识别在线教育治理的政策问题、灵活设置在线教育治理政策议程的优先级、优化在线教育治理的政策规划方案、推动在线教育治理决策的合法化[2]。数据驱动的智能决策是以收集在线教育及其治理过程中的大规模数据为基础的，通过对数据的组织、分析、总结并通过数据的测评以获取最终的在线教育治理决策信息，最终形成科学决策的过程。在数据驱动智能决策的过程中，依托的是对于数据的采集、分析与测评，最终形成有利于政策决策的科学性与准确性信息，助力在线教育治理科学决策。

---

[1] 顾小清、李世瑾：《人工智能教育大脑：以数据驱动教育治理与教学创新的技术框架》，《中国电化教育》2021年第1期。

[2] 魏景容：《大数据时代循证决策研究：一个分析框架》，《中国科技论坛》2020年第7期。

在线教育治理智能分析决策机制要求在顺利收集大规模数据的基础上，智能分析、测评并获取高质量的证据信息，以保障在线教育治理决策的科学性与准确性。首先，在线教育及其治理过程中会产生大量的数据，而决策数据的产生依赖于对于这些数据的科学分析，最终获取对治理决策有用的信息。其次，在线教育治理决策的最终目标是寻找在线教育治理的最优化决策方案，智能决策可以针对不同的决策方案的治理效果进行仿真模拟，并且每个决策方案可根据不同的决策环境进行模拟计算，使决策者对不同政策进行比较，寻求最优化的决策方案。最后，智能决策可以针对在线教育治理决策的实施效果进行复盘，寻找关键变量及在线教育发展演变过程，并不断提高决策的智能化，从而不断提高治理决策实施效果评估的科学性和准确性，准确评估短期利益和长期利益的大小，扫清决策迷雾，减少重大决策失误的可能性。

第二节　智能管理协同机制

在线教育治理是一项复杂的系统工程，需要智能技术辅助，以实现各主体及治理数据的智能管理。近年来，我国在多个文件中强调了将智能技术应用于治理工作中。2019年，教育部办公厅发布了《关于"智慧教育示范区"建设项目推荐遴选工作的通知》，将"利用人工智能和大数据等新技术提升现代教育治理能力"作为建设重点；2020年，《职业教育提质培优行动计划（2020—2023年）》强调推动信息技术和智能技术深度融入学校管理全过程。在大数据、人工智能、区块链等技术日益发展的今天，在线教育治理的智能管理工作呈现了更多的可能性。多元主体治理工作的协同管理、在线教育治理数据的管理、在线教育平台及其用户的管理、安全隐私管理等都朝着智能化方向发展。然而，智能化的管理离不开多元主体的参与，因此有必要构建在线教育治理智能管理协同机制，以促进在线教育治理工作的有序进行，如图6-3所示。

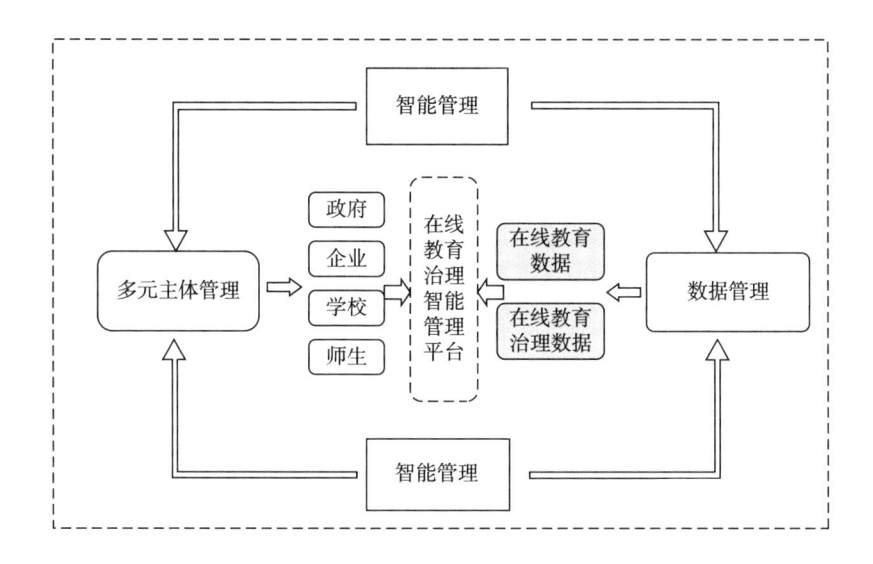

图 6-3　在线教育治理智能管理协同机制

一　智能管理机制

随着在线教育的深入发展，数据安全问题得到了广泛关注。近年来，在线教育的大规模开展以及在线教育软件的多样化，使在线教育师生信息和学习数据被不同的软件平台记录和存储，在保证在线教育记录全程留痕的同时，也带来了数据泄露的风险。例如，2020 年 4 月，河南、陕西、山东等多所高校的数千名学生个人信息被企业冒用以达到偷税漏税的目的。2021 年 2 月，某地网警在"净网 2021"专项行动中查获 10 万余条中小学个人信息被非法泄露。诸多数据泄露现象表明我国教育数据管理方面存在漏洞，因此亟须依托智能化技术，推动在线教育治理数据管理的智能化、安全化。

（一）智能管理内容

在线教育治理需要智能化的管理，不仅仅是对在线教育治理数据的管理，也是对多元治理主体的管理。

一方面，在线教育治理过程中，政府的单一治理已无法满足智能时代在线教育治理的需求，政府、企业、学校、师生、社会公众应积极参与多元协同治理。然而在现实治理过程中，各主体间的协同存在错位情况，由于部分地方、组织或企业对国家政策的不重视，"上有政策，下有对策"的心理，导致了治理工作的衔接出现问题。例如，《关于进一步减轻义务教育阶段学生作业负担和校外培训负担的意见》（以下简称"双减"政策）实施以来，机构违规补课，学校违规布置作业等现象仍然存在。例如，2022年寒假期间，北京西城区通报了某机构违规开设寒假培训班组织学科类培训。因此，需要政府统筹好各治理主体的职责范围，实现对各主体的智能化管理，保证各主体的治理着力点一致。

另一方面，随着教育大数据的发展，学生数据、教师数据以及在线教育治理数据等大规模数据被存储于云端，数据安全亟须得到有效保障。尤其是在线教育过程中，师生的数据被存储于各大平台，由于平台的来源较为广泛，难免出现因技术原因或不良软件造成师生数据泄露。《2019年第一季度信息通信行业网络安全监管情况通报》中统计显示，第一季度主机受控、数据泄露、网页篡改等安全事件约93.5万个[1]。近年来，教育机构泄露个人信息的现象也时有发生，如2020年江阴市市场监管局发现辖区某教育培训机构通过不明渠道收集14万余条中小学生个人信息[2]；2021年12月，由于某品牌超级计算机的备份错误，导致日本京都大学丢失了约77TB的研究数据[3]。一系列的数据安全事件值得警醒，技术快速发展的时代，探讨如何解决数据安全问题已越发重要，对在线教育及其治理数据的规范管理也变得越发重要。

（二）智能管理措施

大数据、人工智能、5G等技术的不断发展，为教育的智能化管理提供了帮助，依托多种技术的政务数据平台、教育教学管理平台等陆续投入使用，教育管理越加智能化。例如，2019年宁夏回族自治区以建设全国"互联网+教育"示范区为契机，积极探索智能管理，提升教育治理能力，建成教育督导、学籍管理、学生资助、决策支持、全面改

---

[1] 网络安全管理局：《2019年第一季度信息通信行业网络安全监管情况通报》，中华人民共和国工业和信息化部，https：//www.miit.gov.cn/jgsj/waj/gzdt/art/2020/art_6620be6a029246e49064da31b7438642.html。

[2] 蔡铁、薛庆元：《收集14万余条学生个人信息培训机构被罚30万元》，《中国消费者报》2020年6月11日第1版。

[3] Bill Toulas, "University Loses 77TB of Research Data Due to Backup Error", https：//www.bleepingcomputer.com/news/security/university-loses-77tb-of-research-data-due-to-backup-error/.

薄、营养改善计划等 21 个教育管理系统,实现全区中小学生的智能化管理①。2022 年 3 月上线的国家智慧教育公共服务平台,涵盖了中小学、职业教育和高等教育各个学段,促进了在线教育资源的整合。但目前的平台多用于公布政府、行业信息、教学资源管理或学生学籍管理,数据来源不够全面,数据分析模块的智能化程度不高。

为此,需打造一体化的在线教育治理智能管理平台,不仅要包含各行政单位、组织以及个人的人员管理,更要包含在线教育治理的全面数据,并智能分析在线教育治理数据特征,实现治理数据的自动聚类。首先,在数据管理方面,一体化在线教育治理智能管理平台可以将所有的治理数据和在线教育数据统合到一起,根据在线教育教学数据、在线教育管理数据、在线教育市场数据、在线教育决策数据等多种类型数据进行分类整合,保证数据的统一管理和透明化、可视化呈现。其次,所有主体均会被置于一体化在线教育治理智能管理平台之上,所有治理工作均基于平台进行分配调度和工作汇报,各主体的治理数据均会在平台上透明展示,可以保障在线教育治理工作的透明化管理。最后,对于公众参与治理方面,平台可以收集公众的反馈意见,通过智能识别,将不同的反馈问题智能分配给不同的权责主体,并实时跟踪主体治理进展,以保障在线教育治理更具有针对性,提高在线教育治理主体的积极性。

二 智能协同机制

社会治理不是政府单方面的事务,而是政府、公民、社会的共同事务,治理过程也不是自上而下的单向度管控,而是多元主体的平等协商与合作②。近年来,我国政府也多次发文强调了多元协同治理的重要性,然而在教育治理的实践中多元协同不易实现。以"双减"政策为例,国家针对"双减"发布了多个文件以指导中小学学生减负和校外培训机构转型,但仍有大量的违规机构存在。国家与地方政府的政策衔接,地方政府与地方各学校以及机构的衔接存在较多问题,部分学校领导对"双减"政策置若罔闻,导致了学生并未完成真正意义上的减负、

---

① 《宁夏回族自治区推进"互联网+教育"全覆盖建设公平而有质量的教育》(教育部简报〔2019〕第 20 期)。
② 费红辉、吴进:《治理现代化视域下社区教育融入城镇社区治理的"必然"事实和"应然"价值》,《成人教育》2022 年第 3 期。

减压，有些学校甚至为了应付政府的检查伪造虚假数据，干扰家长正常填写减负调查问卷。在线教育治理过程中，国家政策与地方实践脱轨的现象需要每位教育工作者和政府工作人员反思，需要我们积极打造更加高效的多元协同协商机制，科学分配主体职责，实现在线教育治理工作的高效衔接。

（一）主体职责

在线教育治理需要的不仅仅是政府的顶层规划与宏观调控，更重要的是在政府的统整下，企业、学校、师生等主体参与到在线教育治理工作中，打造多元协同治理的新模式。在线教育治理中，不同主体具有不同的职责。政府治理作为一切治理工作的前提，起到顶层设计、宏观调控以及协调各主体的作用，依托大数据、人工智能等技术，在多元主体的协同协商下完成在线教育治理政策决策的制定、法律法规的出台、整体治理规划的制定。企业作为在线教育资源的提供者和在线教育的受益者，在治理过程中担负着重要职责。在线教育市场环境的优化、市场安全的保障、市场资源的质量保障、市场收费的标准制定均离不开企业这一主体，企业需要根据政府政策内容，不断革新在线教育市场形式，实现在线教育市场的有效治理。智能技术以及在线教育市场的飞速发展，给学校带来了多样化的教学模式，在线教育成为学校教育的重要部分。学校在引进教学平台和软件、管理在线教育学生、规划与设计在线教育教学等方面应承担相应职责，在保障教学效果提升的同时，保障师生的数据安全。师生是参与在线教育的最庞大的群体，在线教育数据也基本由师生产生。教师在承担在线教学的同时，既要保障自身的信息化教学素养，又要保证合理的在线教学设计，同时根据自身在线教学经历，为在线教育治理工作贡献力量。学习者作为在线教育中最重要的主体，一切教育活动的开展都离不开学习者的参与。在线教育治理的目的是让学习者更好地学习。因此，学生首先要做到的是发挥自身的主动性，自主学习相关材料，自主拓展学习，真实地填写政府或在线教育行业调查问卷，客观反映在线教育中存在的问题，为在线教育治理献智献策。

（二）多元共治

1. 多元协同的必要性

智能时代，在线教育这一新型教育形式得到了广泛的传播与发展，不仅带动了线上教学机构的发展，也带动了各种在线教育平台的发展。企业、机构、平台、学校和师生的教学形式均发生了重大变化，在线教育治理工作变得更加复杂。虽然政府对市场的单一治理具有权威性和强制性，但对于复杂的在线教育系统，单一的政府治理显然存在很大的弊端。首先，政府对于在线教育市场的规模和发展态势无法做到全面的了解，并且其政府部门参与在线教育治理的人力、物力均存在较大的局限性。其次，政府对于在线教育治理的专业知识和经验较为缺乏，无法全面考虑在线教育治理的工作要点。最后，政府的各部门之间存在职责重叠和空白的情况，部门间的相互推诿的情况时有出现。因此，政府单一的力量已不足以解决在线教育治理中的各种问题，与企业、学校、师生等形成相互合作、互相协同的多元治理模式成为新的治理方向。

在政策方面，我国已出台多个文件强调了多元协同治理。2018年《关于加快建设高水平本科教育全面提高人才培养能力的意见》提出"加快形成多元协同的高等教育云服务体系"。2019年《关于促进在线教育健康发展的指导意见》提出了要"坚持多元治理""形成政府引导、机构自治、行业自律、社会监督的在线教育治理格局"。《关于加强互联网信息服务算法综合治理的指导意见》也提出"形成有法可依、多元协同、多方参与的治理机制"。可见，多元协同治理已经成为当前治理的必然趋势。然而实践表明，多元协同治理会出现参与共治的各主体投入力度不一致、合作深度不够、协作流程不顺等问题[1]。例如，《关于进一步减轻义务教育阶段学生作业负担和校外培训负担的意见》，对学生作业负担和校外培训机构进行了规范，但在"双减"落实中，许多学校存在各行其是、制造虚假数据等现象，导致了不同主体协同的错位，需要打破传统的治理模式，打造更深层次的多元协同共治模式。

2. 多元共治具体举措

在线教育治理中，政府、企业、学校以及师生均发挥着重要作用，

---

[1] 杨海燕：《社会组织如何参与县域教育共治——四方协同治理机制分析》，《教育科学研究》2020年第11期。

此前的政府单一治理已无法满足在线教育治理的需求，企业、学校以及师生的高效参与成为在线教育治理的必然途径。针对当前多元治理工作存在的不足，需要重塑在线教育多元协同治理模式，寻求更加智能高效的多元共治措施。

首先，政府是政策法规的制定者，是治理工作的统筹者，是市场的审查者，一切治理工作的前提是按照国家的政策文件要求执行，政府在在线教育治理工作中起着决定性作用。一是政府决定着在线教育治理政策决策以及法律法规的制定。政府根据在线教育市场发展的现状，收集大量的在线教育数据，总结在线教育治理成效与不足，依托智能技术，分析处理各种数据，最终获取有用的决策数据，完成科学决策，制定在线教育治理相关政策。二是政府作为治理工作的统筹者，起到连接各主体的作用。政府在治理工作中起到"元治理"的作用，也就是"治理的治理"①，政府可以对各主体的治理行为进行统筹与规范，调动各主体参与在线教育治理工作的积极性，并规范各治理主体在线教育治理工作流程，保障多元治理工作稳定、高效。同时，政府行使对企业、机构以及学校的审查权力，针对企业、部门等的资格申请与审核进行严格管理，保障政府对于各主体的元治理。三是智能时代的在线教育治理要求打造智能化政府，对于治理工作中的各项事务，进行智能化处理，助力打造智能化在线教育治理平台，可以提高在线教育治理工作的效率。通过平台进行主体职责的分配与监督，保障各主体间数据的高效流通，让治理工作"少走弯路"。

其次，企业作为在线教育平台的打造者和在线教育的受益者，其既是在线教育的治理对象，又是在线教育治理的主体。作为在线教育治理的对象，企业应严格遵循政府的政策决策，积极配合政府相关工作，与政府打造在线教育市场行业，协同政府打造智能化的在线教育治理平台。作为在线教育治理的主体，企业应积极发挥治理主体的职责，优化企业内部文化，打造健康优质的在线教育产品，积极分析在线教育发展趋势，收集关于在线教育产品的各种问题并进行不断优化，在自身获利的同时为在线教育的健康发展发挥重要作用。同时，在线教育企业需要

---

① 张文江：《"元治理"与中国特色大学治理体系》，《现代教育管理》2019年第5期。

积极了解大数据、人工智能、区块链等智能技术，积极探索并将智能技术融入在线教育平台中，实现师生数据的可视化呈现与数据的追溯，保证师生在线教育的过程性数据得到更好的呈现。针对新技术应用的安全性问题，企业也应充分考虑新技术应用于教育平台时所带来的隐私泄露和数据滥用等问题，积极探索多种加密技术，保障在线教育数据的安全性。

再次，学校是连通学生与其他主体的桥梁，也是学生学习的主要场所。教育形式的不断变革，使在线教育成为学校教育的一部分。在线教育实施情况如何，如何改进，在线教育和线下教学如何分配等问题均需要学校系统规划实施。在线教育平台的引入与应用需要学校的严格把关，在线教育资源的获取需要学校的严格筛选，学生在线学习行为需要学校的严格把控。简而言之，一切可以让学生接触到的在线教育产品、资源，均在学校严格把关之后，才能被应用到教育教学中。在线教育治理工作中，学校要做的不仅是积极响应政府政策决策的号召，配合政府完成各项学生工作，帮助政府收集学生在线学习数据，助力政府政策决策，还应积极打造多元化的优质在线教育资源，探索优质的在线教育模式，助力学校教育的积极变革。学校通过建立学习资源中心，打造数据处理中心，为学生学习提供优质化的在线资源，严格管理学生的学习数据，在提升学生学习效果的同时，保障学生的数据安全。

最后，师生是在线教育中参与度最高、收益最高的两大群体，在线教育中的"教"与"学"正是由这两个群体组成。教师应自觉提升个人专业素养和在线教学能力，能够根据教学内容选取最优化的在线教学产品和优质教学资源，不断反思在线教育中存在的问题，在教学实践中不断优化在线教育教学，提升在线教育效果，同时将在线教学中的问题经学校或直接反馈给政府平台以帮助政府和学校助力科学决策并完善教学模式。在线教育治理中，除政府、企业、学校以及教师外，学生在治理过程中也应具有发言权，学生可以将在线学习过程中的诸多问题反馈给学校，将在线教育治理的相关建议以不同途径向政府或学校等主体反馈，助力在线教育的改进，促进政府决策数据来源的广泛性和全面性，助力政府科学决策。

构建多元共治的智能协同机制，以政府治理为主导，统筹企业、学校以及师生等多元主体，形成有据可循、全面的治理政策决策，各部门合理分工，积极配合并协同政府相关工作，不仅可以解决单一政府治理中各部门间交叉工作、相互推诿的现象，以及单一政府治理人力、物力限制问题，实现在线教育治理工作合理分配，还可以提高在线教育治理的科学性和高效性。各主体相互协同、相互补充，扩大了数据获取的覆盖面，保障了基于数据决策的科学性。同时，在线教育治理中多元主体的协同与分工，数据的统合与整理均会基于智能管理平台，最终实现在线教育治理的智能协同管理。

第三节 在线教育质量评估机制

直播教学、录播课程、大规模开放课程等教育形式为师生带来便利的同时，也加速了资本力量的卷入，众多在线教育平台或机构纷纷投入大量精力研发并打造特色在线课程。然而，资本旋涡下的在线教育从一定程度上暴露了教学质量不高、资源质量良莠不齐等问题，在线教育质量亟须提升。教育部在《关于大力加强中小学线上教育教学资源建设与应用的意见》《关于促进在线教育健康发展的指导意见》等政策文件中多次强调要提升在线教育质量。但提升在线教育质量、打造高质量在线课程的关键点在于如何科学、有效地判断在线教育的质量层次，为此开展在线教育质量评估，提升在线教育质量刻不容缓。基于此，本书设计了在线教育质量评估机制，从基本内涵、本质特征、核心构成、落实路径四部分论述在线教育质量评估机制的逻辑机理与运行原理，以期为提升在线教育质量提供理论依据，具体如图6-4所示。

一 基本内涵

（一）教育评估

评估是一种对事物进行价值判断的活动。评估理论自兴起便受到各领域的广泛关注，在教育领域普遍应用后，教育评估自此受到众多学者的重视。美国著名评估专家埃贡·G. 古贝（Egon G. Guba）和伊冯娜·S. 林肯（Yvonna S. Lincoln）在专著《第四代教育评估》中提出，教育评估是对被评事物的价值赋值，本质是通过多元主体协商而进行共

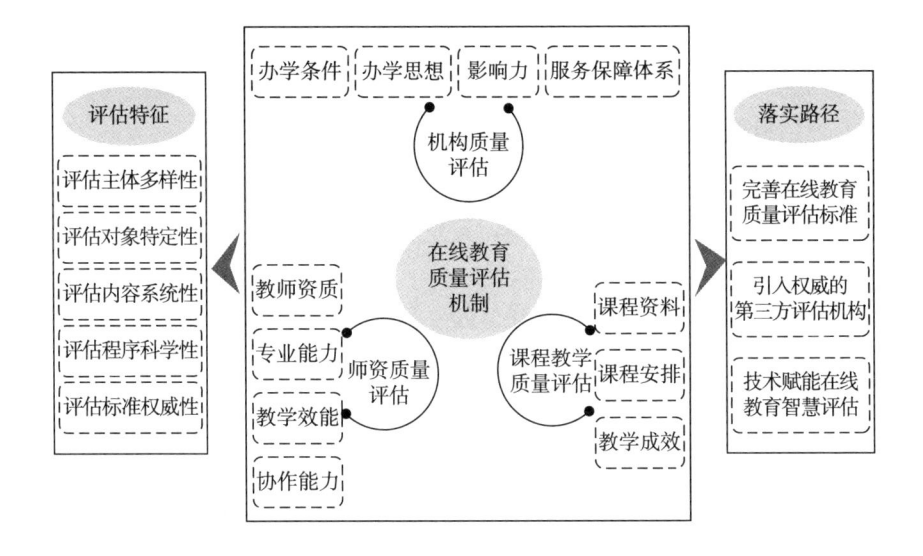

图 6-4　在线教育质量评估机制

同心理建构的过程①。陈玉琨在其著作《教育评价学》中指出,教育评估是对教育活动满足社会与个体需要程度作出判断的活动,是对教育活动现实的或潜在的价值做出判断,以期达到教育价值增值的过程②。教育评估强调利益相关者的多元主体参与和协商合作,在评估过程中尊重利益相关者的差异化判断,通过不断地交互来共同建构公认的、一致的评估观点。

(二) 评估机制

"机制"一词最早是描述机器运转过程中各个零部件之间相互联系、互为因果的联结关系及运转方式,后在自然科学中泛指一个复杂工作系统(如某些自然现象的物理、化学规律)的作用原理、作用过程及其功能,或指自然系统的机构构成和工作关系,目前常被人们应用于政治、经济、文化、教育等社会科学领域,用以探究系统内部各要素之

---

① Egon G. Guba and Yvonna S. Lincoln, *Fouth Generation Evaluation*, London: Sage Publications, 1989, p.9.
② 陈玉琨:《教育评价学》,人民教育出版社 1999 年版。

间相互作用、相互制约、相互联系的形式①。机制既包含内部要素变化的原因与规律，也包括外部因素对事物变化的影响与作用方式。由此可见，评估机制可视为实现预期评估目标的行为过程，包括评估系统内部评估主体、评估对象、评估方法、评估目标等要素之间的联系，以及外部环境对评估行为有效程度的制约和影响。

（三）在线教育质量评估机制

在线教育质量评估是教育评估的一种具体表现形式，是对在线教育质量的综合价值判断过程。国际标准化组织（ISO）将质量明确定义为"实体满足明确或隐含需要的能力的特性之综合"，其中实体指"可单独描述和研究的事物"。在线教育质量是质量这一概念引入在线教育领域的衍生理论，是一种可被加以测量、达成客户期望、可数量化的价值特性。在线教育质量是在线教育机构在遵循教育规律基础上，通过其培养的人才、创造的知识以及提供的服务等，进而达到的满足客户明确或隐含需求的程度。结合教育评估与机制的概念，在线教育质量评估机制可概括为对在线教育满足客户明确或隐含需求的程度进行价值判断的行为过程。具体而言，在线教育质量评估是由政府、行业、学校、社会等利益共同体构成的评估主体，依据科学的质量评估标准与质量原则，采取合理的评估方法，对在线教育机构、教师、课程等评估对象，围绕机构质量、师资质量、课程教学质量等内容作出系统性价值判断，从而提升在线教育质量的实践行为。

二 本质特征

在线教育质量评估包括评估主体、评估对象、评估内容、评估程序、评估标准等要素，各要素环环相扣、共同构成完整的在线教育质量评估。各要素是开展在线教育质量评估的前提，同时各要素的特点也决定着评估的性质与结果，在线教育质量评估中，评估主体往往是多元、多样的，评估对象具有特定指向性，评估内容在系统性的设计中层层递进，评估程序在科学指导下徐徐展开，评估标准由专业人员制定，具有权威性与指导价值。

---

① 蓝勋：《本科高等教育"质量工程"项目实施的后评估机制研究》，硕士学位论文，广西师范学院，2011年。

(一)评估主体的多样性

评估主体主导整个评估过程的展开。在线教育质量评估过程中,评估对象、评估方式、评估内容、评估标准等影响评估结果的要素都是由评估主体协商决定。评估主体决定了在线教育质量评估的有效程度,合理的主体构成直接关系到在线教育质量评估的有效性与科学性。在线教育质量评估遵循教育评估的理念,强调多元主体协同参与,所有利益相关者的差异化需求都应被尊重,通过协商交互形成共同认可的、具有权威性的评估观点。

在线教育治理的主体包括政府、行业、学校和社会,同理在线教育质量评估的主体也应具备多样化的特征。在政府、行业、学校和社会的共同参与下达成最优评估方案。其中政府作为标准与政策的制定者与发布者,具备天然权威性,在评估主体中常常居于主导地位,承担着程序规范、标准制定、战略策划等工作。行业组织包括机构、协会、企业等,机构与企业是在线教育行业市场的重要构成,持续为在线教育领域输送课程资源与平台服务,在线教育质量评估在相关企业与机构的配合下可提高评估效率。同时,在线教育质量评估也可引入第三方独立的权威评估机构,机构可提供质量标准评估、机构认证、课程筛选等业务,提升在线教育质量评估的效率。学校是多种关系的汇聚点,师生是在线教育治理的重要参与者,社会中的家长与自发学习者也是在线教育的利益相关者,都在一定程度上影响着在线教育质量评估的公正性与全面性。因此,在线教育质量评估必须在政府、行业、学校、社会等多元主体支持下协同开展,打造科学、精准、公正、权威的评估系统,保障在线教育质量评估的专业性。

(二)评估对象的特定性

在线教育质量评估首先应明确"需要评估什么",在评估对象的选择上应具备特定指向性。在线教育质量评估的评估对象可以是一个具体的在线教育机构、一门在线课程、一个教师的教学情况,或整个行业的评估等。但无论是哪种目标的评估,评估对象都应是具体的、可行的、合理的,能够通过对评估对象进行全面而系统的评估,达成对在线教育质量的价值判断。例如,美国高等教育认证协会(Council for Higher Education Accreditation,CHEA)有着教育鉴定和评价两类评估对象,通过对各高校总体情况进行鉴定和评估，进而做出对整所高校的综合评估；英国高等教育质量保证署（Quality Assurance Agency，QAA）对教学和科研分开评估，科研评估的对象是英国所有主动申请参加评估的高校各学科，教学质量评估的对象是英格兰和苏格兰的高校[①]。

（三）评估内容的系统性

评估内容是评估工作的主体部分，根据评估标准对选定的评估对象进行评估。评估内容的系统性要求在线教育质量评估不仅包含对指定对象本身质量的评估，还应包括评估对象应用前后产生的效益与影响。例如，上海对历史有关保护条例进行评估，涉及两个方面：一是条例执行的结果，二是制度是否健全[②]。又如美国工程技术评审委员会（Accreditation Board for Engineering and Technology，ABET）对高等工程专业教学的评估包含11项内容：应用数学、科学和工程知识能力；设计、实验与数据处理能力；按照要求设计系统、单元和过程的能力；在多学科团队中工作的能力；验证、阐述和解决工程问题的能力；职业伦理和社会责任感；有效的语言交流能力；必要的宽口径教育，以使学生理解全球和社会复杂环境对工程问题的冲击；与时俱进的终身学习能力；具有有关当今热点问题的知识；有应用各种技术和现代工程工具去解决实际问题的能力等[③]。可见，对教学质量的评估既要考虑教学过程传递的知识，也要考虑教学实施后学生能力的培养程度。同时，评估内容应细化到具体的数据与条例，以系统数据支撑评估结果的科学性。

（四）评估程序的科学性

评估程序是评估活动开展的模式与实施流程，公平、公正、公开的评估结果必然要在严格缜密、科学规范的评估程序指导下获取。科学合理的评估程序往往包含多种评估模式。例如，法国国家评估委员会（Comite National de l'Evaluation，CNE）采取政府指导外评、机构自评以及对评价再评价的元评价等多层次评价模式[④]；英国对大学教

[①] 邵敏、李祖超：《美英高等教育质量评估机制比较分析》，《高教发展与评估》2011年第3期。
[②] 陈书全：《论立法后评估常态化启动机制的构建》，《现代法学》2012年第2期。
[③] 时铭显：《面向21世纪的美国工程教育改革》，《中国大学教学》2002年第10期。
[④] 冯旭芳、李海宗：《法国高等教育质量评估机制对我国的启示》，《教育探索》2008年第11期。

学质量的评估包含高校自我评价、专家评估、实地考察等评估模式[①]。在线教育质量评估在评估程序设计时应最大限度保证评估活动的科学性，坚持内部评估与外部评估相结合、结果评估与后继跟踪评估相结合、不同等级的多层次评估相结合等原则。内部评估在权威标准与指导方针下对评估对象的优势、前景、效益等进行分析和预测，外部评估则引入第三方权威机构或专家，结合实地考察、问卷调查等方式对评估对象进行科学、规范、全面的系统评估，确保整个评估过程的规范性与有序性。

（五）评估标准的权威性

评估标准是为评估活动提供指导方针的政策文件，通常由政府或国家权威机构牵头，经多方领域专家与利益主体协商探讨后共同制定，天然具备专业性与权威性，是保障在线教育质量评估的重要部分。例如，英国 QAA 颁布的《高等教育质量保证框架》与《学术审核及运行手册》，我国的《广东省政府规章立法后评估规定》等，都是各领域内具有代表性的评估标准，对评估办法进行了详细的规定，指导着评估活动的有序开展。同时，评估标准制定和颁布后并非一成不变，随着教育变革与发展，评估标准必须在时代诉求下持续更新，保障标准文件的权威性与时效性。例如，澳大利亚高等教育质量标准署（Tertiary Education Quality and Standards Agency，TEQSA）出台的《监管风险框架》一直在实践中随着外部环境变化而不断修订完善，至今已完成四次更新[②]。在线教育质量评估标准应由政府主导，邀请教育领域的专家以及在线教育行业组织、学校、社会等主体的代表协商共议，在符合在线教育市场现状的基础上协调各方利益，共同制定在线教育质量评估标准。

三　核心构成

在线教育质量评估是系统化、全面化的评估过程，既要考虑影响在线教育质量的外部环境，也要兼顾在线教育内部要素作用的运行机理以及在线教育成果的长远影响。目前国内外已有诸多国家政府或学者持续

[①] 邵敏、李祖超：《美英高等教育质量评估机制比较分析》，《高教发展与评估》2011年第3期。

[②] 赵明明、朱泓：《澳大利亚高等教育质量风险评估机制探究》，《煤炭高等教育》2021年第5期。

探索并创新教育质量评估的框架体系,为在线教育质量评估提供了大量的理论依据与实践经验。例如,美国 CAEP(Council for the Accreditation of Educator Preparation)开发了包含学科内容和教育学知识、临床伙伴关系与教育实践、准教师质量招聘和选拔、教师教育机构项目影响力、教师教育机构的质量保障和持续改进五个评估标准的框架体系,为师资质量评估与教育机构评估提供参考①;Loreman 等在欧洲融合教育指标(Development of a Set of Indicators For Inclusive Education in Europe)基础上,构建了覆盖输入(Input)—过程(Process)—成果(Outcome)的融合教育质量整体框架,拓展了教育评估的应用领域,为不同层面的教育评估框架提供了参考②。在线教育治理的具体内容包括机构资质的认定、师资质量的保障、课程内容的把关、信息安全的检查、经营的规范性监督、用户行为的监督六个方面,可实际上在线教育治理多是针对机构资质与经营、师资质量与能力、课程内容与行为等方面开展的综合治理活动,主要治理对象为机构、教师与课程。为此,结合在线教育治理的特点与主体构成,本书认为在线教育质量评估可从机构质量评估、师资质量评估、课程教学质量评估三个方面开展,三要素协同作用,推动在线教育质量评估精准化、科学化、智慧化。

(一)机构质量评估

在线教育机构是影响在线教育质量的重要因素,机构的资金投入、设施条件、思想方针、行业地位、组织管理、服务供给等方面都影响着在线教育质量的提升。因此,本节从机构的办学条件、办学思想、影响力、服务保障体系等方面,综合评估在线教育机构的显性与隐性价值。

1. 机构的办学条件

在线教育机构的办学条件包括机构的资质要求、资金投入、基础设施建设等方面。首先,具备合法的办学许可证与营业执照等相关文件是在线教育机构规范运营的基础,一切后续工作的开展都以满足资质要求为前提。其次,在线教育机构的资产总额、注册资本等对在线教育质量

---

① 黄俊丽:《美国教师培养认证委员会(CAEP)认证模型研究》,硕士学位论文,曲阜师范大学,2018年。

② Tim Loreman, et al., *Measuring Inclusive Education Volume* 3, UK: Emerald Group Publishing Limited, 2014, pp.165-187.

也存在不可忽视的影响，在线教育机构的资金投入直接决定了资助教学项目的建设程度，决定了教学项目是否具有稳定的经费支持，同时资金的充足程度也间接影响机构对在线教育平台的建设程度与创新技术采纳程度。可见，优质课程建设与稳定的在线教育环境都离不开必要的资金投入，在线教育机构的资金状况对在线教育质量存在直接影响。最后，在线教育是伴随时代发展兴起的新兴教育形式，对技术应用与平台建构的需求日益增长，因而在线教育机构的基础设施建设也是评估在线教育质量的重要指标。在线教育机构应具备功能齐全、安全规范的在线教育平台，配备稳定的运行网络与强大的数据存储能力，为在线教育提供必要的硬件基础。

2. 机构的办学思想

在线教育机构从属教育行业，办学思想必然要贴合国家教育发展与改革的引领趋势。在线教育机构的办学思想应符合我国社会主义核心价值观，符合国家教育发展的理念；同时，在线教育机构应结合机构的服务对象与专业领域，制定符合人才培养的教育方针，明确在线教育服务供给的价值取向。只有在正确的思想指引下，才能推动在线教育机构持续输送高质量在线教育服务。

3. 机构的影响力

在线教育机构的影响力是衡量机构潜在价值的重要外部因素，包括在线教育机构对用户发展的影响力、机构满意度以及机构的行业竞争力等方面。在线教育机构对用户发展的影响力要求机构能有效记录其服务用户的学习和成长，通过增值性评估、学生成长百分比评估和学生学习与发展目标评估等多样化的评估方式判断学生学习后是否达到预期水平，以及判断教师的教学能力与教育经验是否有效积累，进而评估在线教育机构对师生未来发展的影响。机构满意度指的是学生、教师与其他参与人员对在线教育机构职责能力与服务供给的满意程度，对衡量在线教育机构的信任度与营业口碑有重要参考价值。行业竞争力则是在线教育机构与同行业内其他机构的横向对比，是对其业界影响力、行业权威性、未来发展愿景的综合评判。

4. 机构的服务保障体系

机构在线教育服务供给的稳定性与持续性是衡量在线教育机构质量

的重要指标,对在线教育机构的制度规范、组织管理、收退费标准、信息安全保护等都有很高的要求。服务保障体系要求在线教育机构既能规范自身行为以提供高质量的在线教育服务,又能结合机构发展情况与市场环境持续调节自身的发展方向与治理策略,保障在线教育服务的持续、稳定供给。

一方面,在线教育机构应有清晰、有效的规章制度来规定和保证其服务质量,从外部比较绩效基准的建立到内部每项措施的执行,都应明确且详细。在线教育机构应对自身的招生特点、宣传方向与培养目标有着清晰的认知,对收退费服务、用户信息安全保护服务、课程资源获取服务、平台反馈服务等必备业务有规范、系统、科学的供给制度与风险应对策略,具备监控自身成长、成就及自身运行有效性等发展状况的组织管理手段,评估措施要具有相关性、可检验性、典型性、累积性和可执行性等特征。另一方面,在线教育机构应具备运用所学知识精准预测未来发展方向、开发利于其评估和解决方案的能力,以保障高质量的在线教育服务能紧跟时代发展、持续贴合用户学习新需求。为此,在线教育机构应定期、全面的对其服务质量进行绩效评估,结合调研结果对机构的培养方案、信息安全保护制度、收退费标准、资源分配方案和未来发展定向等进行调整,持续修正在线教育机构的不足,保障高质量机构服务供给。

(二)师资力量评估

教师既是在线教育的重要主体,也是在线教育质量评估的重点评估对象。师资力量对在线教育质量存在多方面的影响。一方面,优质师资力量可源源不断地开发高质量在线课程,加速"优课""金课"建设;另一方面,优质师资力量对机构与学生的影响也至关重要,优质教师可为在线教育机构引进更多资源与客户,对在线教育机构的行业竞争力与长远发展都有正向促进作用,对学生发展的促进作用也如此。学生在优质教师指导下可更高效地构建知识体系,将知识与技能融会贯通。为此,本节从教师资质、教师专业发展、教师教学效能以及教师协作能力四个方面来评估师资力量。

1. 教师资质

教师资质是教师开展一切教学活动的前提,在线教育涉及众多领域，无论是学科教师、兴趣课教师还是外籍教师，任何授课教师都应在教学知识、教学技能、专业素养和综合素质等方面达到国家对教师资格的标准要求，获得由国家认可并颁发的教师资格认可证明。教师资质是一切教育的前提，教师资质若达不到国家标准，在线教育质量就很难保障。

2. 教师专业发展

教师资质是师资质量评估的前提，教师专业发展则是评估师资质量的重要指标。教师的专业能力可从其过往学术成就、教学经验等方面进行评估，教师的学术成就在一定程度上可反映教师的科研水平，学术成果显著的教师往往具备较强的教学水平、更好的言语表达和归纳能力以及丰富的教学经验，这样的教师也更有利于在线课程的开发与创新。同时，教育职业是实践性较强的职业，已具备教学实践经验的教师往往能够更好地展示知识和专业技能，教师的专业发展潜能也是在实践经验不断积累中逐步激发的。

3. 教师教学效能

教师的专业能力、个人成就最终都要在实际教学中转化为教学效能，教学效能反映的是教学传递到学生端后引发的质变与量变，是师资质量评估最直接的衡量要素。优质的在线教学应是结合结构化、可靠的观察工具和调查手段，发现教师通过在线教学能够达成预期培养目标，即教师能有效地运用专业知识、技能与教学手段，激发学生的发展潜能，对学生的成长与发展产生促进作用。

4. 教师协作能力

在线教育有别于传统课堂，师生无法面对面交流，但通过网络，教师可结合讨论区、直播、虚拟实验等方式与学生友好交互，因此协作能力可看作评估师资质量的重要影响因素。优质教师的协作能力并非单单体现在师生互动中，还应与在线教育机构、其他教师和社区利益相关者之间建立互惠、一致的培养目标和有效的合作关系。在线教育教师应与所在机构以及其他教师之间互相尊重、信任，全面发展与加强协作伙伴关系，共担责任与义务。

（三）课程教学质量评估

在线课程是客户获取在线教育服务的直接渠道。为应对智能互联网时代对在线教育带来的机遇与挑战，全球来自6大洲14个国家的17所大学与3家在线教育机构共同创立了世界慕课联盟，旨在创建全球化的高质量在线课程，共享优质教学资源。可见，在线课程质量对在线教育长远发展十分重要，课程内容、资源、安排、成效等都是在线教育服务质量的决定性因素，课程教学也是评估在线教育质量的重要指标。本节从在线课程资源、课程安排、课程教学成效三方面综合评估在线课程质量。

1. 课程资源

在线课程的资源包括课程内容、教材教案、专门教辅、教辅说明、教学视频、测验试题以及其他辅助性材料等，是保障课程完整性的软件设施。一方面，在线课程资源质量的评估可观察课程资源的完备性，判断课程辅助材料是否充足、是否能支撑起在线教育每个阶段的教学。另一方面可根据课程资源的科学性来评估，优质课程的课程理念是先进的，课程内容符合国家教育课程标准，能满足学生成长和社会需求，同时课程配备的辅助材料都要有据可依，任何资源的内容都具备专业性与科学性，能与课程教学的知识技能产生内在关联，实现课程资源对课程教学的助推效益。

2. 课程安排

课程安排在一定程度上影响着在线课程教学的质量，可以借助合理的课程计划与安排激发学生在线学习的内在动机。合理的课程安排应有详尽的课程计划与实施方案，有适宜的课程数量，有科学严格的课程评价体系，且课程类型的结构与比例合理。同时，课程安排应有明晰的课程教学进度、授课时间、结课测验形式等内容，在稳定、有序的课程推进中打造高质量在线课程。

3. 课程教学成效

教学成效可用于判断当前在线课程的优势与劣势，及时发现不足并在后续课程设置中持续调整修正，更好地提升在线教育质量。优质的课程教学在教学成效上具体表现为学生学业成绩整体良好、能掌握较强的专业技能与组织协作能力、学生学习收获显著、师生对课程满意度较高、能按时完成课程教学等方面。一方面，课程教学成效可通过教学测验、课程作业等形式获取判断依据，将学生的实际测验成绩或作业完度与预期课程目标相对比,进而判断课程教学的实际成效。另一方面,在线访谈、学生反馈、教师反馈等方法也可作为判断课程教学成效的依据,反馈建议可直接反映师生对教学成效的自我评估结果,也可体现出课程未来的改进方向。

四 路径设计

当下,提升在线教育质量是治理工作的重中之重,建立在线教育质量评估机制,多方面、系统化的评判在线教育质量刻不容缓。而机构质量评估、师资质量评估和课程教学质量评估都离不开规范的评估标准、权威的评估主体以及支持评估工作稳定开展的智能技术。为此,从完善在线教育质量评估标准、引入权威的第三方评估机构、技术赋能在线教育智慧评估三个方面探索建立在线教育评估机制的可行路径,以期为我国在线教育质量评估提供参考,推动在线教育治理的进程。

(一)完善在线教育质量评估标准

随着在线教育内外部环境的不断变化,在线教育质量的影响因素逐渐复杂化,而采用何种质量评估标准便成为在线教育质量评估面临的首要问题。目前,世界各国对在线教育更加重视,为打造更高质量的在线教育,各国纷纷出台在线教育相关标准,为在线教育质量评估提供法律依据。例如,美国2009年由虚拟学习领导联盟(VLLA)和QM(Quality Matters)机构联合发布《在线教育质量国家标准》,并持续修订,于2019年发布最新版并下设《项目标准》《课程标准》《教学标准》三个子标准,从项目、课程、教学三个维度构建起在线教育质量评价体系[1]。目前我国尚未有统一、权威性的在线教育质量评估标准,丁玉祥等在国家政策引导下研制了《中小学在线教学评价标准》,设立4个一级指标、10个二级指标、26个三级指标以规范在线教学行为,破解制约在线教学质量提升的难题[2];杨亭亭等从教学资源、教学过程、学习支持服务、教学(教务)管理和教学条件五方面入手,构建了《远程开放教

---

[1] 刘童:《美国在线教育质量国家标准的建立、内容及特征》,《教育导刊》2021年第1期。
[2] 丁玉祥:《智能时代在线教学质量评估标准的研制特点与内容解析——以"信息协会版"在线教学质量评价标准为例》,《教育评论》2020年第7期。

育教学质量标准》①。诸多学者的研究成果对在线教育质量评估标准的设计提供了丰富的理论经验，建立符合中国国情、能被广泛认同并具有高度权威性的在线教育质量标准体系已成为当务之急。我国应积极借鉴以往的成功经验，由政府与权威机构引领，加快对在线教育质量评估标准的研制，明确在线教育课程、机构、教学、设施等方面的质量评估细则。

（二）引入权威的第三方评估机构

第三方评估机构是独立的中介机构，评估机构由国家与政府组织，由社会各界知名专家组成，有效保证评估的独立性、客观性与公正性。当前，我国在线教育领域已存在初具规模的评估机构，但评估机构多为企业所属，机构公信力略有不足，因此建立并引入权威的第三方评估机构是提升在线教育治理效率的重要途径。我国应在政府推动下，组织各界专家，依法成立诸如国家评估委员会等权威性的第三方评估机构。在此过程中，政府仅承担组织者的角色，评估机构的工作不受政府及教育部的制约与干预，进一步避免教育部及政府内设机构对内部政策评估带来的主观性偏差，使评估委员会的评估结果更加客观公正②。第三方评估机构的构成人员皆为相关领域的专家，对在线教育深刻了解，评估人员的专业素养也有所保障，评估理论与方法也不断获得理论突破，在不断修正中创新兼具时代性与科学性的评估理论，建立科学合理、符合实际、具有前瞻性和导向性的评估标准，形成评估机构的特色优势。

（三）技术赋能在线教育智慧评估

随着人工智能、5G、大数据、区块链等智能技术在教育领域展现了广阔的应用前景，教育理念与教育手段随之转向智慧化与智能化，前沿信息技术与知识赋能推动了在线教育智慧治理的实施。技术加持下，在线教育质量评估也将迎来网格化、科学化、精准化的智慧评估方式。例如，人工智能技术可精准识别并模拟学习者和教师的思维方式与行为模式，通过精准计算与推理，更好地贴合在线教育治理主体的真实需求，进而推动评估标准从预成性向智能生成性转变；自然语言处理技术

---

① 杜若等：《构建中国远程开放教育教学质量标准体系——来自中央广播电视大学的探索与实践》，《开放教育研究》2009年第4期。

② 张盼：《法国高等教育质量评估机制及其特色》，《群文天地》2011年第16期。

可用于分析在线教育教师与学生的相互评价，从而评估教师教学水平与教学成效，还可以为课程教学提供作业辅助批改等功能，提升师资质量与课程质量；大数据技术支持下，在线教育产生的海量数据可实现快速存储与分析，大量样本数据为在线教育质量评估提供了科学依据，有效提升数据分析的准确性和可靠性，使在线教育机构或教师可根据数据处理结果更好地优化治理方案与课程安排，进而提升在线教育质量。

第四节 在线教育数据安全保护机制

在线教育依托互联网，建立在海量数据交互、传输、共享、搭建等过程产生的信息之上。互联网技术对在线教育的融合、驱动作用日益明显，信息系统面临的风险挑战与漏洞威胁也不断增大，信息安全既是在线教育平台可持续和健康发展的基础，也是国家互联网治理领域的重要内容。因此，信息安全的保护已成为在线教育治理的重要内容，建立在线教育数据安全保护机制，是保障在线教育数据隐私安全的重要途径。本节从在线教育治理数据安全问题、在线教育数据安全保护机制的具体内容以及在线教育数据安全保护机制路径设计三个方面，探讨在线教育数据安全保护机制的内涵及构成，具体如图 6-5 所示。

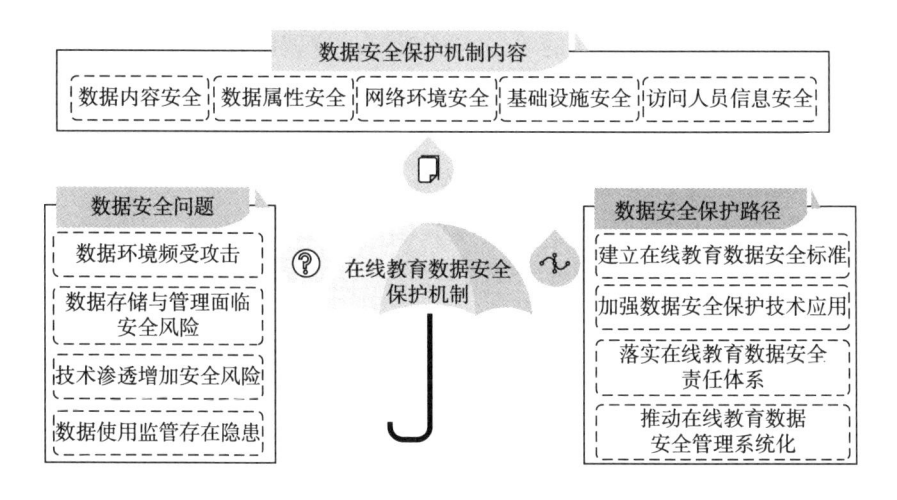

图 6-5 在线教育数据安全保护机制

一 数据安全问题

在线教育的"在线"与"开放"属性使其产生并流通着海量数据，在线教育数据因其容量大、隐私性强，面临着众多网络攻击与安全问题。智能技术的快速发展对在线教育数据安全保护而言是把"双刃剑"，加强技术防护屏障的同时也使网络攻击与数据盗取手段进一步升级，加剧了数据管理、数据风险防护的难度，数据环境频受攻击、数据存储与管理面临安全风险、技术渗透增加安全风险、数据使用监管存在隐患等都是影响在线教育数据安全的严峻难题。

（一）数据环境频受攻击

在线教育为广大学生、教师及社会用户打造线上平台，快速整合并合理配置分布在不同地区的教育资源，提供友好交流的学习环境，使在线教育各模块的大数据实现资源共享和信息交换。然而，网络访问的便捷化，为在线教育实现资源弹性推送和个性化服务的同时，也因平台的暴露使蕴含隐私信息与潜在价值的教育数据更易遭受黑客的攻击，网络攻击逐渐呈现高发频发态势，攻击组织性与目的性更加凸显，无疑加大了在线教育治理的难度。在线教育因其教育特殊性，教育类平台（App）往往包含用户基本信息、所在地区、学历学段、家庭背景、联系方式、通信地址等敏感信息，攻击者以相对低的成本就可获得更大收益，大大加剧了网络攻击的强度与组织力度。据IBM Security X-Force报告显示，教育行业遭受的攻击50%来源于垃圾邮件和广告软件，这一比例高于任何其他行业，表明与钓鱼攻击相关的威胁是对教育行业的主要威胁[1]。近年来，发生的用户账号信息失窃等连锁反应也可以看出，大数据更容易遭受攻击，且损失数据量巨大。

（二）数据存储与管理面临安全风险

大数据时代，在线教育平台学生在线学习时间越长，越能形成海量的教育数据。这些数据的类型各不相同，常见的分散存储模式极易导致数据封闭与不流通，形成数据壁垒甚至出现"信息鸿沟"，增加数据存

---

[1] IBM:《2020年数据泄露成本报告》，https://www.ibm.com/cn-zh/security?lnk=STW_CN_HP_P3_&psrc=NONE&pexp=DEF&lnk2=goto_SecurityCat。

储与管理成本①；同时，现有的数据存储技术面临的安全风险日益复杂，存储安全要求越来越高。例如，云存储仍面临外部的云端服务商风险、云端数据风险、法律风险，以及内部的网络病毒、安全防护系统落后等数据安全管理风险，威胁着数据存储的安全。

（三）技术渗透增加安全风险

互联网技术应用不断模糊物理世界和虚拟世界的界限，对整个经济社会发展的融合、渗透、驱动作用日益明显，带来的风险挑战也不断增大②。云计算、大数据、物联网、人工智能等新技术的应用与大规模发展，使云存储、智能管理、数据挖掘系统等服务为在线教育领域提供大量便利，同时技术也引发网络安全风险融合叠加并快速演变。一方面，在线教育领域数据本身的安全防护存在风险漏洞，各平台的数据安全防护意识依然薄弱，大规模数据泄露事件更加频发，事件型漏洞和高危零日漏洞数量上升，信息系统面临的漏洞威胁形势更加严峻。例如，国家网信办等部门专项整治教育类App行动中，查实20余款教育类程序存在传播违法违规信息的行为③。另一方面，技术的发展具有两面性，新技术为新业态注入新活力，也使网络攻击进一步升级。美国加州旧金山大学遭遇NetWalker勒索软件攻击，大量重要的学术数据被加密后无法使用，最终被迫支付114万美元的赎金。"灰色"应用程序大量出现，网络黑产活动专业化、自动化程度不断提升，技术对抗更加激烈。新技术应用带来的新安全隐患更加严峻，在线教育将迎来怎样的新威胁和安全风险，产生怎样的新攻击类型，采用怎样的防御应对手段等都亟待研究。

（四）数据使用监管存在隐患

在线教育数据的使用、传播等环节都应受到合法组织的监督与管理。在对浙江省242款教育类平台（App）开展网络安全保护专项检查

---

① 黄雨婷、黄如花：《丹麦政府数据开放的政策法规保障及对我国的启示》，《图书与情报》2017年第1期。
② 国家互联网应急中心（CNCERT）：《国家互联网应急中心（CNCERT）发布〈2019年我国互联网网络安全态势综述〉报告》，中华人民共和国国家互联网信息办公室，http：//www.cac.gov.cn/2020-04/20/c_1588932297982643.htm。
③ 本刊编辑部：《打击涉黄低俗清朗学习环境——国家网信办等部门专项整治教育类App》，《网络传播》2019年第7期。

时，发现普遍存在违规采集数据、用户通话记录、短信、通讯录及位置等敏感信息的行为，信息的浮现使在线教育用户逐渐成为数据时代的"透明人"[①]。一方面，企业对用户数据使用的权限与边界模糊不清。例如，多个省份的数千名高校学生个人信息被多所企业冒用以达到偷税的目的。可见，企业对隐私信息的使用权限仍需要强有效的权威监管以制约。另一方面，用户对个人隐私信息的用途缺少知情权和选择权，对敏感信息的安全防护意识不到位。在线教育过程中，师生的个人信息和学习记录均被不同的在线教学平台和工具所记录和存储，对其留下信息的去处无从得知，加剧了数据和隐私泄露的风险[②]。例如，2021年3月，某地10万余条中小学生个人信息被某公司的员工非法出售给教育培训中心用于商业课程推广[③]。隐私泄露的背后暴露出监管问责制度的不健全，对企业组织及个人的问责制度与监管机制仍需进一步完善。

二 数据安全保护机制具体内容

在线教育治理是对在线教育平台、在线课程、在线教师以及在线教育市场的综合治理，整个治理过程涉及在线教育数据本身、数据表现出来的教育内容、数据所属网络环境、数据运行的在线教育平台以及影响数据运行的从业人员等要素。为此，本节从数据内容、数据属性、网络环境、基础设施、访问人员信息等方面分析在线教育数据安全保护机制的具体内容。

（一）保护数据内容安全

在线教育数据安全保护机制旨在全方位、有秩序地保护在线教育数据，任何类型的数据都应得到相应的安全保护。在线教育数据是在线教育提供学习支持服务、开展教学和网络交互等过程中产生的海量数据资源，从数据来源分析，可将在线教育数据分为活动类数据、信息类数据、资源类数据三个类别。活动类在线教育数据是指从在线教育平台开展的一切在线活动中可获得的数据集，涉及教学活动、评估活动、管理

---

① 李艳等：《从"透明人"到"践行者"：高校信息安全面临的挑战与应对——〈2021地平线报告（信息安全版）〉之启示》，《远程教育杂志》2021年第3期。
② 周开乐等：《高校大规模在线教学存在的问题与对策》，《天津师范大学学报》（社会科学版）2020年第6期。
③ 袁磊等：《把脉"双减"政策 构建在线教育信息安全体系》，《现代远程教育研究》2021年第5期。

活动等。常见的活动类在线教育数据包括学生在线学习行为数据、在线课程学习数据、教师教学行为数据、网络交互数据、学生期末成绩数据、教师测评数据等。信息类在线教育数据是指学生、教师、课程、平台等要素展现的说明要素信息的数据集。例如，个人信息数据、学籍数据、课程详情数据、家庭背景数据等。资源类数据指在线教育涉及的数据资源构成的数据集。例如，在线课程视频、音视频资料、在线测验题库等辅助在线教育活动开展的数据资源。数据类型不同，数据内容保护的偏向性也会有所改变。活动类在线教育数据的安全保护更注重维护师生教学过程的隐私性，信息类在线教育数据的安全需要着重约束个人信息的隐私边界，资源类在线教育数据的安全保护则偏向于规范教育资源的内容与使用。

数据内容安全保护可从内容审核与管理的角度加强防范。例如，加强对在线课程内容的审查，加强教学过程和平台运行监管，防范和制止有害信息传播。保护数据内容安全是推动在线教育规范、健康、有序发展的必要环节，大数据时代应充分利用技术手段与法规制度确定数据服务的具体范围与内容，明确公开信息、例外信息、保密信息和排除信息等信息资源的区分界线，确保数据内容不会为在线教育平台带来安全隐患。

（二）保护数据属性安全

在线教育有着大规模、开放性、便捷性等特征，导致在线课程、在线教育平台等要素产生的数据时刻处于公开访问与共享获取的状态，在线教育存在显著的流通特征，《中华人民共和国数据安全法》中也明确指出，数据安全要求确保数据处于有效保护和合法利用的状态，数据应具备持续安全流通的能力[1]。在线教育数据天然具有教育特征，涉及大量未成年学生、家长及教师的隐私信息，在线教育数据的机密性必须得到有效保护。同时，在线教育数据的教育特征还要求在线课程、平台等要素的数据是真实完整的，不完整的数据或格式有误的数据都会影响在线教育的有序发展。基于此，本书认为在线教育数据具有机密性、完整

---

[1] 新华社：《中华人民共和国数据安全法》，中国政府网，http://www.gov.cn/xinwen/2021-06/11/content_5616919.htm。

性、流通性等数据属性，为持续推动在线教育的规范、稳定开展，在线教育数据的基础属性必然要得到有效的安全保护。

1. 保护数据机密性的安全

在线教育数据涉及教师、学生、家长的通信地址、联系方式、学习状况等隐私信息，以及在线课程的后台资源信息、企业行政管理细节等机密信息，这些信息皆不宜公开，数据的机密性需得到一定的保护。即使进行数据加密和匿名保护，数据也面临着极大的风险。一旦用户的私人信息甚至敏感信息被公开，结合其他公开的信息便可推断出个人身份，降低匿名保护的安全性，进而引发用户对在线教育信息安全的信任危机①。因此，隐私信息和匿名数据的泄露风险防控需要提高重视并加强保护，对机密数据、隐私数据的安全保护手段应结合最新技术加以保障。此外，知识产权保护机制的缺失也影响着机密数据的安全问题②，优质在线教育资源被盗录或抄袭等情况频发，扰乱在线教育市场的平衡。对此可以借助政策或法律手段明确数据的产权界定，避免数据资源不规范转载。

2. 保护数据完整性的安全

在线教育有着开放获取、便捷共享的显著特征，数据的完整性是在线教育资源共建共享的重要保障。格式缺失、数据结果冲突、数据篡改、内容丢失、数据失真、数据造假、数据滥用等问题都会破坏数据的完整性③，加剧数据传播过程的安全隐患。例如，数据格式不兼容导致部分数据难显示，以至于影响整个数据文件的安全；因辅助数据不全面、笔记本或计算机硬盘损毁、数据媒介衰退等原因引发数据丢失④，导致不完整数据的损毁与泄露风险增加。我国曾在《GB/T31495—2015

---

① National Academies of Sciences, Engineering, and Medicine, et al., *Open Science by Design: Realizing a Vision for 21st Century Research*, Washington: The National Academies Press, 2018, pp. 50-51.

② Changhui Peng, et al., "Towards a Paradigm for Open and Free Sharing of Scientific Data on Global Change Science in China", *Ecosystem Health and Sustainability*, Vol. 2, No. 5, May 2016, p. e01225.

③ 盛小平、郭道胜：《科学数据开放共享中的数据安全治理研究》，《图书情报工作》2020年第22期。

④ 张一鸣：《数据治理过程浅析》，《中国信息界》2012年第9期。

信息安全技术信息安全保障指标体系及评价方法》中设置信息泄露指标（ZB19）、数据篡改指标（ZB20），为数据的完整性提供有效的安全标准[①]。因此，数据完整性的安全也是保障数据安全的重要部分，相关部门应充分结合规章制度与技术手段提升对在线教育数据完整性的保障。例如，通过建立数据保护官制度、实施数据保护影响评估、运用数据认证技术等对策加强针对完整数据的安全保护[②]。

3. 保护数据流通性的安全

在线教育的数据资源必然面临信息的多次利用与跨平台引用，数据流通过程中的安全也应得到全面的保障。芬兰社会科学数据档案馆在调查中发现，影响受访者对数据重复再利用的主要因素为数据可用性低、缺乏所有权协议与知情同意、开放获取的高风险等[③]。一方面，数据流通过程中没有得到妥善记录和处理，或没能及时对元数据进行备份与更新，会导致许多数据集无法有效存储，影响数据的使用与流通。另一方面，个人数据在流通过程中的存储周期与处理是否有合法依据也影响着数据流通性的安全，涉及数据所有权协议与知情同意权等数据权益归属若没有明确的法律界定，易引发不法之徒将数据利用到未知领域中，从而导致数据流通脱离相关部门的管控，严重影响数据安全。

（三）保护网络环境安全

在线教育依托互联网发展，在网络平台上发布课程、上传资料、在线学习、转载信息、交流讨论等功能都需要安全、稳定的网络环境支持，网络环境的安全至关重要。2016年美国公共服务平台、社交网站和民众网络等多个网站遭遇网络攻击导致大规模断网，甚至部分物理设备也受到影响；2014年与2017年韩国分别遭遇过网络攻击导致大量个人数据被窃取泄露。此后国际上对网络环境的安全越加重视，安全稳定的网络环境是提供在线服务的前提与基础。美国相继出台了《网络安

[①] 国家标准化管理委员会：《信息安全技术信息安全保障指标体系及评价方法第2部分：指标体系》，全国标准信息公共服务平台，http://std.samr.gov.cn/gb/search/gbDetailed?id=71F772D8064FD3A7E05397BE0A0AB82A。

[②] 盛小平、郭道胜：《科学数据开放共享中的数据安全治理研究》，《图书情报工作》2020年第22期。

[③] Arja Kuula and Sami Borg, *Open access to and reuse of research data-the state of the art in Finland*, Tampere：Finnish Social Science Data Archive, 2008, pp. 11-12.

全信息共享法案（2015）》《保障物联网安全战略原则（V1.0）》《物联网网络安全改进法案（2017）》等法规文件，强调协调联邦部门与物联网制造商、网络连接提供商和其他行业利益相关者合作保障物联网设备和网络安全并进一步规定 IoT 设备的行业安全标准[1]；日本设立"网络安全战略本部"统一协调各部门网络安全对策，并陆续出台了《物联网安全综合对策》《网络安全基本法》《网络安全战略》等政策法规，对网络环境安全提出更高要求[2][3]。为此，可结合政策法规与战略行动进一步加强在线教育网络环境的安全管理。

相较之下，我国虽在互联网络发展上起步较晚，但也从未忽视过网络安全的重要性。我国全国信息安全标准化技术委员会自 2002 年成立至今，已组织制定网络安全国家标准 332 项。2022 年 1 月，国家互联网信息办公室、国家发展和改革委员会、工业和信息化部等十三部门联合修订发布了《网络安全审查办法》，致力于维护国家网络安全[4]。各省市也在国家号召下积极出台相关政策以维护地方层面网络平台的安全。例如，吉林省教育厅调整网络安全和信息化领导小组及成员单位职责分工，印发了《关于进一步加强信息系统（网站）安全管理的紧急通知》；山东省教育厅印发了《教育系统党委（党组）网络安全工作责任制实施办法》《教育系统党委（党组）网络安全工作责任制考核评价操作指南（试行）》《教育网络安全监测预警和信息通报实施办法》等系列文件，维护教育网络的安全运行[5]。我国网络安全管理局自建立起便承担网络安全监测预警、威胁治理、应急管理等工作，为在线教育提供良好的网络环境。

此外，除凭借政策法规与部门宏观把控网络环境的安全外，在线教育企业也应结合更先进、安全系数更高的教育信息安全技术来保护网络

---

[1] 颜丽：《国内外物联网安全监管现状及建议》，《电信网技术》2018 年第 1 期。
[2] 宋凯、蒋旭栋：《浅析日本网络安全战略演变与机制》，《华东科技》2017 年第 7 期。
[3] 韩宁：《日本网络安全战略》，《国际研究参考》2017 年第 6 期。
[4] 网信办网站：《国家互联网信息办公室等十三部门修订发布〈网络安全审查办法〉》，中国政府网，http://www.gov.cn/xinwen/2022-01/04/content_5666386.htm。
[5] 科技与信息化司：《2021 年 12 月教育信息化和网络安全工作月报》，中华人民共和国教育部政府门户网站，http://www.moe.gov.cn/s78/A16/gongzuo/gzzl_yb/202202/t20220225_602233.html。

环境的安全。例如，通过防火墙技术、系统补丁、平台自身防注入、用户身份认证、入侵检测等技术手段提高网络的防御，利用交叉立体的安全技术对平台服务器所在的网络进行全方位保护等手段，都可以有效防控网络面临的未知风险，为在线教育网络环境施加安全保护[1]。

（四）保护基础设施安全

在线教育数据所处的网络环境依托基础设施的存在而正常运转，在线教育平台与机构便是承载数据产生与流通的重要设施。2021年，国务院发布《关键信息基础设施安全保护条例》，强调坚持对信息基础设施的综合协调、分工负责、依法保护，强化和落实关键信息基础设施运营者主体责任[2]。可见，对信息基础设施的安全保护是维护信息系统安全、保障教育网络安全运转的重要前提，保障在线教育数据安全必然要先保护在线教育相关信息基础设施的安全。在线教育平台的构建与运行离不开线下企业的运营与维护，在线教育平台的安全涉及平台设计、构建、运行、登录等多环节的风险防护。一方面，在设计与构建时应支持开放标准接口的网络设备、安全设备并提供标准化接口，运行时提供统一的设备监控功能，允许用户单点登录，保障平台能实时管控分散各处异构设备节点的部署、运行、设备的接入/断出变动情况[3]。另一方面，平台的自防御能力也应加强，通过提升平台的防护能力以降低网站在被攻击初期对网站正常服务带来的影响。同时，在平台设计与构建环节重视平台独有标志的设计，防范网站仿冒、网站后门、网站篡改等风险。

（五）保护访问人员信息安全

访问人员是促进在线教育数据流通的重要主体，网络环境中访问人员包括平台访问人员、数据访问人员、后台运营人员与维护人员等，物理环境中包括机房出入人员、设备维护人员、安保人员等。由于人员数量众多、构成复杂，针对所有访问人员身份验证、信息保护工作必须落实到位。为此，可在人员信息经严密审核落实后，通过隐私增强技术对

---

[1] 卞咸杰：《大数据时代档案信息资源共享平台构建的目标定位与实现》，《档案管理》2020年第5期。
[2] 中国政府法制信息网：《关键信息基础设施安全保护条例》，中国政府网，http://www.gov.cn/zhengce/2021-08/18/content_5631807.htm。
[3] 韩运磊：《高速公路智能信息系统网络安全保障体系的构建》，《公路交通科技》2012年第S1期。

网络访问人员信息进行加密处理,对物理环境中的访问人员,尤其是专项负责设备维修与机房管理的专业人员提高信息保护等级并加强人身安全保护,防范不法之徒盗取或伪造人员身份信息以谋求违法利益,造成不可估量的损害。

除了加强对人员的信息管理,强化访问人员的网络安全意识也十分必要。例如,北京市教育系统网络安全和信息化工作领导小组召开会议并开展网络安全培训,增强相关人员对于网络安全工作的领导能力、管理能力和执行能力;江苏省电教馆举办高校 IPv6 专题培训班,对来自全省 167 所高校的 4000 余人开展"网络安全培训—红客说案"专题讲座,提高干部职工网络安全防范意识和技能;陕西省教育厅组织教育网络安全和信息化工作先进集体和先进个人评选活动,进行教育系统网络安全责任制考核。各省市对系统相关人员的培训与考核等措施,都体现了人员信息安全保护与安全意识培养的关键作用。加强访问人员信息安全保护,是维护在线教育数据安全的重要环节。

三 数据安全保护机制路径设计

数据安全保护是在线教育治理机制的重中之重,数据属性的安全、数据内容的安全、数据环境的安全以及数据信息的安全都是确保在线教育安全规范发展的重要根基,需要设计适配的实施路径应用到在线教育治理进程中。一方面,从在线教育数据和数据内容考虑,在线教育数据面临大规模用户的访问与转发,数据天然具有的流通性、机密性、完整性等特性,更需要从技术与安全标准的角度提供保护。另一方面,在线教育数据所属环境依托互联网运转,在线教育平台运行环境、平台基础设施建设、平台访问人员等都影响着在线教育数据的安全,从管理与责任制的角度提供保护措施能够更好地为在线教育数据实施安全保护。

(一)健全在线教育数据安全标准

构建全面的、系统的数据安全标准体系是建立在线教育数据安全保护机制的首要环节,一切安全保护举措都要在合法依据的支撑下开展。当前,国际上多个国家已出台针对性的数据安全保护法。例如,欧盟 2018 年颁布"史上最严格"的数据保护法案《一般数据保护条例》(*General Data Protection Regulation*,GDPR);英国出台了《数据保护法(2018)》(*Data Protection Act* 2018)。目前,我国已有《GB/T31495-

2015 信息安全技术信息安全保障指标体系及评价方法》《中华人民共和国网络安全法》等信息安全标准和法规，但更适用于数据安全保护的《中华人民共和国数据安全法》《数据安全管理办法》等仍在立法规划与意见征询中。现阶段的数据安全标准虽能为在线教育数据安全保护提供一定参考，但在线教育数据不同于商业或行政等其他领域的数据，在线教育数据兼具教育与商业的双重特征，且因其教育方式的独特性，数据具有规模大、隐私强等特点，通用的数据安全标准难以精准适配在线教育数据安全保护。因此，我国应加快健全在线教育相关的专项法规与数据安全标准，强化在线教育数据安全保护的理论支撑。

（二）加强数据安全保护技术应用

智能技术不仅拓展了在线教育的功能与表现形式，也为在线教育数据的安全保护提供了更高效、更强力的保护手段。一方面，许多新兴技术已被证实对于数据安全保护的显著作用。例如，区块链这一颠覆性的智能技术已在数据确权、数据溯源、数据加密、数据共享等方面展现出巨大潜力[1]；NFV（Network Functions Virtualization）等虚拟化技术、5G 网络云化等也可在数据安全管理方面发挥巨大作用，不仅强化数据风险防护、网络安全监测预警的能力，在 5G 网络基础设施体系、网络云端安全性、网络通用认证机制等方面的核心能力也有所增强[2][3]。随着 5G、IPv6 等技术新应用大量涌现，在线数据面临的安全挑战也在不断更新与升级，已有犯罪分子利用区块链技术匿名性和节点全球分布的特征，借助区块链技术隐蔽资产和身份信息，利用勒索病毒收取勒索资金等犯罪行为[4]。例如，美国加州旧金山大学曾遭遇 NetWalker 勒索软件的网络攻击，大量重要的学术数据被加密后无法使用，最终被迫支付 114 万美元的赎金。相关部门应积极推动数据安全技术创新与产业化研

---

[1] 曾子明、万品玉：《基于主权区块链网络的公共安全大数据资源管理体系研究》，《情报理论与实践》2019 年第 8 期。
[2] 余黎明：《5G 网络安全技术与发展》，《电子技术与软件工程》2019 年第 2 期。
[3] 庄国波、韩惠：《5G 时代政府数据开放共享的安全风险及防范》，《理论探讨》2020 年第 5 期。
[4] 国家互联网应急中心 CNCERT：《国家互联网应急中心（CNCERT）发布〈2019 年我国互联网网络安全态势综述〉报告》，中华人民共和国国家互联网信息办公室，http://www.cac.gov.cn/2020-04/20/c_1588932297982643.htm。

发，推动安全技术在在线教育治理中的应用，保障在线教育数据安全。

另一方面，数据安全技术的显著作用在网络风险预警与防控方面也有所体现。湖南省教育厅在《关于进一步加强教育信息系统（网站）域名规范管理的通知》中强调加快部署实现教育领域门户网站运行的IPv6支持能力，加强网络安全事件后的"一键断网"功能，有效提高教育信息系统的安全防护水平[1]。例如，借助智能分析技术、信息采集技术等现代化技术手段，探索建设机器学习型智能模型风险管理平台，识别数据管理中的薄弱环节并自动发出提示，提高风险监测、反馈、防护和应对的效率[2]。相关部门可从技术防范角度建立数据泄露的应急方案与安全风险评估，提升应对数据安全事件的防护能力。

（三）落实在线教育数据安全责任体系

法规政策通常与相关利益者的权利或责任相结合才会使数据安全更受重视[3]，建立安全责任体系，明确各责任主体的义务分配是推动在线教育数据安全保护的必行之径。例如，《贵州省大数据安全保障条例》中明确规定实行大数据安全责任制，按照"谁所有谁负责、谁持有谁负责、谁管理谁负责、谁使用谁负责以及谁采集谁负责"的原则，基于复制、流通、交换等同时存在的多个安全责任人分别承担各自安全责任[4]；山东省教育厅接连印发各学段教育信息化发展报告以及《教育系统党委（党组）网络安全工作责任制实施办法》《教育系统党委（党组）网络安全工作责任制考核评价操作指南（试行）》《教育网络安全监测预警和信息通报实施办法》等政策文件，落实教育系统人员的责任归属与考核机制；吉林省教育厅调整网络安全和信息化领导小组及成员单位职责分工，印发了《关于进一步加强信息系统（网站）安全管

---

[1] 湖南省教育厅：《关于加强全省教育专用域名使用与管理工作的通知》，邵阳市人民政府网，https://jyj.shaoyang.gov.cn/attachment/cmsfile/syjyj/tzgg/201901/85485f0aa1b642bbb1c7acc4c0115da8.pdf.

[2] 庄国波、韩惠：《5G时代政府数据开放共享的安全风险及防范》，《理论探讨》2020年第5期。

[3] 黄如花、刘龙：《英国政府数据开放中的个人隐私保护研究》，《图书馆建设》2016年第12期。

[4] 贵州省人民代表大会常务委员会：《贵州省大数据安全保障条例》，贵州省大数据发展管理局，http://dsj.guizhou.gov.cn/zwgk/xxgkml/zcwj/zcfg/201909/t20190924_10392438.html.

理的紧急通知》，规范教育信息管理人员的责权分配。教育部门可在相关数据安全保护政策法规基础上，进一步细化在线教育数据的安全责任制度，明确在线教育相关数据所有者、持有者、管理者、使用者和采集者的法律责任，落实责任承担制。

（四）推动在线教育数据安全管理系统化

在线教育治理是长远工程，在线教育数据安全保护标准的执行与监督、数据文件的权限分配、数据环境的建构与维护等都需要专门机构加以管理，保护在线教育数据安全离不开有序、系统的管理措施。

一方面，可成立在线教育数据安全标准工作组等监管机构，落实并监督标准与法规政策是否执行到位，并在各地区大数据管理局、网络安全管理局内设机构中增设诸如数据安全管理处等机构，辅助数据安全标准的落地践行。当前，我国多个地方机构都设有相关数据管理或网络信息安全管理机构，广东省大数据管理局内设数据资源处，沈阳市大数据管理局内设信息安全协调处、数据资源管理处，贵州省大数据发展管理局内设数据资源管理与安全处；这些部门机构都承担着统筹协调信息安全保护的职责，但这些安全保护措施并没有结合在线教育数据的实际情况，适用性略显不足。因此，设立在线教育数据安全管理机构十分必要，可在机构内设置在线教育数据安全管理专栏，针对在线教育特征提高在线教育治理效率。

另一方面，管理措施必然涉及权限分配，对公众账户及人员等身份的授权过大或过小都会对数据安全埋下隐患，对在线教育数据安全管理权限进行系统分配十分必要。可由教育管理机构与在线教育企业协商确立授权范围，以及严密划分数据权限的等级管理。例如，四川省教育厅印发《网络数据安全管理办法（试行）》，采取制定教育大平台方案、联合省委网信办开展教育系统网络安全检查等措施强化对教育数据的安全管理[①]。从仅包括数据文件访问的低等级权限，到数据编辑等高等级权限的系统分配，以及高等级权限对低等级权限的越权访问如何防范、是否通过等，都应详细体现在管理制度中。

[①] 科技与信息化司：《2021年12月教育信息化和网络安全工作月报》，中华人民共和国教育部政府门户网站，http：//www.moe.gov.cn/s78/A16/gongzuo/gzzl_yb/202202/t20220225_602233.html。

第七章

在线教育治理实践路径探索

构建在线教育治理体系是一项系统工程，强调的是在线教育生态系统的整体性，不应将在线教育局限于市场经济下的某种产物，需要对其部分违背市场秩序、阻碍行业发展的行为进行监管，更重要的是将在线教育视为与其周边环境交互作用而构成的统一整体，对其内部的教育系统及组织等人类要素和外部的软硬环境等非人类要素进行统筹协调规划[①]。在线教育治理既需要加强战略谋划和顶层设计，也要把握工作的着力点[②]。为此，本书从顶层设计、多元共治、技术赋能、平台建设、服务引领五个方面提出了智能时代在线教育治理的实践路径，具体如图7-1所示。

图7-1 智能时代在线教育治理的实践路径

---

① 吴世勇：《在线教育嵌入教育生态系统的模式研究》，《高教探索》2015年第10期。
② 王娟等：《智能化时代新型教育服务监管体系建构与路径设计》，《电化教育研究》2020年第1期。

第七章 在线教育治理实践路径探索

第一节 顶层设计：整体布局，系统规划

目前，在线教育市场规模急速增长，在线教育产品种类繁多，由于其互联网特质以及市场的碎片化特征，在线教育治理面临着重大挑战。多年来，在进行在线教育治理的过程中，各部门在处理各项事务上存在相互推诿和重复建设的现象，往往耗费巨大的人力、物力和财力，严重影响着在线教育治理效果。为此，在线教育治理需要的不仅是政府参与在线教育治理，更需要的是国家层面的系统设计、层层推进，从宏观政策层面实现在线教育治理的整体布局，通过风险管理决策加强在线教育治理风险防控，最终通过治理体系改革提高在线教育治理效能。

一 治理宏观政策，实现整体布局

在线教育治理过程中，政府起着"元治理"的作用，其在各治理主体中属于统筹地位，是治理工作中不可或缺的一环。在线教育治理过程中一切工作的开展，均以政府的宏观决策为前提，政府需要做到以下几方面工作：首先，政府需要加强在线教育发展总体规划，将在线教育服务设计、开发、传播、管理、维权等纳入发展规划，明确规定在线教育治理的重点，统筹学校、校外培训机构、互联网企业、在线教师、消费者等的利益分配，明确政府责任的范围和边界，合理分配政府职责，厘清政府、市场、社会之间的关系，倡导社会、家庭、个人责任。其次，完善法律法规和政策建设，出台在线教育治理相关法律法规政策文件，明确在线教育机构的准入标准、质量标准、处罚标准和退出机制，完善相关法律法规。最后，政府需协调管理机制，成立国家在线教育治理委员会或领导小组，加强在线教育市场监管，加强跨部门协调联动，对在线教育机构资质、课程培训材料及在线教育师资进行定期备案审查，在资源开发与开放、市场监管等方面压实政府主体责任。总之，政府是在线教育治理不可或缺的主体，作为一切治理工作的前提，政府的宏观决策影响着整个治理工作的进程与效率，需要的是政府对在线教育治理工作的整体布局与系统规划，厘清各阶段治理工作重点，保证在线教育治理工作稳步进行。

二 风险管理对策，加强风险防控

大数据时代，数据的高度依赖性必然伴随着数据安全问题的产生，在线教育治理中各主体的数据隐私难以保证，容易出现由于数据保密措施不当导致的用户个人隐私泄露、窥探个人隐私问题，甚至引发网络诈骗和恶意网络攻击的问题。为防范治理数据风险的出现，在线教育治理需要健全规范数据流通共享和数据权利义务的相关法律法规，强化数据安全方面的治理，确立数据安全防护能力标准，实现数据安全风险总体可控。除政府的风险防控工作外，其余各主体也需要制定完备的风险管理对策，加强风险防控。首先，对于在线教育服务行业，应通过引入多层数据加密和用户权限分级来规避数据泄露风险，提供安全监控功能对系统操作进行跟踪与预警，并针对异常锁定、恶意攻击、异地登录等安全隐患采取相应措施，以保障用户的数据安全。其次，对于企业而言，需要加强与监管部门沟通协作，建立标准化、覆盖数据全生命周期的数据安全管理机制。对于行业组织而言，也应建立行业自律规范，不断优化数据的行业安全标准体系，开展行业数据安全治理水平评估，定期向社会公布保护个人数据安全的举措与成果。最后，积极宣传数据安全法律法规，进行数据安全教育，提升公众数据安全意识，为在线教育的数据安全治理营造良好环境。

三 治理体系改革，提高治理效能

在线教育治理体系包括教育制度以及贯彻落实教育制度的政策行为[①]。当前，我国的在线教育治理体系尚存在内外联动不足、治理责任不明确等诸多问题，严重阻碍了在线教育治理效能的提升，因此有必要进行治理体系改革，构建在线教育治理新体系，形成对政府、企业、学校以及社会等治理主体行为的约束和规范机制，实现在线教育的共治与善治。教育服务本身的特性决定了政府的角色是政策制定、规划以及监督、评估的提供者。政府不应该垄断对教育的管理权，而是与社会、学校合理分权，从单一主体的政府管理转向多元主体的共同治理[②]。为此，要科学发挥政府的职能，厘清政府与市场之间的关系，有序推动在

---

① 陈金芳、万作芳：《教育治理体系与治理能力现代化的几点思考》，《教育研究》2016年第10期。

② 褚宏启、贾继娥：《教育治理与教育善治》，《中国教育学刊》2014年第12期。

线教育治理体系与治理能力现代化；同时，需要加强行业内各企业内部的治理合力，提升企业在线教育治理能力。学校治理作为教育治理在学校场域中的具体表现，是由相关利益主体共同参与、民主协商共治的过程，学校治理中需要广泛吸纳师生参与，主张让教师、学生、家长等群体参与到学校治理中来，以构建民主协商多元参与的治理格局，提升学校的在线教育治理能力与效率[1]。作为学校治理的重要主体之一，教师在一定程度上体现了政策制定者与政策执行者的双重身份，学校给予教师参与学校治理的渠道和机会，赋予教师更多的治理权力，是提高学校决策科学化和民主化的重要方式[2]。社会力量是保持在线教育治理市场活力最重要的要素，需要整合社会力量，调动社会成员的活力，积极引导社会公众参与治理，提升在线教育治理的市场活力。因此，构建在线教育治理体系的关键，是发挥各治理主体的功能，构筑良性互动、有序发展、多元共治的在线教育治理体系，逐步实现治理模式的多元化、扁平化，改善行业生态，提高治理效能。

第二节　多元共治：内外联动，精准治理

构建在线教育治理体系，要协调好政府、学校、机构和社会之间的关系，实现相互制约，协同治理。受多种因素影响，传统的在线教育治理是以政府为核心的单一行政管理模式，市场、社会参与治理的深度和积极性不足，多元治理价值的彰显面临着严峻挑战。因此，在线教育治理需要协调好各级政府之间、政府内部各行政部门之间、各级各类学校之间、各学校内部之间、各在线教育机构之间、相关社会民众或团体与社会媒体之间的关系，通过平衡政府、市场、社会等主体的治理权力，尽可能地实现公平和效益的最大化，形成基于政府元治、市场自治、社会参治的在线教育治理权力体系，以追求良善治理的目标。大数据的出现及多向运行在一定程度上强化了在线教育治理对不同主体的依存关

---

[1] 范勇、范国睿：《教师参与学校治理能提升学生学业表现吗——基于 PISA 数据的实证研究》，《现代教育管理》2022 年第 2 期。

[2] Liyquist, J. G., *Are Schools Really Like This? Factors Affecting Teacher Attitude Toward School Improvement*, London: Springer Science & Business Media, 1998, pp.28-35.

系，重塑了在线教育治理中各主体的地位[1]，政府、市场、学校、社会等教育治理主体均成为了数据的供给者与消费者。在线教育治理数据流通过程中，政府、市场、学校、社会等主体均可以基于大数据共享平台参与到在线教育治理过程中，各主体之间相互依存，凝聚群体智慧，促进在线教育治理中各主体之间形成一种新型的协同关系，从而走向多元共治[2]。此外，应加强在线教育治理的精准化建设，针对各类学校、教育机构等做到精准治理，各类网站平台必须切实承担信息内容管理主体责任，学校应严格把关合作平台。同时，在治理过程中应结合地区差异，设置专门的管理机制。目前，在线教育 App 不断涌现，在线教育机构良莠不齐，针对在线教育机构培训要做到专项治理，严格遵守《中华人民共和国网络安全法》《中华人民共和国未成年人保护法》《网络信息内容生态治理规定》等法律法规，建立网络信息内容生态治理机制，强化社会对在线教育市场的监督作用。

一 政府元治、保障群众利益

在线教育治理中，政府担任着元治理的角色，即"治理的治理"[3]，作为在线教育治理的权威参与者与教育公共利益的代言人，政府需要对在线教育治理的成效负责[4]。《中国教育现代化 2035》明确提出要"加大政府教育统筹力度""健全中央层面教育统筹治理协调机制，科学界定相关部门在教育治理中的职责权限。中央层面要加强对区域教育协调发展的统筹，健全教育标准体系，部署重大教育发展改革。省级政府加大省域内各级各类教育的统筹力度，提升政府统筹层级，推动区域、城乡教育资源合理配置，优化布局结构，支持市地、县域内基本公共教育均衡发展"[5]，通过对国家、市场、社会组织等力量进行宏观上的协调

---

[1] 陈良雨、陈建：《大数据背景下的教育治理能力现代化研究》，《现代教育技术》2017年第2期。
[2] 杨现民等：《数据驱动教育治理现代化：实践框架、现实挑战与实施路径》，《现代远程教育研究》2020年第2期。
[3] 张文江：《"元治理"与中国特色大学治理体系》，《现代教育管理》2019年第5期。
[4] 褚宏启：《绘制教育治理的全景图：教育治理的概念拓展与体系完善》，《教育研究》2021年第12期。
[5] 中共中央、国务院：《中共中央、国务院印发〈中国教育现代化2035〉》，中国政府网，http://www.gov.cn/xinwen/2019-02/23/content_5367987.htm。

管理，明确各主体的定位和作用，政府能够更好地引导各方协同交互形成治理合力。目前，我国的社会自组织体制还欠发达，民间团体的规范性、专业性、全面性还有待提升，多元治理所依赖的社会条件尚未完全发展成熟①，如生硬地将西方的多元治理理论套用在我国在线教育治理的过程中，很有可能造成治理失败的风险。因此，在线教育智慧治理在重视政府、市场、社会等多元主体参与的同时，也应强调政府在在线教育治理中所发挥的"元治理"作用。在线教育智慧治理彰显"政府元治"，合理地把控集中治理与治理主体去中心化的张力，可以有效避免各治理主体囿于自身利益难以达成共同治理目标，主体间权责不明、推诿扯皮、治理低效乃至失败的局面。

依照"元治理"理论，政府是教育治理的发起者，政府要从行政型角色转变为服务型角色②③④。在线教育智慧治理中政府要发挥的作用如下：第一，根据在线教育市场发展状况制定相适应的发展规划、制度规范和技术策略，承担在线教育治理规则的主导者和制定者角色。第二，科学发挥政策对行业的重塑作用，对在线教育市场代表未来发展趋势的机构、企业、服务方予以财政上的倾斜，对违法违规企业处以罚款、取缔、追究法律责任等措施。第三，政府作为在线教育治理的协调者，主动引导相关部门、行业企业、用户、学校等主体的对话与协作，合理调配各主体的治理职责，积极引导各主体参与到在线教育治理工作中。第四，政府要做治理的平衡者，主动公开在线教育治理过程中的相关信息，提升治理的透明度，使治理各方理解对方的立场、利益等情况，从而达成共同治理目标。

为制止资本异化在线教育，2018年以来我国发布了《关于规范校外培训机构发展的意见》《关于引导规范教育移动互联网应用有序健康发展的意见》《关于促进在线教育健康发展的指导意见》《关于进一步

---

① 李剑：《地方政府创新中的"治理"与"元治理"》，《厦门大学学报》（哲学社会科学版）2015年第3期。

② Jessop, B., "Governance and Metagovernance: On Reflexivity, Requisite Variety, and Requisite Irony", *Governance as Social and Political Communication*, January 2003, pp. 101-116.

③ Jessop, B., "Territory, Politics, Governance and Multispatial Metagovernance", *Territory, Politics, Governance*, Vol. 4, No. 1, February 2016, pp. 8-32.

④ 刘维杰：《鲍勃·杰索普元治理理论研究》，硕士学位论文，华中科技大学，2019年。

减轻义务教育阶段学生作业负担和校外培训负担的意见》《教育部办公厅关于进一步明确义务教育阶段校外培训学科类和非学科类范围的通知》《关于坚决查处变相违规开展学科类校外培训问题的通知》等系列政策文件，从一定程度上缓解了线上培训乱象[①][②]。实际上，作为 K12 教育在线培训的起源地，美国也早已意识到对在线教育进行监管的必要性。美国国家教育政策中心（National Education Policy Center）于 2011 年就呼吁政府通过制定财政与教学法规、对在线培训机构进行审计、向在线教育提供商进行认证等手段加强对 K12 教育线上培训的监管[③]。2021 年，美国国家教育政策中心对其各州的在线教育立法进行了审视，发现各州的在线教育法案仍停留在简单修订与紧急立法层面，未能就未来的远程学习需求进行全方位的考虑，一些州在改革在线教育财政与服务方面犹豫不决[④]。这也给我国在线教育监管政策制定带来了启示，针对在线教育治理的不应仅仅停留在培训工具、培训内容、培训机构、培训教师等方面的监管与审查，而是在整体考量社会在线教育需求的基础上，制定相关规章政策以形成一个较为成熟完善的政策体系。

二 市场自治、激发行业活力

良好的在线教育市场为在线教育相关商品与服务的交易与流通创造了适合的环境，并促成了在线教育资源在社会的合理配置。2016 年《依法治教实施纲要（2016—2020 年）》提出了市场在教育治理中的作用，提出了"发挥好市场机制在教育资源配置中的作用，形成多元参与的教育治理格局"。与其他主体不同，在线教育机构、企业等市场主体既是在线教育资源与服务的提供者，也是监督与管理者，凸显了在线教育治理的民主特性。在线教育市场的供给最大优势是为学生和家长提供了广阔的选择空间，有助于满足学生和家长的差异教育需求，也有

[①] 马健生、刘云华：《教育中的资本扩张：危害与治理》，《清华大学教育研究》2021 年第 4 期。

[②] 袁磊等：《把脉"双减"政策构建在线教育信息安全体系》，《现代远程教育研究》2021 年第 5 期。

[③] Glass, G. V. and Welner, K. G., "Online K-12 Schooling in the US: Uncertain Private Ventures in Need of Public Regulation", National Education Policy Center, October, 2011.

[④] Molnar, A., et al., "*Virtual Schools in the US* 2021", Boulder, CO: National Education Policy Center, May, 2021.

助于学生和家长更为充分地行使教育选择权①。但是对于在线教育市场供给能否为在线教育和学校教育带来效益，并促进教育公平，学界仍存在着很大争议，因此需要妥善处理好在线教育治理中的政府与市场的关系，政府需要向市场适当放权，保障政府元治下的市场自治得以顺利开展。

在线教育服务供给方参与市场自治主要有以下途径：第一，在政府统筹下，在线教育相关机构与企业可以自发组成在线教育行业协会，通过举办展览、组织会议或发布文件等形式向外界介绍在线教育行业的发展状况、现实困境以及发展趋势等信息，为政府与企业之间、在线教育资源生产者与消费者之间搭建顺畅的沟通桥梁。第二，制定统一的在线教育服务质量标准，并对在线教育服务质量、竞争手段、经营规范等进行严格监督自查，采取相应奖惩措施维护行业形象和生态环境。第三，对在线教育行业所存在的问题展开研究，提出建议、白皮书、调查报告等研究成果，供政府、企业参与在线教育治理，为制定行业发展规划、监管政策提供参考。

2021年9月，全国校外线上培训管理服务平台上线，企业可以通过该平台录入备案信息，上传备案资料，提交审查申请；各省级有关部门可以在线审查备案材料，进行过程管理。之后教育部对平台进行整合，形成了全国校外教育培训监管与服务综合平台（https://xwpx.eduyun.cn/）。在线教育服务提供商应积极响应国家《关于进一步减轻义务教育阶段学生作业负担和校外培训负担的意见》（以下简称"双减"政策）的政策号召，配合政府工作，主动向相关部门进行备案，明确收费标准，杜绝虚假宣传和提供非法服务。同时，企业可以组成行业委员会，制定统一的行业标准，自纠自查，重新激发在线教育的市场活力。

三 社会参治、保障群众利益

"社会参与"是指社会成员通过讨论、协商和决定对社会公共事务

---

① 吕普生：《重塑政府与学校、市场及社会的关系——中国义务教育治理变革》，《人文杂志》2015年第8期。

进行管理的一种现代参与式民主制度①。而教育治理体系现代化其实是要扩展教育治理体系内涵，实现社会广泛而有效地参与教育治理②。近年来，国内相继颁布的《全面推进依法治校实施纲要》《关于深入推进教育管办评分离促进政府职能转变的若干意见》《中国教育现代化2035》等系列重磅政策文件指出"要积极探索扩大社会参与学校办学与管理的渠道与方式""听取公众和社会各界对重大教育决策的意见建议""推动社会参与教育治理常态化，建立健全社会参与学校管理和教育评价监管机制"，强调了教育治理中应当充分听取群众意见，突出了社会参与教育治理常态化的重要性。然而以往在线教育治理多是自上而下的科层制封闭式治理体系，社会群体参与教育治理的意愿和机会较为缺乏，人民群众的治理诉求无法得到及时的反馈。在线教育智慧治理强调了社会主体参与治理发挥的作用，在推动在线教育多元主体治理的过程中，政府应当简政放权，明确社会参与在线教育治理时的权利与义务，推动在线教育智慧治理模式的创新与变革。在智能技术与创新理念的加持下，社会群体通过学习相关专业知识，主动参与在线教育治理，正确行使监督权，能够有效提升治理绩效，降低治理成本，促使在线教育治理由静态、碎片化的单一行政管理向动态、整体化的多元导向智能治理转变。首先，社会公众作为在线教育拓展格局的关键主体，理应享有知情权。政府及行业必须保证社会公众对在线教育及其治理工作的明确知悉，保证公众对治理工作的清晰认知。其次，社会公众具有建议权。多元治理格局推动公众从前所未有的参与视角探究在线教育亟须治理之处，通过合理渠道反馈给政府和行业，助其制定科学决策。再次，社会公众与政府密切合作。政府与个人在相关制度安排下展开密切合作，在协同交流中共同发掘在线教育潜在问题，推动在线教育治理深入实施。最后，社会公众反馈有助于提供在线教育监管的准确性，帮助政

---

① 林靖云、刘亚敏：《我国教育治理中的社会参与：困境与出路》，《现代教育管理》2020年第11期。
② 王洪才：《教育治理体系与治理能力现代化论略》，《复旦教育论坛》2020年第1期。

府和行业部门建立更为具体的政策[①]。政府部门在人工智能等新一代信息技术的加持下，通过打造"智能反馈服务平台"，进一步保障政府与公众的智能对接，实现减轻行政压力与智能反馈的"双赢"局面，助力科学决策。

为顺应国家"双减"政策要求，各地纷纷上线了校外线上培训管理平台。如广州市教育局在移动政务 App"穗好办"上开设了"校外培训机构专区"，市民可以通过该平台查询市、区相关政策、公告以及校外培训机构相关状态，如基本信息、年检结果、黑白名单、培训班次、培训材料、广告和招生简章等；通过"12345"投诉专区实现个人诉求、企业诉求等方面投诉和进度查询。公民可以利用信息化的在线教育治理平台实现个人诉求、企业诉求等方面投诉和进度查询，净化在线教育市场环境，保障自身和他人的合法权益。

第三节 技术赋能：数据驱动，安全保护

智能时代，大数据、人工智能、区块链、云计算等新一代信息技术为在线教育治理提供了更多的可能性，技术赋能下的在线教育将是智慧的治理，其在追求技术应用的同时也反映着国家的治理理念和价值[②]。在线教育智慧治理在采用现代化的治理工具和治理方式提升治理效果的同时，也应通过制定规则等方式整合社会多元价值，在公平、民主、科学、高效等共识理念的指引下，实现治理绩效与效能的提升。通过将符合社会价值观的理念寓于智慧治理流程，实现在线教育生态系统内部各种群的良性竞争，促进在线教育生态系统不断转型升级。这表明了在线教育治理既需要新一代信息技术的支撑，也需要对治理行为和过程加以管控，以实现各主体利益和冲突的平衡，从而达到真正的智慧治理。利用大数据技术促进在线教育治理由经验治理走向数据驱动的循证治理，

---

① Worthen, V. E. and Lambert, M. J., "Outcome Oriented Supervision: Advantages of Adding Systematic Client Tracking to Supportive Consultations", *Counselling and Psychotherapy Research*, Vol. 7, No. 1, February 2007, pp. 48-53.

② 颜佳华、王张华：《数字治理、数据治理、智能治理与智慧治理概念及其关系辨析》，《湘潭大学学报》（哲学社会科学版）2019 年第 5 期。

实现治理方式的精准化；运用区块链技术促进治理由单一中心节点走向多中心分散节点治理，实现治理结构的扁平化；运用人工智能促进治理从传统人工治理走向智能治理，实现治理过程的智能化；运用云计算技术的加密算法，保障在线教育治理数据的安全化。

一　大数据促使治理方式精准化

目前，大数据技术在我国发展已经较为成熟。2015年，《国务院关于印发促进大数据发展行动纲要的通知》的发布促进了大数据技术的快速发展，特别是在政务领域和教育领域，大量学者进行了相关研究。2021年，工业和信息化部印发了《"十四五"大数据产业发展规划》提出了"加快数据'大体量'汇聚""强化数据'多样化'处理""推动数据'时效性'流动""加强数据'高质量'治理"以及"促进数据'高价值'转化"，进一步推动了大数据的发展。研究发现，大数据与教育治理具有天然的契合之处，有助于推进教育治理现代化[①]。利用大数据思维和技术赋能在线教育治理，有利于推动在线教育治理主体多元化，由单一管理走向多元共治，从经验决策走向数据驱动的循证决策，由静态治理走向动态治理。随着大数据技术在教育领域应用的不断深入，在线教育治理的数据必将被全面、全保真地采集，并实时存储于云端，通过数据挖掘与分析技术使在线教育治理决策摆脱经验决策的困局，依据全面、完整、客观的数据进行策略决断，形成教育决策的证据，缩小在线教育治理决策的误差，增强在线教育治理数据的精准性与科学性，促进在线教育治理决策走向循证治理[②]。首先，通过搭建在线教育治理大数据一站式服务平台，实现在线教育治理数据信息的互联互通，从而降低信息不对称和社会运行成本。例如，教育机构备案、师资认证数据、课程资源数据的一站式集成、上传、验证、共享、更新、退役，打通市场监管、税务、教育等不同部门的数据屏障，有效防止了在在线教育监管部门各自为政、多头执法造成的监管盲区。其次，引入大数据等新一代信息技术提供监督服务，可以提升在线教育治理透明度，

[①] 申霞、夏豪杰：《大数据背景下教育治理运行机制现代化》，《教育研究与实验》2018年第6期。

[②] 杨现民等：《数据驱动教育治理现代化：实践框架、现实挑战与实施路径》，《现代远程教育研究》2020年第2期。

及时发现在线教育存在的问题，促进在线教育精准治理，规避不良在线教育服务所带来的风险。最后，通过对在线教育机构整个生命周期的数据采集、分析与处理，树立全流程全链条的监管理念，建立完善的事前防范、事中控制、事后监管体系。通过实时比对、监督、预警、追踪实现对在线教育服务过程的纵向监管和机构、课程、教师的横向监督。

二　区块链推动治理结构扁平化

智能时代的教育治理，主要体现在利用智能化手段和技术平衡治理主体间的价值诉求，寻求共同目标。区块链作为一种去中心化的分布式记账本技术，其技术特点在促进教育治理结构扁平化、治理及服务过程透明化、治理数据可行性和安全性、教育执法智能化等方面具有天然优势[1]。区块链是P2P构成的去中心化系统，政府、学校、行业、师生等在线教育治理主体能够以平等节点的地位实现点对点传输，解决了信息不对等和信任问题。传统的在线教育治理片面强调政府的权威作用，市场、社会参与在线教育治理的积极性不高，这种以政府为主导的自上而下垂直式教育领导体制根深蒂固。利用区块链赋能在线教育治理能够使传统在线教育治理由围绕政府单一中心节点展开的模式向政府、行业、学校、师生等分散节点共同的扁平化治理模式转变，共识机制支持链上所有节点进行"集体决策"，并通过建立可信任网络的形式，促进链上节点之间快速达成交易，确保区块链系统中交易数据的开放与透明[2]。通过区块链的可追溯性、防篡改等特性，能为在线教育治理决策提供独一无二的数字化证明，实现在线教育治理决策的精准溯源和追溯，在技术层面实现治理决策误判可追责，进一步保证了治理决策的权威性，有利于防止权力的滥用和无用现象产生。通过构建在线教育治理区块链，实现在线教育治理决策的迅速扩散与共识达成，确保各主体知晓在线教育治理最新进展与动态。目前，已有省份将区块链与其他业务结合，打造新的交易环境。例如，广东市推行了"公共资源交易+区块链"，助力优化招投标领域的营商环境，利用区块链技术使数据共享变得便捷、安全，做到"一处登记、处处使用"，推动了办事结构扁平化，办事流

---

[1] 曲一帆等：《区块链技术对教育变革探究》，《中国电化教育》2020年第7期。
[2] 郑旭东等：《教育政务数据开放平台的区块链技术架构与运行机制设计》，《中国电化教育》2021年第3期。

程精简化，并利用区块链的加密算法和分布式账本等技术优势，实现了数据的加密溯源，确保了交易的公平。北京市也大力推行了"政务服务+区块链"以推动政务数据上"链"，着力打破"信息孤岛"，利用共识机制，提升跨部门的业务协同能力，各部门通过区块链组成联盟链，实现业务数据和操作记录实时同步、完全一致、全网各节点均认可和接受，促进了政务处理结构的扁平化[1]。

三 人工智能促进治理过程智能化

《中国教育现代化2035》《高等学校人工智能创新行动计划》等文件提出，要发挥网络教育和人工智能优势，构建基于信息技术的教育服务供给方式以及教育治理新模式，加快形成现代化的教育管理与监测体系，推进管理精准化和决策科学化。人工智能作为引领未来的核心技术，能够为教育治理提供新思路，为教育服务供给转型提供新途径，提高教育治理的效率，提升教育治理能力，并呈现出人性化和价值化的趋势。人工智能所特有的智能信息收集与筛选、自动识别和自主判断决策，有助于化解信息超载与稀缺问题、自主适应复杂教育情境和辅助教育治理决策行为[2]。而随着大数据、物联网、云计算等技术的兴起，人工智能可以做到更加精准地记录政府、市场、学校、社会等主体的数据，突破个人治理能力与经验的局限，借助人工智能技术的智能化、灵活性等特点，融合数据挖掘、模式识别、机器学习等，不断提升治理主体的自主能力，使整个在线教育治理体系更加富于智慧，最终全面提升在线教育治理效能。

一方面，人工智能助力协同治理。人工智能的应用可以提升跨部门间的数据共享与业务联动，推动治理形式和服务方式转变。通过智能分析协同的进程，人工智能可为参与主体提供适应性的响应与反馈，为各主体的协同的关键节点提供支持[3]，实现在线教育治理从围绕政府单一

---

[1] 中华人民共和国中央人民政府：《广州市创新推行"公共资源交易+区块链"助力优化招投标领域营商环境》，中国政府网，http://www.gov.cn/xinwen/2021-05/14/content_5606491.htm。

[2] 侯浩翔、钟婉娟：《人工智能视阈下教育治理的技术功用与困境突破》，《电化教育研究》2019年第4期。

[3] 彭中礼、王亮：《法治视野中的智慧治理》，《济南大学学报》（社会科学版）2020年第6期。

节点展开的模式向政府、市场、社会等分散节点共同的扁平化治理模式转变。同时,"人工智能正深刻改变人们的生产、生活、学习方式,推动人类社会迎来人机协同、跨界融合、共创分享的智能时代"①,人机协同的新型协同方式也为在线教育治理工作带来了助力。人机协同下的在线教育治理的主体从自然的人扩展到了智能机器,使治理主体的构成更加多元,并将重构政府、学校和社会的新型治理关系,推动传统的政府中心、权威控制、自上而下式的教育管理向多中心、资源合作、上下结合式的教育治理转变,使教育治理制度体系更加开放化、智慧化,促进在线教育治理体系从碎片化、个案决策、静态化、管理本位向网格型、数据决策、动态化和服务本位转型②。

另一方面,人工智能助力高效治理。人工智能有力地推动了新的治理形态的发展,让政府、市场、学校等主体可以在物理世界与数字世界交互中实现智能多样的功能,为在线教育治理带来自动数据采集、即时风险感知、精准科学决策、智能监管治理流程等智能化手段,解放了在线教育治理的重复劳动。特别是依托数据分析、机器学习以及精准算法等,可以有效超越时空的限制,为治理工作提供全天候、无时空限制的智能服务。

四 云计算保障治理数据安全化

2015年,国务院发布了《关于促进云计算创新发展培育信息产业新业态的意见》,提出"增强云计算服务能力""探索电子政务云计算发展新模式"。随后《国家开放大学综合改革方案》《关于推进教育新型基础设施建设构建高质量教育支撑体系的指导意见》《十四五特殊教育发展提升行动计划》等文件反复强调了云计算等技术的应用。近年来,国内多地开始打造云计算数据中心以提高政务处理能力,可见云计算在电子政务平台运用有一定的优势。云计算应用于在线教育治理,可切实保障治理数据的安全。首先,云计算技术可以切实保障在线教育治理中各主体的隐私安全,通过基于共享密钥、基于生物学特征和基于公

---

① 教育部:《习近平向国际人工智能与教育大会致贺信》,新华网,http://www.xinhuanet.com/politics/leaders/2019-05/16/c_1124502111.htm。

② 陈星、吴叶林:《人机协同教育治理的障碍与突破》,《现代远程教育研究》2022年第1期。

开密钥加密算法的身份验证等，可以限制数据的访问权限，防止隐私数据的泄露。目前，比较常见的数据访问控制策略包括基于身份认证的访问控制以及基于属性加密的数据访问控制两种。前者主要是在数据加密的基础之上引入可以信任的第三方，对用户身份进行考察验证，从而确保公钥安全。而后者则更为常见，这是一种将数据传输过程中角色与权限绑定修改为属性与权限相结合的控制机制。只有当属性满足条件的前提下，才能实现数据资源的获取①。同时，数据层面的对象去标识、漏洞保护、虚拟机扫描、数据隔离、混合云技术等技术也常被用于保障数据隐私和安全。其次，基于云计算的数字签名可以有效保证数据的完整性，数字签名可以为数据在云端的传输保驾护航，保证数据传输过程中不被其他用户篡改和获取，确保了数据在传输过程中的完整性，同时可以确认数据传输的收发双方的身份，便于数据追踪。最后，云计算中的冗余备份可以保证数据的可用性。在数据传输过程中，重要的数据有可能因计算机病毒、物理设备故障等问题导致数据的丢失或损坏。云计算中，冗余备份是利用系统的并联模型来提高系统可靠性的一种手段，利用这种手段，在线教育治理过程中产生并传输的各种数据，会被完整地备份下来，保证了在线教育治理数据的可用性，避免了数据的丢失和损坏，促进在线教育治理数据安全化。

第四节 平台建设：创设环境，优化体验

2014年，中央网信办围绕电子政务发布了一系列政策文件，其中政务信息系统整合共享和"互联网+政务服务"成为工作重点，推动各级政府由"网络通""数据通"向"业务通"方向转变，办事服务由"群众跑"向"数据跑"转变②。《中华人民共和国国民经济和社会发展第十三个五年规划纲要》也提出"基本形成满足国家治理体系与治理能力现代化要求的政务信息化体系，构建形成大平台共享、大数据慧治、大系统共治的顶层架构"。2018年，《进一步深化"互联网+政务

---

① 李佳恩：《云计算背景下数据安全加密算法探究》，《中国信息化》2021年第11期。
② 李辉、张志安：《基于平台的协作式治理：国家治理现代化转型的新格局》，《新闻与写作》2021年第4期。

服务"推进政务服务"一网、一门、一次"改革实施方案》指出要"进一步推进'互联网+政务服务',加快构建全国一体化网上政务服务体系,推进跨层级、跨地域、跨系统、跨部门、跨业务的协同管理和服务,推动企业和群众办事线上'一网通办'(一网),线下'只进一扇门'(一门),现场办理'最多跑一次'(一次),让企业和群众到政府办事像'网购'一样方便"。2021年,《全国一体化服务平台移动端建设指南》要求2022年底,各省(自治区、直辖市)和国务院部门移动政务服务应用于国家政务服务平台移动端"应接尽接""应上尽上",推动实现清单内事务"掌上可办"。近年来"数字政府"的提出也说明了打造政务平台的重要性。在线教育治理是教育政务的一部分,因此有必要打造一款便捷、智能化的治理平台以提升治理效率,推动业务便捷,建设方案如图7-2所示。

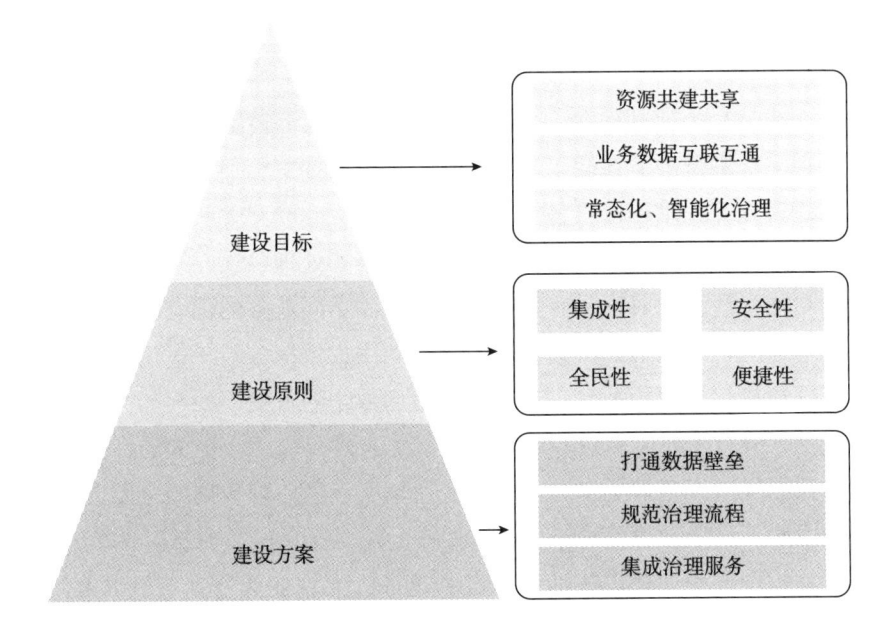

图7-2 一体化在线教育治理平台建设方案

一 建设目标

在线教育活动主要存在于网络数字空间,在线教育行业的各类违法行为具有复杂、隐匿等特性，需要政府转变治理观念，运用数字技术，搭建智慧治理平台，提供精准高效的在线教育智慧治理服务。在线教育治理需要政府、市场、社会团体等协作，搭建"大数据+AI"一体化的线上综合服务平台，融合业务应用平台、云服务平台和大数据智能监管等平台，以实现资源共建共享，业务数据互联互通。通过建立在线教育产品投诉清单、服务智能监督、跟踪评估治理成效等手段落实在线教育治理措施，更有效、精准地解决在线教育中出现的问题。同时，结合区块链技术构建个人学习信用库，打造共建共享、高效安全的教育资源库，加强对知识产权及其利益相关者的保护，实现在线教育信息数据的治理。通过搭建在线教育治理平台，可以提升在线教育治理的效率，助力消费者维权，倒逼在线教育市场供给侧改革，助推优质在线教育资源的形成，促进在线教育治理向过程化、常态化、智能化方向发展。

二　建设原则

（一）集成性

在线教育治理过程中，不同部门、不同主体间的数据均需在在线教育治理平台进行分类存储、共享。在线教育治理平台通过大数据、人工智能、云计算技术可以将各个分离的要素集成到相互关联的、统一协调的系统之中，使在线教育治理平台具有记录和处理各项在线教育治理事务的功能，这种集成性具有集成多种功能和不同业务的优点。在对平台进行搭建时，必须考虑其集成性原则，利用大数据等新一代信息技术打造高度集成化的智能平台。在线教育治理数据的收集、处理和共享均需通过在线教育治理平台进行，利用大数据技术可以保证庞大的在线教育治理数据得以完整地记录并分类集成，切实保障治理数据的全面性。将新技术融入在线教育治理平台，保障平台中数据的高度集成，为实现在线教育治理资源的共建共享创造有利条件，实现业务数据的互联互通，保障在线教育治理的高效性。

（二）安全性

在线教育治理平台记录着在线教育治理过程中大规模的数据，包括学生、教师、学校、企业、政府等多个主体的数据，如何切实保障治理主体的数据安全，成为在线教育治理平台亟待解决的问题。在平台运行阶段，必须保证平台数据的安全，数据安全是在线教育治理平台最重要的原则，需要通过多种手段保证平台的安全性。技术人员应提供多种检查和处理手段来保证系统数据的安全性及准确性。针对主机、数据库、网络和应用等各层次制定相应的安全策略，保障系统的安全性和可靠性。按照国家网络安全法、国家网络安全等级保护制度和中华人民共和国数据安全法的要求，完善信息安全技术系统建设和制度建设。运用云计算、区块链等技术做好数据的加密与共享保护，做好数据平台的监管评估，保障在线教育治理平台的安全运行。针对材料真伪辨认、访问量受限、传输过慢、不同数据库对接等问题，加大技术性创新力度，提高在线教育治理平台各系统的安全防护能力，切实保障数据和信息安全，保障在线教育各治理主体的安全和利益。

（三）全民性

要实现在线教育高效治理，必须协调好政府、企业、学校和社会之间的关系。在线教育治理强调的是多元主体参与的治理，在线教育治理平台的打造必定以全民性作为基本原则，所有在线教育治理中的主体，均可平等地利用在线教育治理平台参与治理。政府作为平台的治理决策的主体，需要通过平台获取在线教育及其治理数据，并通过业务应用平台、大数据智能监管平台等，实现治理决策的共享；企业需要根据平台上发布的政策决策，以及企业的在线教育及其治理数据，了解企业在线教育发展方向，实现企业间业务数据的流通；学校可以通过在线教育治理平台反映在线教育开展的现状、效果、问题及优势，同时为在线教育治理工作建言献策，为在线教育治理决策提供支持；社会公众也可通过在线教育治理平台，了解在线教育治理政策决策、工作进展等，并通过群众反馈渠道，对有问题的在线教育企业的违规行为进行举报，为在线教育治理建言献策。因此，在线教育治理平台必须考虑全民的参与，对新技术、新主体、新服务始终保持开放性，为政府与社会提供交流沟通的桥梁，接纳更多的社会团体和个人参与到在线教育治理工作中，实现在线教育治理的广泛参与，提高治理效能。

（四）便捷性

系统的便捷性是影响在线教育治理主体参与治理工作的重要因素。系统功能全面与否、导航清晰与否、操作简单与否都影响着在线教育主体的参与度。在线教育治理平台的打造需要考虑系统功能的全面性，要为每个治理主体提供一个高效、统一且易于交互的操作界面。适应大数据、云计算、人工智能、区块链等新技术的需要，通过智能化的手段，实现平台内容查找容易，功能齐全，使用方便快捷，并通过制定详细的使用说明，为用户提供人性化、流程化的服务，并增加如在线社区查询、地图服务等便民模块，增强平台的人性化[①]。随着社会信息化水平的不断提升，政府人员和师生团队的信息素养得到了大幅提升，为其参与在线教育治理提供了支持。但农村留守儿童、老年人等特殊群体，其信息素养普遍不高，导致了这部分人群很难参与到在线教育治理的工作中，致使在线教育治理城乡差距明显。因此，在线教育治理平台需要体现便捷性，保障在线教育治理服务内容，操作流程简单，让更多的群体可以参与到在线教育治理工作中。

三 建设方案与内容

在线教育活动主要存在于网络数字空间，在线教育行业的各类违法行为具有复杂、隐匿等特性，需要政府转变治理观念，运用数字技术，搭建智慧治理云平台，提供精准高效的在线教育智慧治理服务。智慧治理平台主要由智慧大脑、智慧政府云、智慧媒体三者组成，由各层级、横向和纵向、内部和外部的治理主体和治理对象的数字系统组成，它将助力全面推进国家治理体系和治理能力现代化进程[②]。在线教育治理平台的建设将致力于打通在线教育治理的数据屏障，实现数据在治理主体中的高效流通；规范在线教育治理流程，保障治理流程的标准化运行；集成多样化的治理服务，打造一站式的在线教育治理服务平台，推动在线教育治理工作朝着智能化、精准化和便捷化方向发展。

（一）打通数据屏障，实现数据高效流通

在线教育智慧治理平台作为在线教育智慧治理的数字中枢，其通过5G、物联网、区块链等技术实现对在线教育治理的实时监测与数据汇集，各级政府通过API接入在线教育智慧治理平台，实时上传、存储、

[①] 苗国厚、陈璨：《在线政务服务平台建设的沿革与前瞻》，《中国行政管理》2020年第2期。

[②] 高慧军、黄华津：《以智慧治理平台推进国家治理现代化》，《学习时报》2019年11月11日第A7版。

分析、传输有关在线教育的治理活动数据，实现在线教育治理活动的数字化、信息化、智能化。"最多跑一次"的改革关键在于实现数据的共享，强调的是打通不同部门的数据，将治理数据归集于统一平台，让"群众跑腿"变为"数据跑腿"。打造在线教育智慧治理平台有利于政府相关部门便捷地获取和共享治理数据，打破原有的"数据屏障"，通过标准化设定，促使设备端口、数据平台等关键节点的互通互联，有效地避免了传统治理模式下因各部门条块分割、各自为政导致的信息流转效率低、沟通困难等现象，促进政务服务跨地区、跨部门、跨层级数据共享和业务协同；同时，各部门通过接受治理中枢的调度优化，实现各部门的高效协同，避免政府各部门之间出现大量的重复工作，使在线教育智慧治理的效率和满意度大幅度提升。

（二）规范治理流程，保障治理流程标准化

通过在线教育智慧治理平台对在线教育治理行为的全过程记录与监督，使针对在线教育行业的治理活动暴露在"阳光下"，提升在线教育治理的透明度。依托在线教育智慧治理平台，无论是政府、企业，还是学校、社会公众，均可以随时随地地了解在线教育治理情况，随时对在线教育治理行为进行民主监督，发挥不同治理主体的治理职责；在线智慧治理平台开放着用户、企业接口，社会可以对在线教育行业存在的问题进行投诉，并对处理过程进行实时跟踪，进一步实现上下一体、内外协同、社会参与的在线教育治理模式。此外，在线教育治理平台不仅仅限于信息公开、查询和反馈，而是能够实现在线教育治理服务的全流程办理，在线教育治理活动的整个流程都能在智慧治理平台上有所体现，在线教育治理流程成为可追溯的客观数据，一旦某个决策或流程出现问题，均可以通过智慧平台迅速抓取问题点，从而帮助政府有针对性地优化治理流程，真正实现在线教育治理流程的统一化、标准化，有效避免了治理程序不正当、治理判罚不公正等情况的产生。

（三）集成治理服务，打造一站式服务平台

在线教育智慧治理平台集成了从投诉到处理，到反馈的一站式治理服务，有利于收集反映群众在线教育治理诉求、意见和建议，打通"最后一公里"，实现智慧治理常态化，改善群众获取在线教育治理服务的体验。在在线教育服务或产品发生纠纷后，根据问题严重程度，可以首先引导至智慧治理平台的解纷中心进行调解。经调解无法达成协议的，在线教育智慧治理平台可提供诉讼引导、在线立案等诉讼服务。在线教育智慧治理平台坚持网格化治理，将全国在线教育治理服务平台划分为省、市、县、镇级网格，并设置相应的治理单位与治理结构，形成"省级综治中心+市级网格区域+微网格区域"网格化管理体系，尽最大可能满足每一个群众的在线教育治理需求。

总之，通过打造一体化的在线教育治理平台，将在线教育治理过程中的全部流程搬到网上进行，不仅可以保证在线教育治理各主体间的数据流通，打破数据孤岛现象的出现，提高在线教育治理中各主体的协同治理能力，避免重复工作，提高行政效率，还可以简化治理工作的各项办事流程，将在线教育治理的全部流程置于网络，为在线教育治理提供了多样的渠道。基于各种技术集成的在线教育治理平台，在数据收集、存储与数据分析方面较人工均有显著优势，通过集成在线教育治理服务，打造一站式服务的平台，必将实现在线教育治理效能的显著提升。

第五节　服务引领：健全机制，监督协调

在线教育治理的高效开展，需要健全各项治理机制，使多方机制协调运作，以服务引领在线教育治理。在对在线教育发展调研中发现，在线教育行业出现了备案审查机制不健全、政策推进效果有限、在线教育收费不透明、市场监管难度大、部分企业游离于监管之外、数据安全得不到保障等问题，严重影响着在线教育行业的发展。虽然"双减"政策出台，对义务教育阶段校外线上和线下培训机构的备案审查与课程收费等进行了规定，但仅仅是义务教育的阶段性治理，尚未做到对整个在线教育市场的全方位治理，因此亟须加强在线教育治理的服务引领，健全在线教育治理的各种机制，完善在线教育服务的备案审查机制、构建在线教育收费工作管理机制、健全在线教育课程监督机制、建立在线教育数据安全保障机制、健全在线教育公众反馈机制，实现在线教育治理工作的协调运行，如图7-3所示。

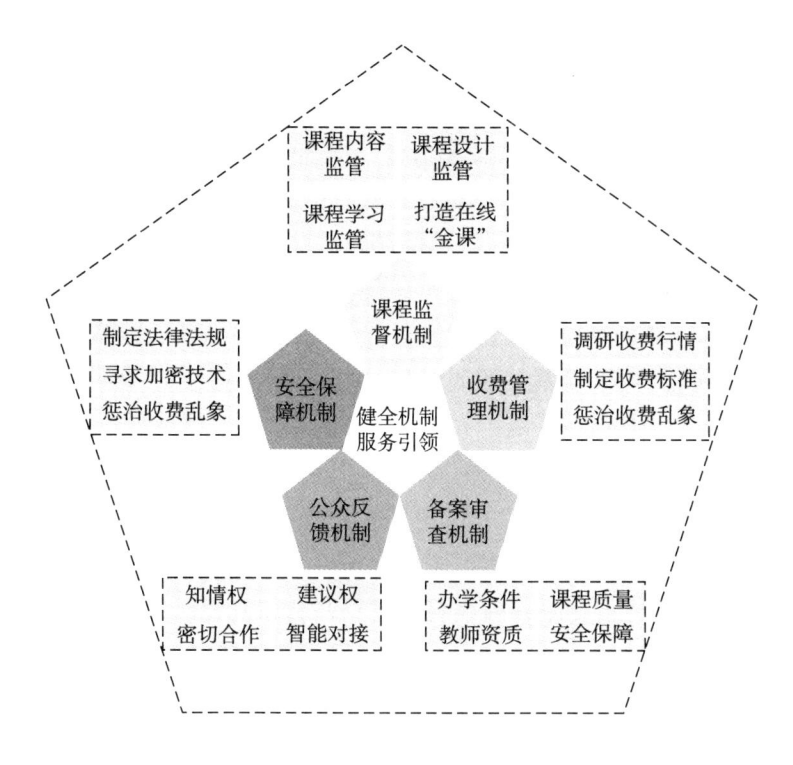

图 7-3　健全机制服务引领

一　完善在线教育服务的备案审查机制

备案审查机制是对政府规章与规范性文件，利用备案与审查等手段来维护政策规范性的运行流程。调研发现，与庞大的在线教育市场规模相对应的是我国线上培训机构备案审查机制不健全，在行业内没有统一的准入标准以及现有规范标准不清，这已成为在线教育治理工作中的重要问题。在线教育治理过程中，需要完善在线教育服务的备案审查机制，重点对线上培训机构、培训内容及培训人员进行备案，以保证在线教育的办学条件、师资力量和教学质量。"双减"政策的提出，对校外培训机构的备案和审批做了相关规定。目前，教育部先后发布了《关于将面向义务教育阶段学生的学科类校外培训机构统一登记为非营利性机构的通知》《校外培训机构从业人员管理办法（试行）》等文件，对校外培训机构（包括校外线上培训机构）、培训内容和培训人员等作出了一系列规定，为在线教育服务的备案审查提供了参考。但在线教育治理是长期的工作，庞杂的在线教育市场需要更加完善的在线教育服务的审查备案机制。为此，针对在线教育机构办学条件、在线教育教师资质、在线教育课程质量、师生数据安全保障等方面，研究从备案、审批、追踪监管全方位保证在线教育服务的规范。

二 构建在线教育收费工作管理机制

由于缺乏在线教育收费标准，在线教育机构虚假宣传、诱导性收费等乱象频发。如何有效解决在线教育市场收费乱象成为在线教育治理亟须解决的现实难题。为此，亟须构建在线教育收费工作管理机制，加强对在线教育市场的监管。自"双减"政策发布以来，尤其是《关于加强校外培训机构预收费监管工作的通知》《关于加强义务教育阶段学科类校外培训收费监管的通知》等文件的发布，为线上培训机构的收费标准作出了相关规定，控制了校外培训机构收费乱象。例如，2021年底，湖南省发改委、省教育厅和省市场监督管理局联合印发了《关于义务教育阶段学科类校外培训收费有关问题》，将义务教育阶段线上和线下学科类校外培训收费纳入政府指导价管理，由政府制定基准收费标准和浮动幅度。但一系列的举措仅从义务教育阶段出发进行收费管理，对于其他教育阶段以及其他社会成员参与的在线教育的收费标准并未进行严格规定，在线教育市场仍存在大量课程收费不合理的情况。因此，政府和教育部相关部门需充分了解市场在线教育收费价格，在充分保证学习者学习的基础上，制定在线教育收费工作管理机制，严格规定在线教育收费标准，严格管理在线教育乱收费现象，打造健康的在线教育交易环境。

三 健全在线教育课程监督机制

师资质量问题导致了在线教育课程参差不齐，由于缺乏有效的在线教育课程监管，部分机构、平台出现课程质量低下的情况，甚至存在广告、游戏和低俗有害的信息，严重影响了学习者的身心健康和学习体验。在线教育教学质量受到在线教育课程的影响，优质课程可以让学习者掌握知识，但是低质的课程会导致学习者在线学习质量不佳，阻碍学习者身心发展。随着技术的深入应用与教育形式的不断变革，在线教育取得突破式发展，在线教育课程资源得到飞速扩充，其中不乏质量较差的课程滥竽充数，学习者对课程的鉴别越发困难，严重影响了在线教育的健康发展。为此，"国家智慧教育公共服务平台"上线，整合各阶段的在线学习资源，为学习者优质资源的获取提供便利。除资源整合外，政府和机构还需充分结合大数据、人工智能等技术优势打造在线教育课程实时质量监督机制，保障在线教育课程质量。需要针对在线课程中不同的要素进行持续性监督反馈。首先，对在线课程内容和课程设计进行有效监督，结合在线课程质量标准，依据各项指标科学合理地评估、评价在线课程内容及课程设计的质量，并结合在线课程中的实际问题，进行针对性反馈和完善。其次，对在线课程学习进行监督，从学生角度出发，选择合适的学业监督形式，收集在线课程中学习者的学习数据，通过一定干预手段提高学生参与在线课程的积极性和主动性，实现在线教育课程的综合性提升。最后，政府和教育行政部门鼓励各教育企业和学校开发在线"金课"，提升在线教育课程的整体质量，并以教育部门为主导，对国家智慧教育公共服务平台资源进行严格筛选，不断优化国家智慧平台学习资源，为学习者提供更优质的在线学习资源服务。

四 建立在线教育数据安全保障机制

教育数据安全主要指教育数据及其数据系统没有受到威胁、危害或损失，也指确保教育数据在产生、收集、存储、开放、使用和管理等环节不被泄露、修改、破坏等[1]。在线教育过程中数据安全问题特别明显，尤其是当教师、学生和家长使用在线教育平台及 App 时存在数据泄露风险。调研发现，数据安全问题困扰着教师、家长以及学生等群体，课程推广、电话骚扰以及更甚的电信诈骗等问题层出不穷，数据安全问题已成为在线教育治理必须解决的问题。借助大数据、人工智能等技术可对在线教育数据进行采集与智能分析，数据采集、传输、接收的过程中均会产生数据泄露或者被篡改的风险。这需要探索更加安全的保护措施以防止数据的泄露与被非法利用，通过建立在线教育数据安全保障机制，确保在线教育治理各主体的数据安全。一方面，政府对在线教育数据的生成与利用进行法律规范，严格控制数据的非法操作。《中华人民共和国数据安全法》已对政务数据的安全与开放做了相关规定，在线教育治理工作作为教育政务的一部分，在数据安全法的基础上，还

---

[1] 苟学珍：《智能时代教育数据安全的伦理规约简论》，《电化教育研究》2021 年第 9 期。

需要针对在线教育及治理的数据产生、收集、存储和使用管理等环节进行细致的规定，为此需要制定《（在线）教育大数据安全管理办法》《（在线）教育服务数据安全问责条例》《（在线）教育数据权力法》等具有针对性的法律和规范。另一方面，寻求新的加密技术，对在线教育治理的数据进行严格加密与身份验证，打造安全性高的在线教育治理平台。云计算和区块链等核心技术，不仅保证了在线教育治理数据的公开透明，利用安全的数据加密手段，辅之以去中心化的访问控制设置，还保证了在线教育数据的完整性与安全性，避免数据泄露和被非法篡改、使用。

五 健全在线教育公众反馈机制

在线教育治理不是政府治理，单一的政府治理并不能解决在线教育存在的诸多问题。作为教育的最广泛参与者——社会公众，其参与在线教育治理工作，可以弥补单一政府治理的不足，需要健全在线教育公众反馈机制。首先，社会公众作为在线教育拓展格局的关键主体，理应享有知情权。政府及行业必须保证社会公众对在线教育及其治理工作的明确知悉，保证公众对治理工作的清晰认知。其次，社会公众具有建议权。多元治理格局推动公众从前所未有的参与视角探究在线教育亟须治理之处，政府通过拓宽在线教育治理中公众参与的渠道，保证社会公众可以及时反馈在线教育现存问题，社会公众通过合理渠道反馈给政府和行业，促进政府和公众的密切合作，助其制定科学决策。再次，社会公众与政府密切合作。政府与个人在相关制度安排下展开密切合作，在协同交流中共同发掘在线教育潜在问题，通过建立公平透明的在线教育第三方质量认证和评价制度，对课程品质进行全方位评估，发挥社会公众的民主评价价值，推动在线教育治理深入实施。最后，社会公众反馈有助于提供在线教育监管的准确性，帮助政府和行业部门建立更为具体的政策[1]。政府部门可基于人工智能的技术加持，打造"智能反馈服务平台"，保障政府与公众的智能对接，实现减轻行政压力与智能反馈的"双赢"局面，助力科学决策。

---

[1] Worthen, V. E. and Lambert, M. J., "Outcome Oriented Supervision: Advantages of Adding Systematic Client Tracking to Supportive Consultations", *Counselling and Psychotherapy Research*, Vol. 7, No. 1, February 2007, pp. 48-53.

由于在线教育的高速发展以及庞杂的在线教育市场，在线教育治理工作呈现出复杂性，必须对在线教育治理工作进行细致的规划，从顶层设计着手，发挥政府元治理的作用，实现在线教育整体布局，并在政府的主导下，实现在线教育多元共治，实现各主体、各部门间的内外联动。通过新一代信息技术赋能，基于在线教育治理一体化服务平台，实现在线教育治理的流程再造，简化治理历程，提高治理精准性。最后通过服务引领，健全在线教育治理各项机制，保障在线教育治理工作的稳步推进，实现全方位的在线教育治理。

第八章
在线教育治理的反思与展望

在线教育治理在采用现代化的治理工具和治理方式提升治理效果的同时，也应通过制定规则整合社会多元价值，以公平、民主、科学、高效等理念为指引，政府、培训机构、教师和社会公众需采取多中心协同治理行动，实现治理绩效与效能的提升。通过将符合社会价值观的理念寓于治理流程，有利于在线教育生态系统内部的良性竞争，激发在线教育生态系统的活力与创新力，促进在线教育生态系统不断转型升级。

第一节 在线教育治理的反思

一 "双减"后的在线教育发展

《关于进一步减轻义务教育阶段学生作业负担和校外培训负担的意见》（以下简称"双减"政策）的实施有效地遏制了校外培训的疯狂扩张以及培训焦虑的蔓延，重构良好教育生态将成为"双减"下一阶段的重中之重。重构良好教育生态、推进在线教育治理需要立足于在线教育生态发展的整体观念，在发挥政府主导作用的情况下，调动市场、社会力量广泛参与在线教育行业发展与监管活动，重塑政府、市场、社会之间的联动协调关系。

当前，我国教育管理的手段主要是自上而下开展，通过政策文件实现对治理客体的控制和影响，还存在以下问题：一是信息沟通与共享不畅。教育职能部门之间未建立良好的信息数据流通渠道，政府的决策、意见下发到教育部门，但教育部门少有机会共享发展状况，这种单线条的信息传输方式使信息难以有效流通。同时，在线教育信息化平台建设存在粗放、分散等现象,易导致对政策信息的误读。二是治理效果欠佳。上传下达式的决策模式,使在线教育部门、社会等决策主体不能掌握最直接的决策内容,缺少对数据的科学分析,只能依赖决策者个体经验化的思维,使决策的科学性、可靠性有待商榷,治理质量难以得到保证。三是基础设施建设不完善。在线教育平台网络生态环境包括平台提供的课程内容、系统运行、网络状况等方面。由调查可知,平台网络卡顿、账号故障等硬件设施问题频发,基础设施建设仍需完善。四是广告弹窗、内容设计不当、课程时长超标等问题严重,监管部门加大执法力度成为主要的改进方向。五是在线教育平台在隐私保护、保密协议签署、使用手册供给等方面仍有不足,政策法规的缺失也是网络生态环境恶化的重要原因。因此,在线教育行业生态系统仍未进入成熟状态,智能时代的在线教育平台、企业、政府、行政部门等行业主体,要发挥各自的作用,维系行业生态系统的健康发展。

第一,政府、培训机构、教师和社会公众需根据顶层设计和"双减"政策的运作理念,针对在线教育需求协同制定供给措施。政府部门和教育机构需严格设置教师准入的学科类和非学科类师资分类标准,建立教师准入资格可核查的网络审核备案平台。在线教育教师需要按照师资准入的标准细则进行严格的、可验证、可核查的资格审核,提高在线教育教师归属感和稳定性,以保障师资供给稳定且优质。社会公众除对在线教育教师进行有效监督外,要增进情感交流和信任理解。在宏观架构上,政府在转变职能、实行简政放权的同时,也需要与相关利益主体形成系列制度契约,建立各职能部门和治理主体的"权力清单",在各项制度的拟定中防止对已有制度形成"路径依赖"。建立各方治理主体对在线教育事务的相关监督问责机制,从而规范和约束其治理行为,切实改变过去政府行政权力泛化、其他主体失职或渎职等问题。在微观架构上,制定健全的内部法人治理制度,是有效实现平台博弈与分权治理的关键所在。

第二,政府要柔性统筹和协调各种在线教育资源,联合教育部门、社会公众等主体相互协商,有效过滤冗杂在线教育机构以及以追求考试分数为功利目标导向的在线教育科目。政府要依据各地经济社会发展等情况,在在线教育机构类别、开办资金、办学场地、师资配备等方面对学科类和非学科类培训机构分类设置严格的运营标准，同时要对机构设置的学科类在线教育培训科目进行严格的事前审批和事中事后监管，以提高在线教育供给的有效性。政府除了政策引导外，还需要依法支持和鼓励在线教育持续完善和优化课程结构，切实培养学生发展核心素养而非只是提高学生分数。用社会主义核心价值观指导教学工作是在线教育实现"立德树人"根本任务之关键，也是中国特色在线教育的鲜明特征。构建多元制衡的监督系统，理事会难以对决策的执行进行常态化监督，可通过相关制度和程序明确常态化监督体系，促使监督由边缘向中心转变。充分发挥监事会的作用，明确各职能部门的考核标准和奖罚制度，建立科学量化的决策评估机制、责任追究制度和外部公共问责机制，并作出客观的评价和反馈，为真正实现在线教育治理体系现代化提供坚实保障。

第三，政府要协同在线教育机构、教师和社会公众设置行业标准和建立动态抽查机制，改善在线教育的硬件设施和服务供给，对未达到最低办学标准的机构不准进入在线教育市场。针对已在运营的在线教育机构，特别是学科类在线教育机构，政府要建立严格的动态抽查机制，鼓励社会公众实时监控和举报违法经营问题。记录在案的在线教育机构若不及时纠正，对其进行歇业停业处理。此外，根据"双减"政策要求，全面使用最新制定的《中小学生校外培训服务合同（示范文本）》，以在线教育培训需求为导向，将服务内容、收费标准和违反规定所应承担的法律责任等制度规范化，弥补校外在线教育培训机构的供给侧短板。政府作为传统的治理主体，是价值的促进者与价值合作的创造者，是在线教育治理的关键因素与主导力量。要发挥好政府的统筹作用，坚持法无授权不可为，不滥用公权力；坚持法定职责必须为，发挥好宏观指导和引领作用。对在线教育主体资源进行有效整合和协调，以推进制度建设，严格监督有关在线教育发展建设的重大事项，为在线教育治理体系现代化营造良好的"生态环境"。发挥好政府的分权作用，厘清政府在在线教育中扮演的多重角色，给社会、教育部门更多的自主权。政府要向社会转移权力，以解决政府"管不好"的事务，同时政府也要向教育部门下放权力，扩大教育部门办学自主权，来解决政府"不该管"的事务，提高教育部门办学的自主性和灵活性。通过实行分级分层统筹管理推动政府向服务型政府转型。发挥好政府的协调作用，使政府充当好多元主体利益博弈的"平衡器"，避免利益主体之间发生矛盾冲突，使多元利益主体协同共治发挥出最大功效。

二 教师在线教学能力如何提高

受"停课不停学"政策的影响，在线学习发展迅猛，教师也面临资源选择困难和信息技术教育能力不足等问题，教师在线教学能力如何提高？这是目前开展在线教与学的突出问题之一。

教育部可以采取措施提高师生信息技术应用能力，开展在线教育和相关的治理工作。一是教育部结合在线教学组织实施需要，印发《教育部教师工作司关于做好疫情防控期间教师培训工作的通知》，部署教师在线教学能力提升培训。二是教育部组织全国中小学信息技术应用能力提升工程办公室开发多项"教师在线教学攻略"，研制开发《疫情防控期间教师推进家校合作攻略》《疫情防控期间教师心理疏导攻略》等教师在线教学应急攻略。三是教育部组织专家整合形成"教师在线教学能力提升培训资源包"，在相关平台予以发布，并保持动态更新。四是教育部组织专家开展教师在线教学研究，成立教师在线教育教学支持共同体，开展在线教学调查研究，形成专家报告，提高师生在线教育水平。五是通过专家学者组织召开在线教学工作视频研讨会，总结在线教学先试先行地区实施经验并形成案例加以推送，指导教师提高在线教学能力。

为提高师生信息素养和在线教育治理能力，教育部提出以学校信息化教育教学改革发展引领教师信息技术应用能力培训，通过抓住"关键人群"，实行分类指导，示范项目带动等措施，基本实现校长信息化领导力、教师信息化教学能力、培训团队信息化指导能力"三提升"目标，通过促进教师跨学科教学能力提升、加强智能化教育领航名校名师培养等措施，充分利用人工智能等新一代信息技术成果助推教师专业发展；通过升级服务体系，提升培训团队信息技术应用指导能力、创新信息素养培训资源建设机制、构建成果导向全程监测评价体系三项措施，提高教师信息化水平，强化教师对在线教育重要性及其治理的认同，为开发在线课程、开展在线教学和评价奠定基础，确保在线教育健康有序发展。

三　学生学习由谁监管

在线教学打破了时空的限制，可以进行资源共享；但个性、差异性不足，且对学生的自主学习能力有较高的要求，需要督促在线学习活动的开展，同时监管在线教育服务。按照双减提出的建立"全国统一、部门协调、上下联动"监管体系的要求，教育行政管理部门要积极探索"互联网+监管"，依托全国校外线上培训管理服务平台，开展备案及日常管理工作；对作为新兴产业的教育 App 实施包容审慎监管；为新业态留足发展空间，加强对在线教育的规范治理。为了落实常态监管，还须认真反思以下问题：

第一，在线教育管理者和提供者应如何加强自律以确保"以学生发展为中心"？对于 App 分发平台而言，有必要从加强自律开始，努力营造规范有序又充满活力的业态环境。要实现"以学生发展为中心"，在线教育企业还要为家长监护孩子居家学习提供便捷的技术支撑，提高学生自我管理和自控功能；行业协会和专家学者应积极参与推动社会诚信体系建设，通过行业公约和相应规则以及行业服务评议制度，促进在线教育在规范中健康发展。

第二，包括家长在内的社会力量如何提高治理能力以充分发挥监督作用？首要的是要建立强大的支持系统、多方参与的监管机制以及常态化的监测预警通报机制，提高社会参与的便捷性和积极性，把社会潜在资源转变成现实资源。家长的监督与有效陪伴，在孩子的在线学习和培训中发挥着举足轻重的作用。可以通过家长委员会汇聚社会资源和工具，引导家长履行监护责任，借助各方面的交流与互动、设置移动终端限制等方式，帮助学生选择适宜的学习内容和方式，并拓展家长的教育角色和职能，增强其教育指导能力，确保家长对在线教育治理的知情权、评议权、参与权和监督权。

第三，政府在切实解决在线教育发展痛点、难点问题方面应如何发挥作用？在线教育要做到有法可依、有规可循，需要政府协调在线教育监管的职责分工，构建权责清晰、部门协同、应管尽管的监管体系。通过启动教育专网设计与论证，建立教育移动应用的选用退出机制、负面清单和黑名单制度，对不合时宜的在线教育资源、服务和客户端及时清理和处理；通过将在线教育规范管理纳入督导、考核等工作中，对学校进行综合督导评估,提高各方面参与积极性和主动性;对作出突出贡献的单位和行业给予奖励,对责任不落实、措施不到位的主管单位、供应商和学校予以相应的惩戒,对弱化教育的公益性治理或因失职、渎职造成严重后果的,依法依规进行问责和处理。

四 课程学习质量如何保障

近年来,有关部门出台的信息化政策多将信息技术与教育教学深度融合作为核心理念,把提高在线教育质量作为教育治理的终极目标。但实践中信息技术和课程两张皮现象普遍存在,最突出的表现是部分教师不懂课程开发,部分教师缺乏必要的信息技术应用意识。为此,需要从以下几方面加以改进:

第一,要强化在线学习空间建设。学习空间是广大师生利用信息技术开展教育和学习的主阵地。各级教育行政主管部门要发挥空间主渠道作用,优化教育资源配置,整体推进网络学习空间建设;推动管理者率先应用,促进在线教育治理现代化;组织教师创新应用,实现教学应用常态化;引导学生主动应用,实现学习应用常态化;鼓励家长积极应用,实现家校互动常态化;加强能力建设,提升空间应用和支持服务水平。如国家教育资源公共服务平台、各省市智慧教育云平台等网络学习空间;汇聚市级、校级特色资源自建市级资源,如南京智慧教育服务云平台;引进企业优质资源如智学网、101网校自建或共建特色资源;指导学校建立校本数字资源库共建校本资源。

第二,要推动线上线下教育融通。在线教育应与线下教育秉持同样的价值追求,保证在线课程质量不低于线下课程。教师要针对学生线上学习特点和学科特点,提高互联网思维和信息素养,研发适合线上的学习资源,可通过慕课或者讲座的形式加强学生网上学习方式和工具选择的指导,提高在线学习成效。

第三,要完善学校内部治理体系。学校应积极参与在线教育协调治理过程,按照依法办学、自主管理、民主监督、社会参与的现代学校制度,主动和网信、电信、公安、市场监管、扫黄打非等部门建立联系,加强和引导教育移动应用的进校管理,实施联合监管和协同治理;通过信用制度促进行业自律,利用行业信用评价体系和服务评议制度,监督在线教育提供者自觉遵守教育产品进入校园的规范。学校要确保统一使用的教育服务终端不能收取任何费用以及植入商业广告和游戏；所推荐的教育客户端不能与学分、成绩和评优挂钩，更不能与教学管理行为绑定。高校应积极与相关单位和供应商合作优化公共服务，可通过签订非排他协议选用第三方提供在线教育内容和客户端，避免由单一应用垄断业务。

第二节　在线教育治理的对策

在线教育治理采用多元协同共治模式。其中，政府政策主导、行业协会监管、师资管理体系和在线教育平台的建设起着决定性的保障作用，多元主体协同合作是重要的动力条件。通过对在线教育治理进行反思，要解决在线教育乱象的问题，需明确各个主体的责任，要保证协同机制的有效性和可持续性，需构建各主体之间良好的共生关系。

一　转变政府职能，重塑政府治理理念

政府职能转变的过程也是政府与民众、市场、社会关系调整的过程，政府在做好顶层设计的基础上可通过教育部门间参与的联席会议制度，制定完备的工作方案，细化分工、落实各主体责任，最大限度地健全备案审查机制，增强公共服务职能、保障消费者平等权益，从而彰显教育公平，激活市场活力，扩大教育市场自由空间，实现在线教育多元主体"共建共治共享"的发展格局[1]，可通过财政支持、技术提升、制度创新三方面促使在线教育市场遵循规范统一的在线教育行业标准体系，推动供给侧改革，扩大优质资源供给，实现精准治理。针对目前在线教育存在的平台问题、机构问题、教师问题以及隐私安全问题等一系列问题，政府应充分发挥其在在线教育治理中的引领作用，出台相关政策，规范在线教育市场。

近年来，尽管我国不断出台相关政策文件以促进在线教育健康发展，如《关于规范校外线上培训的实施意见》将内容健康、时长适宜、师资合格、信息安全以及经营规范作为线上培训日常排查和监管的重

---

[1]　陈沛然、汪娟娟：《城乡融合发展背景下新型农村社区公共服务能力提升路径研究——基于南京市江宁区的案例分析》，《中州学刊》2020年第12期。

点；《关于进一步加强涉未成年人网课平台规范管理的通知》提出要加强网课平台备案管理、强化网课平台日常监管、提升平台人员素质以及注重协同治理，以进一步加强未成年人良好的网络学习环境。但是我国仍缺乏一套完整的在线教育治理的指导性文件。随着在线教育的飞速发展，在线教育行业出现了前所未有的机遇与挑战，亟须政府提高顶层设计能力，转变行政职能，为在线教育提供科学决策。

第一，实行制度创新，完善基础设施。政府应转变行政职能，须从"划船者"转变为"掌舵者"，发挥其在在线教育治理中的宏观主导、协调作用，[1] 积极推进制度创新，做好相关教育制度的"立"与"破"，以制度创新改善治理结构。将成熟的在线教育治理制度上升为教育法规，避免区域各自为政、无法及时跟进在线教育内容资源的审核与监管的现象，减少采取"一刀切"舍弃在线教育平台利益链的举措[2]。为治理在线教育收费高昂、超纲教学、虚假宣传、欺骗消费等乱象问题，政府应主导建立在线教育收费公示制度，对在线教育违规违法收费行为进行严厉打击，出台具体整治细则，厘清因果链、责任链，标本兼治，以维护市场的稳定与和谐，促进在线教育市场良性发展。基础设施是推动经济迈向高质量发展的有效支撑，也是我国教育事业得以充分发展的基础。调研显示，在线学习过程中容易出现网络卡顿的现象，严重影响学习者的在线学习体验，因此要下大力气补齐学校信息化基础设施和网络环境的"短板"。据世界移动通信大会（MWC）统计，截至2022年2月，我国已建成了超过71.8万个5G基站，5G技术逐渐趋向成熟。我国的在线教育基础设施建设，应充分利用5G技术，搭建基于5G技术的教育专网，为在线教育的师生获得最优质的网络基础服务。同时，国家及教育职能部门应高度关注条件落后的地区，加大对该地区的信息化投入，缩小地区间在线教育的数字鸿沟，促进教育公平的实现。例如，国家智慧教育公共服务平台的建设与实施就是国家实行制度创新、完善基础设施、促进教育公平的典型突破。国家智慧教育公共

---

[1] 朱皆笑：《教育治理现代化研究热点及政策演进——基于SATI的可视化分析》，《教育科学研究》2017年第3期。

[2] 张兆曙、段君：《网络平台的治理困境与数据使用权创新——走向基于网络公民权的数据权益共享机制》，《浙江学刊》2020年第6期。

服务平台包括国家中小学智慧教育平台、国家职业教育智慧教育平台和国家高等教育智慧教育平台等板块。国家智慧教育公共服务平台的建设有助于提升学生学习效率，提升教师教学质量，提高教学资源利用率，创设个性化的智慧学习环境，缩小地区间在线教育的数字鸿沟，促进教育公平的实现。

第二，提升技术赋能，规范平台内容。在线教育治理的过程中，可以借助物联网、云计算、大数据等新兴技术，对在线教育机构提交的信息进行智能审核，将各地在线教育行业的数据进行整合，充分利用和挖掘数据价值[①]，推进数据的互联互通和共建共治共享，把社会提供教育资源和参与教育治理的积极性调动起来，充分利用信息技术所释放的治理效能，以技术创新跨越政府不同层级和部门之间的治理"鸿沟"，建立对互联网教育应用的数据安全监管机制，完善相关法律法规，落实信息安全主体责任，提高群众知识产权保护意识，对过度采集用户信息、窃取与出卖用户个人隐私等违法行为进行严厉打击，尤其要对以游戏、社交类为主业的平台开设的在线教育板块进行监督和管理[②]，以提高信息化治理水平，推进在线教育健康发展。机构规范是影响学生学习持续力的重要因素，为提高在线学习效果，应重点关注机构与平台的规范问题。政府部门以及教育职能部门应加强对线上教育培训机构的监管，对表现不好或内部存在问题的机构勒令定期整改，做好定期和不定期结合的机构监管计划，做好机构监管工作。对于在线教育平台的内容规范，应做到课程资源实时更新、教学资源贴合教育内容、严格限制广告进入在线教育平台、规范讨论区言论等。

第三，提供经费支持，加强师生培养。需要加强地方政府不同层级及各部门的协调配合，强化上级政府统筹在线教育治理的顶层设计，尤其需要加强政府的财政支持力度，设立在线教育发展专项基金，将在线教育治理纳入财政渠道，成立教育拨款委员会，实行教育拨款委员会拨

---

① 王娟等：《智能化时代新型教育服务监管体系建构与路径设计》，《电化教育研究》2020年第1期。

② "关于印发《加快培育新型消费实施方案》的通知"（发改就业〔2021〕396号）。

款和研究委员会拨款为主体的双重资助体系[①],实现在线教育治理整合式专项经费预算和统筹式专项经费使用,提升财政支持的使用效率。在英国,在线教育机构之所以获得广泛认可,主要是有利于在线教育行业健康发展的大量经费均是由国家教育费用支持。教师在教学活动中占主导地位,对于在线教育行业的教师应进行严格的培训,做到职前与职后培训。职前,通过准入限制,对教师的专业资质进行综合认定,对于满足要求的教师进行相应的职前培训,培训结果考核合格方可入职,对于培训不合格的教师进行再次培训或不允许入职。职后,各机构应对入职的教师进行定期和不定期的培训,做到教师培训工作常态化,不断提升教师的在线教学能力。学生的学习积极性是在线学习效果主要影响因素。在线教育中师生时空分离,教师无法对学生进行实时监控,导致课堂质量不高,因此有效的监督手段成为必要。目前,大数据、人工智能、智能感应等技术的发展,为在线教育的日常监管提供了更多的手段。我国应加强对技术赋能的在线教育治理的研究,发掘技术的优势,提高在线教育的日常监管,以此提高在线教学的效率。

二 增赋行业协会职权,增强社会组织公共监管能力

针对在线教育乱象问题,应积极地将在线教育更完整地纳入市场监督管理,更好地保护消费者正当权益。行业协会的监管对推进在线教育健康发展至关重要。要提高行业协会的监管能力,打造监管平台,健全组织机构,增赋行业协会职权,推动其向高水平发展,进而实现更优质的监管。

第一,打造监管平台,健全组织机构。为有效解决在线教育市场乱象问题,需要着力打造社会组织监管平台,完善相关网络平台,健全组织机构,优化投诉举报流程,扩展投诉举报渠道。一方面,可借助大数据、人工智能等信息技术对在线教育相关数据自动采集与智能分析;另一方面,可加大人工审核管理力度,从课程目标、教学设计、课程内容、教学方法、教学效果等方面对课程品质进行全方位评估,促进在线教育治理向过程化、智能化方向发展。可借鉴他国经验,建立面向社会

---

① 王敏、张国兵:《英国高校科研经费"双重资助体系"研究及思考》,《科技管理研究》2015年第24期。

和市场的信息公开制度，明确行业协会的主体地位，建立多元参与的在线教育问责机制，加强行业协会监管[1]。例如，对于师资缺乏认证、质量无法保证、师资信息缺失乱象问题，应增赋行业协会职权进行监管，建立对在线教育工作者的评估机制，提升社会组织监管的专业化水平。

第二，推动行业协会发展，实现更优质的监管。要推动行业协会向高水平发展，使社会组织对在线教育进行更优质的监管。政府应充分整合引导媒体、企业和教育机构等多方资源，加大对在线教育治理的培育力度，对于未经专业部门审定的课程内容以及未严格按照法律法规、技术规范等要求开展在线教育服务的机构或平台，则需要行业协会介入监管，注入社会力量，强调线上线下相结合，加强行业自律，加强事前、事中、事后监管，同时透明度也相应地被提升，进而使教育更加公平公正。

第三，各主体权责明确，实现精准管控。明确各主体责任，补齐在线教育短板，提升在线教育质量，促进在线教育健康发展。这不仅要解决一系列现实难题，如师资供给的失衡、监管的高难度、产业自治受阻、消费者维权艰难与审批低效等；更重要的是，要在保障消费者享有基本权利的基础上重塑在线教育治理体系，提升各主体的责任意识。应在坚持党的全面领导下，以多元共同治理为依托不断加大在线教育组织培育扶植力度，发挥社会组织的中介调节作用，重塑并加强政府、企业和消费者直接的关系纽带。一方面，在线教育治理体系涵盖在线教育行业的各个环节，在线教育公司、平台都处于在线教育治理体系之中。另一方面，在线教育治理的各个岗位需要对责任划分进行明确，对责任的履行情况要建立相应的奖惩评价制度，各工作岗位的设置要专业、合理、科学，在协调政府、企业、行业协会、消费者、学校各方利益的基础上对在线教育行业进行全方位、全时域、全维度的智能化、精准化、常态化治理，推动我国教育治理体系和治理能力现代化。

三 治理主体权责明确，实现精准管控

在线教育治理的主体主要涉及政府、行业协会、学校、消费者等主

---

[1] 林靖云、刘亚敏：《我国教育治理中的社会参与：困境与出路》，《现代教育管理》2020年第11期。

体。政府在多元治理中处于主导地位，应对整个治理过程进行统筹规划，发挥"元治理"的作用，它承担的是设计机构制度、提出远景设想。与政府不同，行业组织具有非营利性、非政府性和公益性。行业协会、专家团队等组织具有较强的专业性，行业协会是在线教育治理的重要参与者，应对治理的过程进行监管，提高在线教育治理的科学化和理性化水平，同时也应当主动承担起相应的社会责任，加强对自身的监督管理，倾听社会需求，努力为社会提供高质量的在线教育服务。学校是最为重要的治理主体之一，是各种关系的聚汇点，是在线教育治理活动中最为频繁的参与主体，学校在治理变革中最需要做的变革就是"从他治到自治，从依附到自主"。在教育治理中，不同主体发挥的作用有其独特价值，而且是不可相互替代的。学生、教师、家长等消费者是在线教育治理利益的密切相关者，凡是有关在线教育发展方向、政策颁布、重大改革和消费者切身利益的事项，都要充分考虑广大学生、教师、家长的建议。消费者在一定程度上影响着在线教育的发展方向、政策颁布和重大改革等事项。利益相关者的多种利益表达、社会组织专业化的智力支持、学校的自治、政府的主导，对于教育治理都有其独特贡献，而且在功能上是互补的。这种功能互补恰恰是教育治理这种"共治"机制之优越性的体现，相对于单一主体的政府管理，多元主体参与的教育治理会带来教育管理的现代化以及更加优质公平高效有序的教育新格局。

四 完善师资管理体系，保障在线教育高质高效

目前，在线教育平台师资队伍水平差异悬殊，如何提高师资门槛，打造高水平师资队伍是在线教育平台亟须思考的问题。一是建议教师加强专业能力培训，掌握更适应在线教学的教学模式，进而帮助教师更好把握教学时长、精练教学内容、掌握多种在线交互方式，从根源避免教师教学不良情况，例如在线教学三维学习支持模式、5G 时代直播教学系统等。二是为避免教师行为不当引发教学事故，建议教师加强综合素养培训，注重与学生关系的经营，例如精心设计和组织教学、促进学生交互讨论、优先选择微信和网络视频会议等实时交互工具、保证师生交互频次和时长等方法增加师生友好交互。三是教师是中小学家长获知在线教育平台的重要渠道，建议保障教师能够结合自身实际经验、平台口

碑、课程质量等因素，无偏向性、经慎重考察后向家长推荐平台或课程，禁止强制干预课程选择，也不可盲目推荐。

调查发现，部分机构聘用无教学资质、无教学经历的外籍人员进行英语教学，并且有多个平台聘用"无证教师"进行授课。资质不符合国家标准的教师不仅会为学习者带来无效教学，更是消费用户对平台的信任，造成不可逆的伤害，因此加强对平台教师的资质审查非常重要。一方面，建议在线教育平台完善人员管理体系，聘用具有国家规定相应教师资格的教师，聘用外籍教师则应在平台和课程界面的显著位置公示教师的姓名、照片、教师资格证、工作和教学经历等个人信息，确保所有教师资质符合规定，教师个人信息详细显著。另一方面，对于不符合规定教师以及故意隐瞒教师信息的在线教育平台，应当采取一定的措施严厉打击，以儆效尤。

五　优化在线教育平台应用，提升用户体验

乱收费、额外收费等问题，在降低平台用户体验的同时也消耗着用户对平台的信任与好感，学习一门或多门在线课程对许多家庭而言负担不小。因此，建议各平台制定价格标准，从规模、内容、师资、设施等维度详细规划，根据教师专业能力高低、课程规模大小、平台硬件设施完善程度、人工维护成本等因素合理定价，杜绝随意标价的现象。目前，部分平台为加大宣传会采取一定的营销策略，例如部分机构推出年卡并对网络课程进行打折促销。结合平台自身情况有规律、有计划地酌情调整价格是符合市场规律的，但严禁课程定价大幅度波动，从而扰乱在线教育市场。此外，各平台应严令禁止"霸王条款"以及诱导式消费，平台用户购买课程或成为平台会员应遵循自愿性原则，不可捆绑消费或强制性消费。

近年来，预付式消费问题成为消费者投诉的两大热点之一，由于预付款使用周期长，消费者与经营者信息不对称，经营者一旦出现关门、停业和商家易主甚至跑路等情况，预付款往往很难追讨，消费者难以合法退费。中小学在线教育市场广阔，家长在为学生选择在线课程时，难免会因课程、资费、时间等因素面临退费需求。退费是消费者的合法权益，建议各平台制定明确的退费规定，平台应主动在平台用户消费前明确告知退费条件、退费流程、手续费等规定。面对用户的合理需求，在线教育平台应主动帮助用户合理退费并简化退费流程，用简约易操作的手续提升用户体验。

面对运维受阻与设计落后的难题，优化平台不仅是解决现实难题的最优策略，也是提升用户使用体验的有效路径。一方面，采取设计优化，改善在线教育平台的界面设计，完善平台客服、导航等功能，以应对用户遇到账号故障、课程突发情况、咨询课程详情、咨询平台功能等情境，提高用户对平台界面的第一观感。另一方面，采取技术优化，充分利用5G、人工智能、大数据等信息技术手段提升平台运行的稳定性，满足用户实时信息咨询、智能推荐、故障处理、意见反馈等需求，促进人机友好互动，技术赋能用户体验。

第三节　在线教育治理新方向

智能时代，在线教育已成为实现个性化学习、终身教育的重要方式。然而目前市场上各类在线教育产品良莠不齐，亟须规范。为治理在线教育乱象，可通过政府主导、企业、学校参与、行业协会监管以及消费者维权实现"共治"。相对于单一主体的政府管理，多元主体参与的教育治理，可通过协调各方关系，转变政府职能，增赋行业协会职权，以实现在线教育精准治理。多元主体共治改变了过去各主体之间权责不明、协调不畅的局面，克服了功利化、片面化、碎片化的治理弊端，通过机制整合、利益驱动、市场监管等举措形成系统化的治理模式，带来教育管理的现代化，实现更加优质公平高效有序的在线教育新格局。

一　制定在线教育标准和规范

在线教育平台课程内容不规范、课程时长随意、退费难等不良情况频发，主要源于监管执法不到位。然而课程监管既不能"一刀切"，也不能粗暴治理引发平台及用户的反感。这种情况下，"包容审慎"监管模式更适用于在线教育平台未来的发展。"包容审慎"监管不仅对未知大于已知的新业态采取包容态度，还对新业态违法行为采取严厉打击的同时给予一个"观察期"。"包容审慎"监管原则为在线教育规范发展提供了新的方向，采取更加包容的监管模式，以事中事后监管为主的监管方式加强政府跨部门协同能力，提升社会力量的参与度，促使监管部门更好地掌控在线教育平台的发展状况，减少不良情况的发生。在"包容审慎"监管原则下，各平台还应吸取如网约车、互联网金融、微信等其他领域的监管经验，促进监管部门在行业生态中发挥应有的作用，从行政角度保障在线教育行业生态系统健康发展，推动在线教育平台规范运行。

目前，虽然教育部等多个部门相继发布了《关于规范校外线上培训的实施意见》《关于引导规范教育移动互联网应用有序健康发展的意见》《关于促进在线教育健康发展的指导意见》《教育移动互联网应用程序备案管理办法》等文件，但在线教育行业、市场仍缺乏清晰统一的准入门槛，迫切需要制定统一的标准规范，推动行业自律，改善行业生态。在线教育标准体系主要包括在线教育资源标准、在线教育服务标准、在线教育机构标准以及在线教育从业人员标准，这几个标准环环相扣，需要接入统一的数据平台进行查询、共享、交换、更新。通过促使在线教育市场遵循规范统一的在线教育行业标准体系，将加速在线教育行业的优胜劣汰，推动在线教育服务的供给侧改革，扩大优质资源供给，促进在线教育高质量发展。

智能时代，国家、各省级地方教育部门从技术、环境、体系等层面对在线教育提出更高要求，但在线教育治理往往聚焦于某一具体领域，例如《关于规范校外线上培训的实施意见》核心关注中小学在线培训活动领域的治理；《关于进一步减轻义务教育阶段学生作业负担和校外培训负担的意见》为有效减轻义务教育阶段学生过重作业负担和校外培训负担，对校外在线培训机构作出了规范意见。但目前这些文件更加针对的是中小学阶段的在线教育，高校、职业院校以及社会学习者参与较少。因此，未来有必要制定一系列的在线教育标准和规范，如《关于高校开展在线教育若干问题》《关于规范职业院校在线教育发展的指导意见》等标准和规范，以进一步推进在线教育的健康发展。

二 出台在线教育相关政策文件

政府治理是在线教育治理工作中至关重要的一环。在线教育发展过程中的一些行为规范或者数据使用规范都需要政策和法律的强制性手段。政府是维持在线教育生态健康发展的重要主体，平台在隐私保护、规章制度、收费标准、时长规定等方面都离不开政策法规的支持。为规范在线教育有序发展，2019 年教育部等六部门联合发布了《关于规范校外线上培训的实施意见》，同年国务院办公厅发布了《关于促进平台经济规范健康发展的指导意见》，教育部等十一个部门联合发布了《在线教育规范发展指导意见》等文件；2020 年教育部副部长郑富芝提出各级教育行政部门要把网络环境治理工作摆在重要位置，深入推进网络环境治理工作，为在线教育未来的发展提出新要求。然而，在线教育暴露的问题涉及教育、网络、市场、民事等多个领域，各领域的法规文件包括《中华人民共和国教育法》《中华人民共和国网络安全法》《中华人民共和国消费者权益保护法》《中华人民共和国民法典》等，现有在线教育法律法规难以同时覆盖多方面的法律规范。因此，政府及有关部门应综合考虑多领域的法律要求，结合在线教育平台实际需求，在已有政策基础上进一步完善法律法规，保障在线教育平台的教育服务、网络安全、市场稳定以及消费者与经营者的合法权益。

未来政府部门应进一步完善在线教育发展的相关法律法规和政策建设，出台在线教育治理政策法规文件，如通过《在线教育发展中数据安全保障条例》对数据滥用、严重危害在线教育参与者隐私安全的平台或机构，进行法律惩戒；出台《关于在线教育发展的违规处理办法》对在线教育过程中机构、学校或个人的违规行为进行法律约束。

三　建设"互联网+教育"公共服务平台

教育新基建以数字和网络领域为主体，以科技创新和技术突破为动力，大力发展 5G 通信、大数据、人工智能、区块链等技术，以推动教育教学变革，实现教育信息化。

2021 年 7 月，教育部在《关于推进教育新型基础设施建设构建高质量教育支撑体系的指导意见》中提出，建设"互联网+教育"大平台，为教育高质量发展提供数字底座，鼓励依托数字教育资源推动公共服务体系改革与创新。为推进优质教育资源普及共享，我国自 2010 年起开始建设教育资源公共服务平台，经过十年发展，已形成以"国家—省市"为生态链的教育资源公共服务平台体系，拥有海量优质的数字教育资源，不但在常态教学中保障了教育资源均衡，还在"停课不停学"期间为支撑在线教育实践发挥了战略作用。

教育新基建是在线教育得以顺利发展的基础。为保障在线教育稳定发展，国家需要在信息化基础设施方面下功夫，确保每个学生都能享受到优质的网络环境和基础设施。《国务院关于积极推进"互联网+"行动的指导意见》指出要"巩固网络基础""强化应用基础"。"停课不停学"的号召更是对基础设施和网络环境提出了大挑战。研究发现，学校信息化的投入使用对学生的学业成绩有正向的影响。可见，教育新基建是信息时代国家和学者关注的重点，也是净化在线教育平台网络生态环境的前提，网络卡顿、账号故障等平台突出问题必须在高质量硬件设施支持下才能解决。

一方面，受地理位置、设备条件及网络连接速度等限制，一些偏远地区或贫困家庭的学生实现线上听课多有困难，对这些学生群体而言，可以支撑线上授课的智能手机和网络信号也并非易得。另一方面，众多线上平台自各大中小学实行线上授课后都出现了不同程度的卡顿，甚至出现系统崩溃现象。5G技术凭借其速率高、延迟低、功耗低和覆盖广等特点，必将成为新时代信息基础设施的重要组成部分。时代背景下各地应抓住5G与互联网教育发展的契机，在各学校、各教育场所搭建5G基站，建立5G教育专网，强化网络基础设施建设，早日实现各地区、各学校全面接入快速稳定的互联网，切实保障在线教育的顺利发展。此外，《关于推进教育新型基础设施建设构建高质量教育支撑体系的指导意见》也从平台体系、数字资源、创新应用等方面提出了指导意见。我国应积极探索"教育新基建"的现实途径，从在线教育平台支撑、5G+专网以及其他技术和资源等方面，高度重视落后地区的基础设施建设，缩小数字鸿沟，促进教育公平。

借助信息技术手段建设新一代绿色、安全的教育网络基础设施，构建智能技术环境，提升在线教育的整体水平。面对运维受阻与设计落后的难题，优化平台不仅是解决现实难题的最优策略，也是提升用户使用体验的有效路径。一方面，采取设计优化，改善在线教育平台的界面设计，完善平台客服、导航等功能，以应对用户遇到账号故障、课程突发情况、咨询课程详情、咨询平台功能等情境，提高用户对平台界面的第一观感。另一方面，采取技术优化，充分利用5G、人工智能、大数据等信息技术手段提升平台运行的稳定性，满足用户实时信息咨询、智能推荐、故障处理、意见反馈等需求，促进人机友好互动，技术赋能用户体验。

目前，技术赋能在线教育已逐渐受到学界的认可与关注，在线教育治理是科学化、精准化监测和管理，应从"智能化"与"生态化"两方面，实现信息筛选与情境再现辅助教育治理决策行为。人工智能将重塑智能化、精准化、适切化的教育生态系统，治理应向循数治理、动态治理、整体治理和协同治理转化，需要加强人机协同的伦理、法律、社会等风险预防与约束。

人工智能技术可以在在线教育过程中发挥重要作用。一是教师可应用人工智能技术，实现人工智能与人类教师的协作教学。人工智能扮演助教的角色可以帮助教师智能出题、智能批改作业、进行薄弱知识分析等，降低教师的负担。二是人工智能通过人机自然交互，对学生在线学习过程的行为感知、情绪识别以及注意力追踪，实时监控学生在在线教育过程中的课堂表现，做学生的智能学伴。三是人工智能可以实现对学生的精准评价。人工智能技术可以改变传统教育中的考试评价体系，目前大部分在线教育仍沿用传统的评价体系，评价过程以考试为主，由教师开展，学生被动参与。人工智能的出现可以在很大程度上改善传统的教师评价的问题，通过长期的数据监控、收集，自主对每位学习者进行精准画像，可以实现教育精准评价，为学生个性化学习提供帮助，促进教育评价的科学性。

当前，对人工智能赋能在线教育治理的探索较模糊，尚存以下问题有待解决：一是线上教学资源良莠不齐，无法对其进行精准推荐和筛选，也较难对用户进行有效监测和管理。二是需要在内容、规范、运维等方面，逐步实现在线教育治理多元化、扁平化，实现协同共治。三是现有的治理方式不利于在线教育治理水平的提升，优质教育资源推进教育公平进程缓慢。因此，未来将着重解决以上三个问题，探究人工智能赋能在线教育治理的优势，打造人工智能赋能的在线教育治理新格局。

附　录

在线教育平台使用现状的调查问卷（教师卷）

尊敬的老师：

您好！这份问卷旨在了解在线教学过程中在线教育平台的使用情况。本问卷不记名，问卷中的各项答案无对错之分，请您放心作答。非常感谢您的支持与合作。

本问卷提到的在线教育平台，包括教育App、在线教育机构以及网络平台等。

教育App：包括一起作业、腾讯课堂、沪江网校、对啊课堂、猿辅导、作业帮、和教育、智学网、作业盒子等。

在线教育机构：包括新东方在线、中公教育、学而思网校、尚德教育、昂立教育、华图教育等。

网络平台：包括智慧树、超星学习通、雨课堂、微教育、网易公开课、百度教育、腾讯微课堂、yy教育、淘宝同学、网易云课堂、学堂在线、中国大学MOOC、edx、网易云课堂等。

【基本信息】

1. 您的性别是：

A. 男　B. 女

2. 您担任的职务是：

A. 中小学教师

B. 职业教育教师

C. 高校教师

D. 培训机构教师

E. 其他教师

3. 您的教龄是：

A. 不满 2 年　　B. 3—5 年　　C. 6—9 年　　D. 10 年及以上

4. 您目前所在地区是：

A. 华东地区（上海、江苏、浙江、山东、安徽）

B. 华南地区（广东、广西、海南、福建）

C. 华中地区（湖北、湖南、河南、江西）

D. 华北地区（北京、天津、河北、山西、内蒙古）

E. 西南地区（四川、重庆、贵州、云南、西藏）

F. 西北地区（陕西、甘肃、新疆、青海、宁夏）

G. 东北地区（辽宁、吉林、黑龙江）

H. 其他地区（港澳台）

5. 您的任职地是：

A. 城市　　　　B. 乡镇　　　C. 农村

一　基本认知

6. 您使用过在线教育平台吗？（若从没使用过，请结束答题）

A. 使用过　　　B. 从未使用过（请跳至问卷末尾，提交答卷）

7. 以下在线教育平台，您使用过哪些？（可多选）

A. 一起作业　　B. 腾讯课堂　　C. 沪江网校　　D. 对啊课堂

E. 猿辅导　　　F. 作业帮　　　G. 和教育　　　H. 智学网

I. 作业盒子　　J. 智慧树　　　H. 超星学习通　I. 雨课堂

J. 微教育　　　K. 网易公开课　L. 百度教育　　M. 腾讯微课堂

N. yy 教育　　　O. 淘宝同学　　P. 网易云课堂　Q. 学堂在线

R. 中国大学 MOOCS. 网易云课堂　T. 其他，请写出_____

8. 您使用过哪些工具进行在线教育？（可多选）

A. 腾讯会议　　B. 钉钉　　　　C. ZOOM

D. 短视频平台（抖音、快手等）

E. 社交软件（QQ、微信等）

F. 其他工具，请写出_____

9. 您是通过何种渠道获取使用的教育平台？（可多选）

A. 学校指定

B. 同事推荐

C. 自己选择

D. 在线媒体（网络新闻、论坛、公众号等）

E. 其他，请写出＿＿＿＿＿＿＿＿＿＿

10. 您在进行在线教育之前，学院或相关教育部门是否开展过相关培训？

A. 进行过，并有一定的考核

B. 进行过，仅仅单纯的学习

C. 没有进行过相关培训

11. 在线教育过程中，您上课的形式是：

A. 线上直播

B. 在线录播

C. 录播与直播结合

D. 线上线下结合

二　在线教育平台的辅助作用

12. 您认为使用在线教育平台的教学效果如何？

A. 比平时线下教学更好

B. 与平时线下教学效果相当

C. 有时更好，有时更差

D. 比线下教学效果更差

13. 在线教学更能发挥您的教学价值，您赞同吗？

A. 非常赞同　　　B. 比较赞同　　C. 一般　　　　D. 比较不赞同

E. 完全不赞同

14. 在线教育平台对您的帮助有哪些？（可多选）

A. 提供丰富的在线教育资源

B. 提供多样的交互形式

C. 实现随时随地教学

D. 教学更加高效

E. 资源共享更加便捷

F. 带来更深入的教学反思

G. 教学评价更加多元

H. 其他，请写出_____

三　平台使用问题

15. 在线教学过程中，您遇到过以下哪些问题？（可多选）

A. 教学过程中出现网络故障

B. 平台跳出弹窗、广告

C. 与学生互动困难

D. 部门平台的部分功能收费

E. 师生的隐私问题得不到充分保护

F. 正常教学，没有遇到什么问题

G. 其他，请写出_____

16. 假如您在教学过程中出现不当教学行为（如授课时间过长、授课内容出错等），平台是否会提醒您？

A. 经常提醒

B. 偶尔提醒

C. 从未提醒

17. 您认为在教学过程中，学生的参与度如何？

A. 学生参与度很高，并且能积极响应课堂教学

B. 学生参与度很高，但是不能积极响应教学

C. 学生参与度不高

18. 您进行在线教学的平台是否存在以下不良现象？（可多选）

A. 收集用户电话，并频繁推广课程

B. 平台有诱导性信息

C. 教学资源的推送与课程无关

D. 课程内容涉及不良信息

E. 未经允许使用您的课程或相关资源

F. 未经允许在您的课程中插播广告

G. 展示虚假信息

H. 强制性收费

I. 强制要求教师使用平台某些功能

J. 其他，请写出＿＿＿＿＿＿＿＿＿＿＿

19. 您认为以下哪些因素降低了学生的学习体验？（可多选）

　　A. 只是简单照搬线下教学模式

　　B. 教学内容不适合通过互联网形式呈现

　　C. 教师不具备在线教育能力

　　D. 教师的在线教学设计能力不强

　　E. 教师的在线教学组织能力不足

　　F. 教师的在线教学策略不适用

　　G. 师生缺少交流互动

　　H. 缺乏完善的教学管理服务，对学生自觉性要求过高

　　I. 其他，请写出＿＿＿＿＿＿＿＿＿＿＿

20. 您认为在线教学平台出现的以上问题，哪些机构或个人应该负责呢？（可多选）

　　A. 政府　　　　　　B. 教育职能部门　　　C. 在线教育机构

　　D. 平台管理者　　　E. 各学校　　　　　　F. 教师

　　G. 学生　　　　　　H. 其他，请写出＿＿＿＿＿＿＿＿＿＿＿

21. 为了解决目前在线教育存在的问题，您认为相关职能部门该如何规范呢？（可多选）

　　A. 政府应制定相关的制度法规

　　B. 教育职能部门应出台在线教育规范标准

　　C. 健全平台准入机制，严格限制不良平台的使用

　　D. 在线教育机构应规范在线教学模式

　　E. 在线教育机构应优化运营环境

　　F. 在线教育平台的设计应简洁，易操作

　　G. 平台管理者应净化平台资源

　　H. 应调整课程收费，制定合理的价格标准

　　I. 学校应引导学生使用正规的平台，规范平台和 App 进校园

　　J. 进行教师研修培训，提升教师素养和教学能力

　　K. 提高教师课程思政能力，规范教师的言论

　　L. 培养学生的注意力，培养专注力

　　M. 其他，请写出＿＿＿＿＿＿＿＿＿＿＿

四　使用态度

22. 在以后的教学中，您会继续使用在线教育平台吗？若不会，请说明理由并请跳转第 24 题。

　　A. 会

　　B. 不会，原因_____

　　C. 不确定

23. 您未来会考虑更换教育平台吗？若更换，请给出理由。

　　A. 会更换平台，请写出理由_____

　　B. 不会更换平台

24. 您会向同事或朋友推荐好用的在线教育平台吗？

　　A. 一定会

　　B. 可能会

　　C. 不会

　　D. 不确定

25. 您在使用在线教育平台过程中，遇到不合理的要求时，会主动寻找相关部门或平台客服申诉吗？

　　A. 一定会

　　B. 可能会

　　C. 不会

　　D. 不确定

26. 您认为在线教育的教师标准应该包含哪些方面？

　　A. 具备基本的信息素养

　　B. 严格遵守职业道德

　　C. 具有比较渊博的学识

　　D. 拥有在线教育管理的能力

　　E. 具有在线教学设计的能力

　　F. 具有在线教学组织能力

　　G. 具有在线教学应急处理能力

　　H. 良好的身心素质

　　I. 其他，请注明_____

27. 您认为您和您的同事是否具备以上的能力或素养？

A. 所有能力都具备

B. 具备大部分能力

C. 具备少部分能力

D. 几乎不具备

28. 您对未来的在线教育发展有哪些建议？

_____

_____

中小学在线教育平台使用现状调查问卷（家长卷）

尊敬的家长：

您好！这份问卷旨在了解您的孩子在线教育平台的使用情况。本问卷不记名，问卷中的各项答案无对错之分，填写内容将绝对保密，请放心作答。万分感谢您的支持与合作。

本问卷提到的在线教育平台，包括教育 App、在线教育机构以及网络平台等。

教育 App：包括一起作业、腾讯课堂、沪江网校、对啊课堂、猿辅导、作业帮、和辅导、智学网、少年得到、VIPKID、学霸君等。

在线教育机构：包括新东方在线、中公教育、学而思网校、尚德教育、昂立教育、华图教育、跟谁学、51Talk、海风教育等。

网络平台：包括智慧树、超星学习通、雨课堂、微教育、网易公开课、百度教育、腾讯微课堂、yy教育、淘宝同学、网易云课堂、翼鸥教育等。

第一部分　基本信息

1. 您的性别是：

A. 男　　　　　　B. 女

2. 孩子就读年级是：

A. 1—3年级　　B. 4—6年级　　C. 初中　　　　D. 高中

3. 您的家庭所在地区是：

A. 农村　　　　　B. 乡镇　　　　　C. 城市

第二部分　在线教育认知情况

4. 您的设备（手机、电脑等）安装在线教育软件（App）的数量有多少？

　　A. 1—2个　　　　B. 3—5个　　　　C. 6—8个　　　D. 8个以上

5. 您是通过何种渠道获知在线教育平台的？（可多选）

　　A. 学校或教师通知

　　B. 朋友或其他家长推荐

　　C. 个人专门搜索

　　D. 在线媒体（网络新闻、论坛等）

　　E. 离线媒体（报纸、杂志、电视等）

　　F. 其他，请写出_____

6. 您接触过以下哪些在线教育App？

　　A. 猿辅导　　　　B. 一起作业　　　C. 腾讯课堂　　　D. 沪江网校

　　E. 对啊课堂　　　F. 作业帮　　　　G. 和辅导　　　　H. 智学网

　　I. 少年得到　　　J. VIPKID　　　　K. 学霸君

　　L. 其他，请写出_____

7. 您接触过以下哪些在线教育机构？

　　A. 新东方在线　　B. 中公教育　　　C. 学而思网校　　D. 尚德教育

　　E. 昂立教育　　　F. 华图教育　　　G. 跟谁学　　　　H. 51Talk

　　I. 海风教育　　　J. 其他，请写出_____

8. 您接触过以下哪些在线教育网络平台？

　　A. 智慧树　　　　B. 超星学习通　　C. 雨课堂　　　　D. 微教育

　　E. 网易公开课　　F. 百度教育　　　G. 腾讯微课堂　　H. yy教育

　　I. 淘宝同学　　　J. 网易云课堂　　K. 翼鸥教育

　　L. 其他，请写出_____

9. 请选择您使用后认为比较好的在线教育平台（可多选）

　　A. 猿辅导　　　　B. 一起作业　　　C. 腾讯课堂　　　D. 沪江网校

　　E. 对啊课堂　　　F. 作业帮　　　　G. 和辅导　　　　H. 智学网

I. 少年得到　　　　J. VIPKID　　　　K. 学霸君

L. 新东方在线　　　M. 中公教育　　　N. 学而思网校

O. 尚德教育　　　　P. 昂立教育　　　Q. 华图教育

R. 跟谁学　　　　　S. 51Talk　　　　T. 海风教育

U. 智慧树　　　　　V. 超星学习通　　W. 雨课堂

X. 微教育　　　　　Y. 网易公开课　　Z. 百度教育

其他，请写出_____

10. 您认为在线学习对您孩子的学习成绩提高有帮助吗？

A. 没帮助　　　　　B. 帮助较小　　　C. 一般

D. 帮助较大　　　　E. 帮助非常大

第三部分　在线教育内容问题

11. 在线教育平台学习时，您的孩子出现过注意力不集中的情况吗？（如没有请跳至第13题）

A. 从来没有

B. 出现过但次数很少

C. 出现过但次数较多

D. 每次都出现

12. 您认为导致孩子在线教育平台学习注意力分散的主要原因是什么？（可多选）

A. 课程内容缺乏吸引力

B. 教师讲课形式过于单一

C. 课程教学缺少互动环节

D. 孩子学习兴趣不足

E. 孩子被设备的其他功能吸引

F. 平台界面设计单调，不容易使用

G. 课程呈现方式缺乏吸引力

H. 教师授课时间过长

I. 课程界面存在与课程内容无关的干扰信息

J. 课程内容难易度设计不合理

K. 其他，请写出_____

13. 您的孩子在进行在线学习时遇到过以下情况吗？（可多选）

A. 突然弹出广告

B. 网络出现卡顿

C. 课程内容出现不健康信息

D. 平台提供的课程内容超纲

E. 课程资源不易获取

F. 课程画面模糊，不清晰

G. 提出问题，但无法得到客服反馈

H. 账号故障、登陆无效等

I. 要求额外收费以继续学习

J. 没有遇到过以上情况

14. 您的孩子学习的在线课程每节课时长为多久？

A. 少于 20 分钟

B. 20—30 分钟

C. 30—40 分钟

D. 40 分钟以上

15. 您使用的在线教育平台包含以下哪些功能模块？（可多选）

A. 电子教材　　　B. 网络课程资源　　　C. 在线答疑

D. 师生互动　　　E. 课程录像功能　　　F. 课程点播功能

G. 个别辅导　　　H. 评价功能　　　　　I. 直播教学功能

J. 其他（请写出）_____

第四部分　在线教育收费问题

16. 您有过在线课程的退费经历吗？如果有，退费流程复杂吗？

A. 退费困难，无法合理退费

B. 能成功退费但退费流程烦琐

C. 能成功退费且退费流程简单

D. 没有退费经历（请跳转至第18题）

17. 您是因为什么原因，选择退费呢？

A. 课程效果不好

B. 不小心拍错了

C. 不喜欢课程内容、教师等

D. 课程与描述不符

233

E. 资费问题

F. 时间冲突

G. 课程停止授课

H. 其他，请写出_____

18. 您遇到过课程强制性额外收费的情况吗？

A. 没遇到过

B. 偶尔遇到

C. 经常遇到

D. 每次都遇到

19. 您认为课程定价合理吗？若不合理，请给出理由。

A. 合理

B. 不合理_____

第五部分　在线教育师资问题

20. 您的孩子进行在线学习的授课教师是：（可多选）

A. 高校知名教授

B. 中小学在编教师

C. 机构签约教师

D. 网络自由教师

F. 其他（请说明）_____

21. 您为孩子选择过外教吗？平台会明确说明外教的籍贯、学历、经历等个人信息吗？

A. 没有选择过外教

B. 选择过，平台没有给出外教的个人信息

C. 选择过，但平台给出的外教信息模糊

D. 选择过，平台有明确说明外教的个人信息

22. 教师在为您的孩子进行授课时出现过以下情况吗？（可多选）

A. 直播授课时长时间离开

B. 讲授与课程无关的内容

C. 讲授超出课程大纲的内容

D. 无法清晰讲述课程知识

E. 教师授课时间过长

F. 教师课后不进行答疑

G. 教师课上很少与学生互动

第六部分　在线教育规范问题

23. 在线教育平台需要注册信息时，通常会让您填写哪些信息？（可多选）

  A. 姓名　　　　　B. 联系方式　　　　C. 邮箱

  D. 地址　　　　　E. 身份证号　　　　F. 所在单位

  G. 孩子所在学校　H. 孩子年龄　　　　I. 银行卡号

  J. 孩子身份信息　K. 其他（请写出）_____

24. 您收到过宣传在线教育的相关电话或信息吗？

  A. 没收到过　　　B. 几乎不会收到　　C. 偶尔收到

  D. 总是收到

25. 您在在线教育软件或平台上填写个人信息时，平台会和您签署保密协议吗？

  A. 从来不会　　　B. 偶尔会　　　　　C. 经常会

  D. 每次都会

26. 在线教育 App 或机构会为您提供相关操作手册以告知如何规范使用吗？

  A. 不提供

  B. 有的提供，有的不提供

  C. 提供，但内容简略

  D. 提供，且内容详细

27. 您的孩子进行在线学习时，平台会在课程页面明确显示课堂行为规范吗？

  A. 不会告知

  B. 有的平台告知，有的平台不告知

  C. 告知，但内容简略

  D. 告知，且内容详细

第七部分　改进建议

28. 您认为目前正在使用的在线教育平台数量适宜吗？是否希望资源整合减少平台数量？

A. 数量过多，但无须整合

B. 数量过多，需要整合

C. 数量适宜，但仍须要整合

D. 数量适宜，无须整合

E. 几乎没有，需要整合

F. 几乎没有，无需整合

29. 以下哪些改进建议，您是比较满意的？（可多选）

A. 政府出台相关政策，规范在线教育有序发展

B. 监管部门加大执法力度，规范在线教育市场

C. 相关机构或平台调整课程时长，把控教学节奏

D. 调整课程收费，制定合理的价位清单

E. 详述教师履历信息，并告知学习者

F. 美化课程界面，提高课程吸引力

G. 简化收退费流程

H. 及时更新课程资源，提高教学效果

I. 增强平台系统的稳定性，提高易用性

J. 完善平台客服功能，保障消费者权益

K. 多采用视频、图片方式呈现课程内容

L. 增加学习反馈，加强互动环节

30. 您对在线教育平台未来发展，有哪些改进建议？（填空题）

31. 在使用在线教育平台过程中，哪些地方让您产生了不好印象？（填空题）

中学生教育机构在线学习现状调查问卷

亲爱的同学：

您好！这份问卷旨在了解您在教育机构的学习情况。本问卷不记名，问卷中的各项答案无对错之分，请您放心作答。万分感谢您的支持与合作。

在线教育机构：主要包括新东方在线、网易云课堂、学而思网校、中公教育、尚德教育、北大青鸟、昂立教育、高途教育、VIPKID、51Talk 等。

第一部分　基本信息

1. 您的性别是：

A. 男

B. 女

2. 您的年级是：

A. 初一

B. 初二

C. 初三

D. 高一

E. 高二

F. 高三

3. 您就读的学校性质是：

A. 民办中学　　B. 公办中学　　C. 其他

4. 您所在的省份是：_____

第二部分　认知情况

5. 您在以下哪些教育机构进行过学习辅导？（可多选）

　A. 新东方在线　　　B. 学而思网校　　　C. 中公教育

　D. 高途教育　　　　E. 网易云课堂　　　F. 跟谁学

　G. 海风教育　　　　H. 尚德教育　　　　I. 昂立教育

　J. VIPKID　　　　　K. 51Talk　　　　　L. 其他，请说明_____

M. 没有在教育机构学习的经历（请结束此次问卷，感谢您的配合！）

　6. 您在教育机构的学习方式为：

　A. 在线学习

　B. 线下学习（请结束此次问卷，感谢您的配合！）

　C. 线上与线下相结合

　7. 假如在平时学习中遇到了难题或不理解的知识点，您倾向于如何解决？（可多选）

A. 询问家长

B. 询问老师

C. 询问同学

D. 利用网络尝试自行解决

E. 查找相关资料

F. 其他（请写出）_____

8. 您在教育机构进行在线学习的频率是：

A. 每天都学习

B. 每周 3—5 次

C. 每周 1—2 次

D. 偶尔学习

D. 基本不学

9. 您是从何种渠道获取教育机构的信息？

A. 家长告知

B. 教师介绍

C. 同学、朋友推荐

D. 在线媒体（网络新闻、论坛等）

E. 个人需要针对性搜索

F. 其他（请写出）_____

第三部分　学习满意度

10. 教育机构提供的在线学习辅导能提高我的学习兴趣。

  A. 完全不赞同　　　B. 不太赞同　　　C. 一般

  D. 基本赞同　　　　E. 非常赞同

11. 教育机构提供的在线学习辅导能提高我的学习成绩。

  A. 完全不赞同　　　B. 不太赞同　　　C. 一般

  D. 基本赞同　　　　E. 非常赞同

12. 机构提供的课程资源更新速度能满足我对最新信息与知识的需求。

  A. 完全不赞同　　　B. 不太赞同　　　C. 一般

  D. 基本赞同　　　　E. 非常赞同

13. 在线学习不枯燥，能使我始终保持注意力集中。

A. 完全不赞同　　　B. 不太赞同　　　C. 一般

D. 基本赞同　　　E. 非常赞同

14. 授课教师有互动环节，遇到问题我会主动寻求反馈。

A. 完全不赞同　　　B. 不太赞同　　　C. 一般

D. 基本赞同　　　E. 非常赞同

第四部分　学习持续力

15. 我可以在学习后，获取自己的学习分析报告。

A. 完全不赞同　　　B. 不太赞同　　　C. 一般

D. 基本赞同　　　E. 非常赞同

16. 我愿意将喜欢的教育机构推荐给同学或朋友。

A. 完全不赞同　　　B. 不太赞同　　　C. 一般

D. 基本赞同　　　E. 非常赞同

17. 未来我会继续采用在线学习的方式进行学习。

A. 完全不赞同　　　B. 不太赞同　　　C. 一般

D. 基本赞同　　　E. 非常赞同

18. 未来我会继续选择教育机构进行在线学习。

A. 完全不赞同　　　B. 不太赞同　　　C. 一般

D. 基本赞同　　　E. 非常赞同

第五部分　机构规范

19. 您选择的教育机构在学生学习前进行了一系列规定（如课堂纪律要求、学习任务要求）。

A. 完全不赞同　　　B. 不太赞同　　　C. 一般

D. 基本赞同　　　E. 非常赞同

20. 您选择的教育机构比较注重对任课教师的规范与要求。

A. 完全不赞同　　　B. 不太赞同　　　C. 一般

D. 基本赞同　　　E. 非常赞同

21. 您选择的教育机构在线教学平台页面美观，功能齐全。

A. 完全不赞同　　　B. 不太赞同　　　C. 一般

D. 基本赞同　　　E. 非常赞同

22. 您选择的教育机构不会随意发布广告、传播虚假信息。

A. 完全不赞同　　　B. 不太赞同　　　C. 一般

D. 基本赞同　　　　E. 非常赞同

第六部分　问题及建议

23. 您觉得目前的教育机构存在以下哪些问题？

A. 教育机构管理混乱

B. 教育机构教师授课能力不足

C. 机构教师课上很少与学生互动

D. 教师课后不进行答疑

E. 教育机构收费昂贵

F. 教育机构退费困难

G. 机构存在额外收费

H. 课程资源不易获取

I. 教育机构虚假宣传

J. 机构提供的课程内容超纲

K. 系统网络不稳定

L. 账号故障、登录无效等

M. 学习过程中突然弹出广告

N. 提出问题，但无法得到机构反馈

O. 教师授课时间过长

P. 其他＿＿＿＿＿＿＿

24. 您对教育机构的发展有哪些建议？（或针对教育机构的问题，您有哪些改进建议？）

＿＿＿＿＿＿＿＿＿＿＿＿＿＿＿＿＿＿＿＿＿＿＿＿＿＿

非常感谢您的参与，祝您学业进步，生活愉快！

高校学生在线教育平台使用满意度调查问卷

亲爱的同学：

您好！这份问卷旨在了解您在教育平台的学习情况。本问卷不记名，问卷中的各项答案无对错之分，请您放心作答。万分感谢您的支持与合作。

本问卷所提到的在线教育平台，包括网站平台，以及一些在线教育机构等。

主要在线教育平台：智慧树、超星学习通、学堂在线、中国大学 MOOC、雨课堂、钉钉、微教育、网易公开课、百度教育、腾讯微课堂、yy 教育、淘宝同学、edx、网易云课堂等。

教育机构包括：新东方、中公教育、学而思教育、尚德教育、北大青鸟、昂立教育、华图教育等。

【基础资料】

1. 您的性别是：

A. 男　　B. 女

2. 您目前所在地区是：

A. 华东地区（上海、江苏、浙江、山东、安徽）

B. 华南地区（广东、广西、海南、福建）

C. 华中地区（湖北、湖南、河南、江西）

D. 华北地区（北京、天津、河北、山西、内蒙古）

E. 西南地区（四川、重庆、贵州、云南、西藏）

F. 西北地区（陕西、甘肃、新疆、青海、宁夏）

G. 东北地区（辽宁、吉林、黑龙江）

H. 其他地区（港澳台）

3. 您目前的受教育水平是：

A. 本科　　　　B. 硕士研究生　　　　C. 博士研究生　　　　D. 专科

一　对在线教育的基本认识

4. 您是通过何种渠道了解到在线教育的？（多选题）

A. 教师介绍

B. 个人需要针对性搜索

C. 在线媒体（网络新闻、论坛等）

D. 同学朋友推荐

E. 其他，请写出＿＿＿＿＿＿＿

5. 您是否有在线学习的经历？（单选题）

A. 有　　　　B. 没有

6. 您平时是如何进行在线学习的？

A. 通过在线教育平台　　　　　　B. 通过教育 App

C. 通过在线教育机构　　　　　　D. 通过社交软件

E. 其他方式（请写出）_____

7. 以下在线教育平台，您经常使用的是哪些？（多选题）

A. 智慧树　　　　　　B. 超星学习通　　　　　C. 学堂在线

D. 中国大学 MOOC　　E. 雨课堂　　　　　　　F. 钉钉

G. 腾讯课堂　　　　　H. 网易公开课　　　　　I. 百度教育

J. 腾讯微课堂　　　　K. yy 教育　　　　　　　L. 淘宝同学

M. edx　　　　　　　N. 新东方在线　　　　　O. 沪江网校

P. 网易云课堂　　　　Q. 其他（请写出）_____

8. 您认为在线教育相比于传统教育有哪些优势？（多选题）

A. 学习方式自由灵活　　B. 可以自由选择学习内容

C. 可以获取优质资源　　D. 不受地域时间限制，可以随时随地学习

E. 与名校名师互动　　　F. 学习成本低

G. 可以回放复习　　　　I. 其他（请写出）_____

9. 您认为目前的在线教育存在哪些问题？（多选题）

A. 学生注意力不集中

B. 教学模式单一

C. 缺少与同学、老师的互动

D. 教师教学能力不足

E. 教师的信息化能力不足

F. 课程结构不合理

G. 其他（请写出）_____

二　平台设计满意度

10. 在线教育平台页面布局合理，导航清晰，很容易找到我需要学习的知识。

A. 非常赞同　　　　　B. 基本赞同　　　　　C. 一般

D. 不太赞同　　　　　E. 完全不赞同

11. 在线教育平台的功能（比如讨论区、答疑区、测试、学习资源获取、学情分析等）齐全，可以满足我学习的全过程。

A. 非常赞同　　　　　B. 基本赞同　　　　　C. 一般

D. 不太赞同　　　　　E. 完全不赞同

12. 在线教育平台的课程资源丰富，能满足我的学习需求。
   A. 非常赞同　　　　　B. 基本赞同　　　　　C. 一般
   D. 不太赞同　　　　　E. 完全不赞同

13. 在线教育平台能根据我的学习习惯和兴趣，推送个性化学习资源。
   A. 非常赞同　　　　　B. 基本赞同　　　　　C. 一般
   D. 不太赞同　　　　　E. 完全不赞同

三　平台管理满意度

14. 在线教育平台不存在与课程无关的内容。
   A. 非常赞同　　　　　B. 基本赞同　　　　　C. 一般
   D. 不太赞同　　　　　E. 完全不赞同

15. 在线教育平台不会出现弹窗、广告。
   A. 非常赞同　　　　　B. 基本赞同　　　　　C. 一般
   D. 不太赞同　　　　　E. 完全不赞同

16. 我从未收到在线教育平台的推广、骚扰电话或短信信息。
   A. 非常赞同　　　　　B. 基本赞同　　　　　C. 一般
   D. 不太赞同　　　　　E. 完全不赞同

17. 在线教育平台收退费流程便捷、安全。
   A. 非常赞同　　　　　B. 基本赞同　　　　　C. 一般
   D. 不太赞同　　　　　E. 完全不赞同

18. 在线教育平台除课程资源（内容）外，没有额外收费。
   A. 非常赞同　　　　　B. 基本赞同　　　　　C. 一般
   D. 不太赞同　　　　　E. 完全不赞同

19. 在线教育平台系统稳定，很少出现卡顿、页面崩溃等现象。
   A. 非常赞同　　　　　B. 基本赞同　　　　　C. 一般
   D. 不太赞同　　　　　E. 完全不赞同

四　课程内容满意度

20. 课程内容结构安排合理，我能清晰明确课程的任务安排。
   A. 非常赞同　　　　　B. 基本赞同　　　　　C. 一般
   D. 不太赞同　　　　　E. 完全不赞同

21. 课程的教学目标明确，易于理解。

A. 非常赞同　　　　　　B. 基本赞同　　　　　　C. 一般
D. 不太赞同　　　　　　E. 完全不赞同

22. 课程的章节知识与资源紧密贴合课程目标。
　　A. 非常赞同　　　　　　B. 基本赞同　　　　　　C. 一般
　　D. 不太赞同　　　　　　E. 完全不赞同

23. 课程有回放功能，有助于我课后复习。
　　A. 非常赞同　　　　　　B. 基本赞同　　　　　　C. 一般
　　D. 不太赞同　　　　　　E. 完全不赞同

24. 课程内容的设置能够吸引学习者的关注。
　　A. 非常赞同　　　　　　B. 基本赞同　　　　　　C. 一般
　　D. 不太赞同　　　　　　E. 完全不赞同

　　五　教师教学满意度

25. 授课教师能够按照教学计划完成教学。
　　A. 非常赞同　　　　　　B. 基本赞同　　　　　　C. 一般
　　D. 不太赞同　　　　　　E. 完全不赞同

26. 授课教师很少讨论与课堂无关的内容。
　　A. 非常赞同　　　　　　B. 基本赞同　　　　　　C. 一般
　　D. 不太赞同　　　　　　E. 完全不赞同

27. 授课教师言论充满正能量，总能传播正确的价值观。
　　A. 非常赞同　　　　　　B. 基本赞同　　　　　　C. 一般
　　D. 不太赞同　　　　　　E. 完全不赞同

28. 授课教师教学内容设计合理，我很容易掌握知识。
　　A. 非常赞同　　　　　　B. 基本赞同　　　　　　C. 一般
　　D. 不太赞同　　　　　　E. 完全不赞同

29. 授课教师可以灵活运用多种教学资源进行教学。
　　A. 非常赞同　　　　　　B. 基本赞同　　　　　　C. 一般
　　D. 不太赞同　　　　　　E. 完全不赞同

30. 授课教师经常引导学生进行互动，并对学生提出的问题积极反馈。
　　A. 非常赞同　　　　　　B. 基本赞同　　　　　　C. 一般
　　D. 不太赞同　　　　　　E. 完全不赞同

31. 授课教师不会向学生推荐平台的捆绑课程。

A. 非常赞同　　　　　B. 基本赞同　　　　　C. 一般

D. 不太赞同　　　　　E. 完全不赞同

六　问题及建议

32. 您认为目前的在线教育平台还存在哪些问题？

_____

33. 您对在线教育平台的未来发展有哪些建议？

_____

参考文献

一 中文文献①

北京商报：《新东方将退租1500个新教学点，装修费就花超60亿！俞敏洪：未来和几百位老师直播带货》，百度网，https：//baijiahao.baidu.com/s？id=1715847640367063981&wfr=spider&for=pc。

本刊编辑部：《打击涉黄低俗清朗学习环境——国家网信办等部门专项整治教育类App》，《网络传播》2019年第7期。

卞咸杰：《大数据时代档案信息资源共享平台构建的目标定位与实现》，《档案管理》2020年第5期。

蔡敏、高晓宇：《美国中小学生学业评价MAP系统及其启示》，《辽宁师范大学学报》（社会科学版）2016年第5期。

蔡铁、薛庆元：《收集14万余条学生个人信息培训机构被罚30万元》，《中国消费者报》2020年6月11日第1版。

曹建：《教育部、中央网信办联合召开涉未成年人网课平台及网络环境专项治理视频推进会》，中华人民共和国教育部政府门户网站，http：//www.moe.gov.cn/jyb_xwfb/gzdt_gzdt/moe_1485/202009/t20200916_488295.html。

曹培杰、孙立会：《把全社会变成学生学习的大课堂——教育服务供给社会化的发展路径与监管策略》，《现代远程教育研究》2021年第1期。

长江商报：《新东方等三教培巨头市值年内蒸发4388亿"双减"

---

① 按作者姓名音序排列。

落地校外培训市场面临大洗牌》，长江商报官方网站，http：//www.changjiangtimes.com/2021/07/616716.html。

钞小静等：《新型数字基础设施如何影响对外贸易升级——来自中国地级及以上城市的经验证据》，《经济科学》2020年第3期。

陈金芳、万作芳：《教育治理体系与治理能力现代化的几点思考》，《教育研究》2016年第10期。

陈良雨、陈建：《大数据背景下的教育治理能力现代化研究》，《现代教育技术》2017年第2期。

陈玲等：《个性化在线教育公共服务推进过程中的关键问题思考——对北京市中学教师开放型在线辅导计划的实践反思》，《中国电化教育》2019年第11期。

陈沛然、汪娟娟：《城乡融合发展背景下新型农村社区公共服务能力提升路径研究——基于南京市江宁区的案例分析》，《中州学刊》2020年第12期。

陈书全：《论立法后评估常态化启动机制的构建》，《现代法学》2012年第2期。

陈万勇、陈千梯：《三维学习支持：提升中小学在线教学质量》，《上海教育科研》2020年第8期。

陈维龙等：《数字时代平台型媒体现代治理策略研究——基于TOE理论框架》，《传媒》2022年第1期。

陈星、吴叶林：《人机协同教育治理的障碍与突破》，《现代远程教育研究》2022年第1期。

陈玉琨：《教育评价学》，人民教育出版社1999年版。

褚宏启、贾继娥：《教育治理与教育善治》，《中国教育学刊》2014年第12期。

褚宏启、贾继娥：《教育治理中的多元主体及其作用互补》，《教育发展研究》2014年第19期。

褚宏启：《绘制教育治理的全景图：教育治理的概念拓展与体系完善》，《教育研究》2021年第12期。

褚宏启：《教育治理：以共治求善治》，《教育研究》2014年第10期。

代浩等：《数据驱动的应用自适应技术综述》，《计算机研究与发展》2022 年第 11 期。

邓超、蔡迎旗：《民办幼儿园的治理困境及解决策略——基于多中心治理理论》，《教育理论与实践》2021 年第 29 期。

翟元甫：《基于 TOE 框架的政务服务智慧能力影响因素研究》，硕士学位论文，电子科技大学，2020 年。

丁冬汉：《从"元治理"理论视角构建服务型政府》，《海南大学学报》（人文社会科学版）2010 年第 5 期。

丁玉祥：《智能时代在线教学质量评估标准的研制特点与内容解析——以"信息协会版"在线教学质量评价标准为例》，《教育评论》2020 年第 7 期。

都慧慧：《学校在线教育质量提升的路径研究》，《教学与管理》2021 年第 6 期。

堵琳琳：《在线教育：学校改革的契机和挑战》，《江苏教育》2020 年第 90 期。

杜若等：《构建中国远程开放教育教学质量标准体系——来自中央广播电视大学的探索与实践》，《开放教育研究》2009 年第 4 期。

杜中润：《TOE 理论下我国重点城市网上政务服务能力影响因素研究》，《行政与法》2021 年第 12 期。

段淳林、崔钰婷：《颗粒度、信息质量和临场感：计算广告品牌传播的新维度——基于 TOE 理论的研究视角》，《武汉大学学报》（哲学社会科学版）2022 年第 1 期。

范勇、范国睿：《教师参与学校治理能提升学生学业表现吗——基于 PISA 数据的实证研究》，《现代教育管理》2022 年第 2 期。

费红辉、吴进：《治理现代化视域下社区教育融入城镇社区治理的"必然"事实和"应然"价值》，《成人教育》2022 年第 3 期。

冯旭芳、李海宗：《法国高等教育质量评估机制对我国的启示》，《教育探索》2008 年第 11 期。

付小倩、袁顶国：《现代职业教育体系的多中心建设》，《现代教育管理》2014 年第 7 期。

高慧军、黄华津：《以智慧治理平台推进国家治理现代化》，《学习时报》2019年11月11日第A7版。

葛明驷：《元治理体系构建：县级融媒体与基层社会治理创新》，《现代传播》（中国传媒大学学报）2021年第12期。

龚欣、郑磊：《由提升资格准入门槛就可以提高幼儿园教师质量吗——基于数量与质量双重短缺背景的分析》，《教育发展研究》2020年第3期。

苟学珍：《智能时代教育数据安全的伦理规约简论》，《电化教育研究》2021年第9期。

顾小清、李世瑾：《人工智能教育大脑：以数据驱动教育治理与教学创新的技术框架》，《中国电化教育》2021年第1期。

贵州省人民代表大会常务委员会：《贵州省大数据安全保障条例》，贵州省大数据发展管理局，http：//dsj. guizhou. gov. cn/zwgk/xxgkml/zcwj/zcfg/201909/t20190924_10392438. html。

郭烁、张光：《基于协同理论的市域社会治理协作模型》，《社会科学家》2021年第4期。

国家标准化管理委员会：《信息安全技术信息安全保障指标体系及评价方法第2部分：指标体系》，全国标准信息公共服务平台，http：//std. samr. gov. cn/gb/search/gbDetailed？id＝71F772D8064FD3A7E05397BE0A0AB82A。

国家互联网应急中心CNCERT：《国家互联网应急中心（CNCERT）发布〈2019年我国互联网网络安全态势综述〉报告》，中华人民共和国国家互联网信息办公室，http：//www. cac. gov. cn/2020－04/20/c_1588932297982643. htm。

国家市场监督管理总局：《市场监管总局对多家校外培训机构顶格罚款3650万元》，国家市场监督管理总局，https：//www. samr. gov. cn/xw/mtjj/202106/t20210607_330305. html。

国家中长期教育改革和发展规划纲要工作小组办公室：《国家中长期教育改革和发展规划纲要（2010—2020年）》，中华人民共和国教育部政府门户网站，http：//www. moe. gov. cn/srcsite/A01/s7048/201007/t20100729_171904. html。

韩宁：《日本网络安全战略》，《国际研究参考》2017年第6期。

韩运磊：《高速公路智能信息系统网络安全保障体系的构建》，《公路交通科技》2012年第S1期。

杭州市人民政府：《杭州市人民政府关于印发杭州市深化"最多跑一次"改革推进政府数字化转型实施方案的通知》，杭州市教育局网，http://edu.hangzhou.gov.cn/art/2020/7/5/art_1695202_49845154.html。

郝伟杰：《浙江数十款教育APP被查处》，央广网，http://edu.cnr.cn/list/20200501/t20200501_525075540.shtml。

河南省教育厅：《受"双减"政策影响学而思、作业帮、新东方等叫停高中学科培训!》，中华网河南，https://henan.china.com/edu/info/2022/0214/2530247674.html。

侯浩翔、钟婉娟：《人工智能视阈下教育治理的技术功用与困境突破》，《电化教育研究》2019年第4期。

湖南省教育厅：《关于加强全省教育专用域名使用与管理工作的通知》，邵阳市人民政府网，https://jyj.shaoyang.gov.cn/attachment/cmsfile/syjyj/tzgg/201901/85485f0aa1b642bbb1c7acc4c0115da8.pdf。

黄俊丽：《美国教师培养认证委员会（CAEP）认证模型研究》，硕士学位论文，曲阜师范大学，2018年。

黄鹏举：《在线教育，规范中健康发展》，《中国教育报》2020年1月7日第1版。

黄如花、刘龙：《英国政府数据开放中的个人隐私保护研究》，《图书馆建设》2016年第12期。

黄雨婷、黄如花：《丹麦政府数据开放的政策法规保障及对我国的启示》，《图书与情报》2017年第1期。

教育部：《关于进一步减轻义务教育阶段学生作业负担和校外培训负担的意见》，中华人民共和国教育部政府门户网站，http://www.moe.gov.cn/jyb_xxgk/moe_1777/moe_1778/202107/t20210724_546576.html。

教育部：《国家教育事业发展"十一五"规划纲要》，中华人民共和国教育部政府门户网站，http://www.moe.gov.cn/jyb_xwfb/gzdt_gzdt/moe_1485/tnull_22875.html。

教育部：《教育部就〈关于深入推进教育管办评分离促进政府职能

转变的若干意见〉答问》，中国政府网，http://www.gov.cn/xinwen/2015-05/08/content_2859143.htm。

教育部：《教育网站和网校暂行管理办法》，《中国远程教育》2000年第9期。

教育部：《西安电子科技大学探索"智能教育"建设推动新时代教育高质量发展》，中华人民共和国教育部政府门户网站，http://www.moe.gov.cn/jyb_sjzl/s3165/202201/t20220120_595340.html。

教育部：《习近平向国际人工智能与教育大会致贺信》，新华网，http://www.xinhuanet.com/politics/leaders/2019-05/16/c_1124502111.htm。

教育部科学技术司：《教育信息化"十五"发展规划（纲要）》，中国政府网，http://www.moe.gov.cn/srcsite/A16/s7062/200209/t20020904_82366.html。

界面新闻：《上海：在线教学不强制打卡，小学课程每日时长不超过2小时》，界面新闻网，https://baijiahao.baidu.com/s?id=1658858234038008355&wfr=spider&for=pc。

科技与信息化司：《2021年12月教育信息化和网络安全工作月报》，中华人民共和国教育部政府门户网站，http://www.moe.gov.cn/s78/A16/gongzuo/gzzl_yb/202202/t20220225_602233.html。

孔繁斌：《多中心治理诠释——基于承认政治的视角》，《南京大学学报》（哲学·人文科学·社会科学版）2007年第6期。

蓝勋：《本科高等教育"质量工程"项目实施的后评估机制研究》，硕士学位论文，广西师范学院，2011年。

李澄：《元治理理论综述》，《前沿》2013年第21期。

李钒：《北京师范大学中国教育与社会发展研究院召开"双减"成效调查座谈会》，北京师范大学新闻网，https://news.bnu.edu.cn//zx/zhxw/126713.htm。

李汉卿：《协同治理理论探析》，《理论月刊》2014年第1期。

李恒：《在线教育生态系统及其演化路径研究》，《中国远程教育》2017年第1期。

李辉、张志安：《基于平台的协作式治理：国家治理现代化转型的新格局》，《新闻与写作》2021年第4期。

李佳恩：《云计算背景下数据安全加密算法探究》，《中国信息化》2021年第11期。

李剑：《地方政府创新中的"治理"与"元治理"》，《厦门大学学报》（哲学社会科学版）2015年第3期。

李芒、葛楠：《中小学在线教育病灶与治理》，《开放教育研究》2021年第4期。

李威：《对在线教育还需继续加强监管》，《中国教育报》2019年第2期。

李艳等：《从"透明人"到"践行者"：高校信息安全面临的挑战与应对——〈2021地平线报告（信息安全版）〉之启示》，《远程教育杂志》2021年第3期。

梁婧媛：《治理教育培训机构乱收费》，《人民法院报》2021年2月9日第2版。

梁木生：《略论"数字政府"运行的技术规制》，《中国行政管理》2001年第6期。

林慧贞、林玉宝：《元治理理论视角下我国人文教育供给路径研究——基于漳州市的案例分析》，《漳州职业技术学院学报》2021年第2期。

林靖云、刘亚敏：《我国教育治理中的社会参与：困境与出路》，《现代教育管理》2020年第11期。

刘俊英：《区块链技术之于社会治理创新的影响分析——基于多中心治理理论的视角》，《社会科学战线》2021年第6期。

刘铁娃：《全球治理的五要素及其内在张力》，《人民论坛》2021年第33期。

刘童：《美国在线教育质量国家标准的建立、内容及特征》，《教育导刊》2021年第1期。

刘维杰：《鲍勃·杰索普元治理理论研究》，硕士学位论文，华中科技大学，2019年。

刘想想、陈稳亮：《元治理视域下汉长安城遗址区玉丰村社区治理探究》，《小城镇建设》2021年第10期。

刘晓倩：《多中心治理框架下中小城市生活垃圾分类管理研究》，

硕士学位论文，曲阜师范大学，2021年。

刘育锋：《英国学徒资格"元治理"及对我国1+X试点的借鉴意义》，《中国职业技术教育》2019年第22期。

刘震等：《继续教育的新形式：清华终身学习云课堂》，《现代教育技术》2021年第1期。

柳亦博：《治理理论的"视差"：术道分离与术道合一》，《探索与争鸣》2021年第11期。

卢安文、毛昕桐：《互联网信息服务业多元协同治理参与主体界定：一种新的分析框架》，《图书馆学研究》2021年第17期。

吕普生：《重塑政府与学校、市场及社会的关系——中国义务教育治理变革》，《人文杂志》2015年第8期。

马健生、刘云华：《教育中的资本扩张：危害与治理》，《清华大学教育研究》2021年第4期。

毛睿：《教育新闻：信息化+大数据助力校外培训治理》，网易新闻，https：//www.163.com/dy/article/GKTQSLIG0514T96S.html。

苗国厚、陈璨：《在线政务服务平台建设的沿革与前瞻》，《中国行政管理》2020年第2期。

南旭光、张培：《智能化时代我国高等教育治理变革研究》，《中国电化教育》2018年第6期。

宁波市教育局办公室：《2020年宁波市教育领域深化"最多跑一次"改革推进教育治理数字化转型工作要点》，宁波市人民政府网，http：//www.ningbo.gov.cn/art/2020/7/7/art_1229095999_962466.html。

裴盈：《元治理视角下大气污染防治效率探析》，硕士学位论文，华中师范大学，2021年。

彭中礼、王亮：《法治视野中的智慧治理》，《济南大学学报》（社会科学版）2020年第6期。

曲一帆等：《区块链技术对教育变革探究》，《中国电化教育》2020年第7期。

曲正伟：《多中心治理与我国义务教育中的政府责任》，《教育理论与实践》2003年第17期。

任泽平等：《中国新基建研究报告》，《发展研究》2020年第4期。

阮开江：《新时代现代化社区治理体系的探索——以深圳市宝安区松岗街道为例》，《小康》2019年第5期。

三亚市教育局：《三亚市教育局转发海南省教育厅关于规范中小学校"停课不停学"线上教育管理工作的紧急通知》，三亚市教育局网，http://www.sanya.gov.cn/jyjsite/bmwjxx/202002/976130c451754c3a8d33f21d64f0d531.shtml。

邵敏、李祖超：《美英高等教育质量评估机制比较分析》，《高教发展与评估》2011年第3期。

申国昌、郭景川：《大数据时代的教育宏观治理体制现代化变革》，《教育研究与实验》2017年第2期。

申霞、夏豪杰：《大数据背景下教育治理运行机制现代化》，《教育研究与实验》2018年第6期。

沈凯强：《协同治理视角下城市社区公共危机治理研究》，硕士学位论文，武汉科技大学，2021年。

盛小平、郭道胜：《科学数据开放共享中的数据安全治理研究》，《图书情报工作》2020年第22期。

时铭显：《面向21世纪的美国工程教育改革》，《中国大学教学》2002年第10期。

宋佳等：《在线教学中师生交互对深度学习的影响研究》，《中国电化教育》2020年第11期。

宋凯、蒋旭栋：《浅析日本网络安全战略演变与机制》，《华东科技》2017年第7期。

孙绵涛：《现代教育治理的基本要素探析》，《中国教育学刊》2015年第10期。

孙绵涛：《现代教育治理体系的概念、要素及结构探析》，《教育研究与实验》2015年第6期。

孙妍妍等：《中小学教师信息化教学能力调研》，《开放教育研究》2021年第1期。

孙玉、彭金玉：《国内对多中心治理理论应用的研究综述》，《学理论》2016年第11期。

孙珠峰、胡近：《"元治理"理论研究：内涵、工具与评价》，《上海交通大学学报》（哲学社会科学版）2016 年第 3 期。

谭成华：《智慧治理的内涵、逻辑与基础探析》，《领导科学》2015 年第 24 期。

谭军：《基于 TOE 理论架构的开放政府数据阻碍因素分析》，《情报杂志》2016 年第 8 期。

唐凯麟、李诗悦：《大数据隐私伦理问题研究》，《伦理学研究》2016 年第 6 期。

唐滢：《基于区块链的政府治理创新研究》，硕士学位论文，华中师范大学，2019 年。

汪建华等：《元治理下的"管、办、评、服、研"五联动——上海中外合作办学三十年发展之经验与思考》，《教育发展研究》2021 年第 23 期。

王洪才：《教育治理体系与治理能力现代化论略》，《复旦教育论坛》2020 年第 1 期。

王娟等：《智能化时代新型教育服务监管体系建构与路径设计》，《电化教育研究》2020 年第 1 期。

王娟等：《智能时代的在线教育治理：内涵、困境与突破》，《电化教育研究》2021 年第 7 期。

王鹭、杨阳：《准公共产品属性：多中心治理视域下老年教育供给模式的优化》，《老龄科学研究》2021 年第 1 期。

王敏、张国兵：《英国高校科研经费"双重资助体系"研究及思考》，《科技管理研究》2015 年第 24 期。

王萍：《基于 UTAUT-TOE 模型的施工企业 VR 安全体验培训采纳影响因素的实证研究》，硕士学位论文，深圳大学，2019 年。

王运武等：《5G 时代直播教育：创新在线教育形态》，《现代远程教育研究》2021 年第 1 期。

王运武等：《教育应急治理及教育治理现代化的困境、挑战与对策》，《中国电化教育》2020 年第 12 期。

王志刚：《多中心治理理论的起源、发展与演变》，《东南大学学报》（哲学社会科学版）2009 年第 S2 期。

网络安全管理局：《2019 年第一季度信息通信行业网络安全监管情

况通报》，中华人民共和国工业和信息化部，https：//www.miit.gov.cn/jgsj/waj/gzdt/art/2020/art_6620be6a029246e49064da31b7438642.html。

网信办网站：《国家互联网信息办公室等十三部门修订发布〈网络安全审查办法〉》，中国政府网，http：//www.gov.cn/xinwen/2022-01/04/content_5666386.htm。

魏景容：《大数据时代循证决策研究：一个分析框架》，《中国科技论坛》2020年第7期。

温州市教育局办公室：《市教育局召开全市教育系统深化"最多跑一次"改革推进政府数字化转型工作视频会议》，温州教育网，http：//edu.wenzhou.gov.cn/art/2020/5/18/art_1324555_43130248.html。

吴秋丽、曹舒婷：《多中心治理视域下河北大运河文化保护与传承策略分析》，《沧州师范学院学报》2021年第2期。

吴世勇：《在线教育嵌入教育生态系统的模式研究》，《高教探索》2015年第10期。

习近平：《决胜全面建成小康社会夺取新时代中国特色社会主义伟大胜利——在中国共产党第十九次全国代表大会上的报告》，《思想政治工作研究》2017年第11期。

新华社：《中共中央关于制定国民经济和社会发展第十四个五年规划和二〇三五年远景目标的建议》，中国政府网，http：//www.gov.cn/zhengce/2020-11/03/content_5556991.htm。

新华社：《中华人民共和国数据安全法》，中国政府网，http：//www.gov.cn/xinwen/2021-06/11/content_5616919.htm。

徐瑾劼：《新冠肺炎疫情下全球教育体系的应对与在线教育的挑战——基于OECD全球调研结果的发现与反思》，《比较教育研究》2020年第6期。

徐琳、袁光：《网络信息协同治理：内涵、特征及实践路径》，《当代经济管理》2022年第2期。

徐泽等：《基于彼得斯治理理论的京津冀协同发展路径重构》，《资源开发与市场》2022年第1期。

颜佳华、王张华：《数字治理、数据治理、智能治理与智慧治理概念及其关系辨析》，《湘潭大学学报》（哲学社会科学版）2019年第

5 期。

颜丽：《国内外物联网安全监管现状及建议》，《电信网技术》2018年第1期。

杨海燕：《社会组织如何参与县域教育共治——四方协同治理机制分析》，《教育科学研究》2020年第11期。

杨茜：《元治理理论视角下应急物资社会化储备机制构建研究》，硕士学位论文，西北大学，2020年。

杨现民等：《区块链技术在教育领域的应用模式与现实挑战》，《现代远程教育研究》2017年第2期。

杨现民等：《数据驱动教育治理现代化：实践框架、现实挑战与实施路径》，《现代远程教育研究》2020年第2期。

杨寅等：《科技资源开放共享平台创新扩散的关键因素研究——基于TOE理论框架》，《现代情报》2018年第1期。

叶雨婷：《"双减"成效调查：超八成受访学生未参加校外学科培训》，《中国青年报》2022年3月2日第3版。

余黎明：《5G网络安全技术与发展》，《电子技术与软件工程》2019年第2期。

余胜泉：《人工智能教师的未来角色》，《开放教育研究》2018年第1期。

余姚市教育局办公室：《2020年余姚市教育系统深化"最多跑一次"改革推进教育治理数字化转型工作要点》，余姚市人民政府网，http://www.yy.gov.cn/art/2020/8/5/art_1229137367_1677960.html。

俞可平、张胜军：《全球化:全球治理》，社会科学文献出版社2003年版。

俞可平：《治理与善治》，中国社会科学出版社2000年版。

郁建兴：《杰索普国家理论述评》，《求是学刊》2007年第4期。

郁俊莉、姚清晨：《从数据到证据：大数据时代政府循证决策机制构建研究》，《中国行政管理》2020年第4期。

袁磊等：《把脉"双减"政策 构建在线教育信息安全体系》，《现代远程教育研究》2021年第5期。

曾子明、万品玉：《基于主权区块链网络的公共安全大数据资源管理体系研究》,《情报理论与实践》2019年第8期。

张静等:《高校图书馆向社会开放的影响因素研究——基于TOE理论框架》,《现代情报》2011年第12期。

张敏等:《在线教育平台用户持续使用行为研究的影响因素》,《图书馆论坛》2020年第5期。

张盼:《法国高等教育质量评估机制及其特色》,《群文天地》2011年第16期。

张生等:《人工智能赋能教育评价:"学评融合"新理念及核心要素》,《中国远程教育》2021年第2期。

张烁:《在线教育,治理须"在线"》,《人民日报》2019年10月9日第5版。

张挺:《包容审慎视角下校外在线教育平台的法律监管》,《中国电化教育》2020年第2期。

张文江:《"元治理"与中国特色大学治理体系》,《现代教育管理》2019年第5期。

张骁虎:《"元治理"理论的生成、拓展与评价》,《西南交通大学学报》(社会科学版)2017年第3期。

张一鸣:《数据治理过程浅析》,《中国信息界》2012年第9期。

张钰、王珺:《基于美国NWEA的自适应教育测评及其启示》,《教学与管理》2019年第4期。

张云昊:《循证政策的发展历程、内在逻辑及其建构路径》,《中国行政管理》2017年第11期。

张兆曙、段君:《网络平台的治理困境与数据使用权创新——走向基于网络公民权的数据权益共享机制》,《浙江学刊》2020年第6期。

赵明明、朱泓:《澳大利亚高等教育质量风险评估机制探究》,《煤炭高等教育》2021年第5期。

赵盼红:《企业可持续供应链管理驱动因素研究——基于TOE理论框架的分析》,《物流科技》2020年第9期。

赵岩、赖伟燕:《基于TOE理论下的我国工业互联网实施能力影响因素分析》,《管理现代化》2021年第5期。

浙江省教育厅办公室关于印发《2020年浙江省教育领域深化"最

多跑一次"改革推进教育治理数字化转型工作要点》的通知,浙江省教育厅网,http://jyt.zj.gov.cn/art/2020/6/1/art_1532974_44337184.html。

郑勤华等:《疫情期间在线教学实施现状、问题与对策建议》,《中国电化教育》2020年第5期。

郑旭东等:《教育政务数据开放平台的区块链技术架构与运行机制设计》,《中国电化教育》2021年第3期。

中共中央、国务院:《中共中央、国务院印发〈中国教育现代化2035〉》,中国政府网,http://www.gov.cn/xinwen/2019-02/23/content_5367987.htm。

中共中央办公厅、国务院办公厅:《关于进一步减轻义务教育阶段学生作业负担和校外培训负担的意见》,中国政府网,http://www.gov.cn/zhengce/2021-07/24/content_5627132.htm。

中国互联网络信息中心:《中国互联网络发展状况统计报告（第47次）》,中国政府网,http://www.gov.cn/xinwen/2021-02/03/content_5584518.htm。

中国科学院大数据挖掘与知识管理重点实验室:《中国K12在线教育市场调研及用户消费行为报告》,投研数据库网,http://www.invest-data.com/eWebEditor/uploadfile/20200720182658740634 5.pdf。

中国消费者协会:《2021年全国消协组织受理投诉情况分析》,中国消费者协会,https://cca.org.cn/tsdh/detail/30346.html。

中国政府法制信息网:《关键信息基础设施安全保护条例》,中国政府网,http://www.gov.cn/zhengce/2021-08/18/content_5631807.htm。

中华人民共和国工业和信息化部:《规范互联网信息服务市场秩序若干规定》,中国政府网,http://www.gov.cn/gongbao/content/2012/content_2161726.htm。

中华人民共和国中央人民政府:《广州市创新推行"公共资源交易+区块链"助力优化招投标领域营商环境》,中国政府网,http://www.gov.cn/xinwen/2021-05/14/content_5606491.htm。

中央网信办教育部:《关于进一步加强涉未成年人网课平台规范管理的通知》,中华人民共和国教育部政府门户网站,http://

www. moe. gov. cn/jyb_xxgk/moe_1777/moe_1779/202012/t20201204_503392. html。

周开乐等:《高校大规模在线教学存在的问题与对策》,《天津师范大学学报》(社会科学版)2020年第6期。

周凌一:《纵向干预何以推动地方协作治理?——以长三角区域环境协作治理为例》,《公共行政评论》2020年第4期。

周志忍、李乐:《循证决策:国际实践、理论渊源与学术定位》,《中国行政管理》2013年第12期。

朱皆笑:《教育治理现代化研究热点及政策演进——基于SATI的可视化分析》,《教育科学研究》2017年第3期。

朱军飞等:《配电网信息智能分析与自适应控制策略研究》,《电子设计工程》2022年第2期。

庄国波、韩惠:《5G时代政府数据开放共享的安全风险及防范》,《理论探讨》2020年第5期。

庄榕霞等:《5G时代教育面临的新机遇新挑战》,《中国电化教育》2020年第12期。

二 英文文献

Louis Meuleman, *Public Management and the Metagovernance of Hierarchies, Networks and Markets: The Feasibility of Designing and Danaging Governance Style Combinations*, Heidelberg: Springer Science & Business Media, 2008, p. 271.

Arja Kuula and Sami Borg, *Open Access to and Reuse of Research Data-the State of the Art in Finland*, Tampere: Finnish Social Science Data Archive, 2008, pp. 11-12.

Egon G. Guba and Yvonna S. Lincoln, *Fouth Generation Evaluation*, London: Sage Publications, 1989, p. 9.

Molnar, A., et al., *Virtual Schools in the US 2021*, Boulder, CO: National Education Poli, May 6, 2021.

National Academies of Sciences, Engineering, and Medicine, et al., *Open Science by Design: Realizing a Vision for 21st Century Research*, Washington: The National Academies Press, 2018, pp. 50-51.

Tornatzky, L. G. and Fleischer, M., *The Processes of Technological Innovation*, Lexington, MA: D. C. Heath & Company, 1990, p. 298.

Liyquist, J. G., *Are Schools Really Like This? Factors Affecting Teacher Attitude Toward School Improvement*, London: Springer Science & Business Media, 1998, pp. 28-35.

Tim Loreman, et al., *Measuring Inclusive Education Volume* 3, UK: Emerald Group Publishing Limited, 2014, pp. 165-187.

Abubakar Magira Tom, et al., "Understanding the Determinants of Infrastructure-as-a Service-Based E-Learning Adoption Using an Integrated TOE-DOI Model: A Nigerian Perspective", 2019 6th International Conference on Research and Innovation in Information Systems (ICRIIS), IEEE, Johor Bahru, December 2-3, 2019.

Andreas Rasche, "Collaborative Governance 2.0", *Corporate Governance: The International Journal of Business in Society*, Vol. 10, No. 4, August 2010, pp. 500-511.

Annette Aagaard Thuesen, "Experiencing Multi-Level Meta-Governance", *Local Government Studies*, Vol. 39, No. 4, April 2013, pp. 600-623.

Ansell, C. and Gash, A., "Collaborative Governance in Theory and Practice", *Journal of Public Administration Research and Theory*, Vol. 18, No. 4, November 2008, pp. 543-571.

Arroyo, I., et al., "A Multimedia Adaptive Tutoring System for Mathematics that Addresses Cognition, Metacognition and Affect", *International Journal of Artificial Intelligence in Education*, Vol. 24, No. 4, 2014.

Arwin van Buuren, "Knowledge for Governance, Governance of Knowledge: Inclusive Knowledge Management in Collaborative Governance Processes", *International Public Management Journal*, Vol. 12, No. 2, May 2009, pp. 208-235.

Åström, K. J., "Theory and Applications of Adaptive Control—A Survey", *Automatica*, Vol. 19, No. 5, 1983, pp. 471-486.

Bill Toulas, "University Loses 77TB of Research Data Due to Backup

Error", https://www.bleepingcomputer.com/news/security/university-loses-77tb-of-research-data-due-to-backup-error/.

Bob Jessop, "Capitalism and Its Future: Remarks on Regulation, Government and Governance", *Review of International Political Economy*, Vol. 4, No. 3, Feb. 1997, pp. 561-581.

Changhui Peng, et al., "Towards a Paradigm for Open and Free Sharing of Scientific Data on Global Change Science in China", *Ecosystem Health and Sustainability*, Vol. 2, No. 5, May 2016, p. e01225.

Christian Koch and Martine Buser, "Emerging Metagovernance as an Institutional Framework for Public Private Partnership Networks in Denmark", *International Journal of Project Management*, Vol. 24, No. 7, October 2006, pp. 548-556.

Eva Srensen, "Meta-governance: The Changing Role of Politicians in Processes of Democratic Governance", *American Review of Public Administration*, Vol. 36, No. 1, March 2006, p. 100.

Glass, G. V. and Welner, K. G., "Online K-12 Schooling in the US: Uncertain Private Ventures in Need of Public Regulation", National Education Policy Center, October, 2011.

Gordon MacLeod and Mark Goodwin, "Reconstructing an Urban and Regional Political Economy", *Political Geography*, Vol. 18, No. 6, August 1999, pp. 697-730.

IBM：《2020年数据泄露成本报告》，https://www.ibm.com/cn-zh/security? lnk=STW_CN_HP_P3_&psrc=NONE&pexp=DEF&lnk2=goto_SecurityCat.

Jessop, B., "Governance and Metagovernance: On Reflexivity, Requisite Variety, and Requisite Irony", *Governance as Social and Political Communication*, January 2003, pp. 101-116.

Jessop, B., "Territory, Politics, Governance and Multispatial Metagovernance", *Territory, Politics, Governance*, Vol. 4, No. 1, February 2016, pp. 8-32.

Karina Sehested, "Urban Planners as Network Managers and Metagovernors", *Planning Theory & Practice*, Vol. 10, No. 2, March 2009, pp. 245-263.

Kevin K. Y. Kuan and Patrick Y. K. Chau, "A Perception-based Model for EDI Adoption in Small Businesses Using S Technology-organization-environment Framework", *Information & Management*, Vol. 38, No. 8, October 2001, pp. 507-521.

Lars A. Engberg and Jacob Norvig Larsen, "Context-Orientated Meta-Governance in Danish Urban Regeneration", *Planning Theory & Practice*, Vol. 11, No. 4, January 2010, pp. 549-571.

Louis Meuleman and Ingeborg Niestroy, "Common but Differentiated Governance: A Metagovernance Approach to Make the SDGs Work", *Sustainability*, Vol. 7, No. 9, August 2015, pp. 12295-12321.

Mahyar Amini and Aryati Bakri, "Cloud Computing Adoption by SMEs in the Malaysia: A Multi-perspective Framework Based on DOI Theory and TOE Framework", *Journal of Information Technology & Information Systems Research (JITISR)*, Vol. 9, No. 2, September 2015, pp. 121-135.

Ming-Ju Pan and Woan-Yuh Jang, "Determinants of the Adoption of Enterprise Resource Planning Within the Technology-Organization-Environment Framework: Taiwan's Communications Industry", *Data Processor for Better Business Education*, Vol. 48, No. 3, January 2008, pp. 94-102.

R. A. W. Rhodes, "Understanding Governance: Ten Years on", *Organization Studies*, Vol. 28, No. 8, August 2007, pp. 1243-1264.

Saridis, G. N., J. M. Mendel, et al., "Report on Definitions of Self-organizing Control Processes and Learning Systems", *IEEE Control Systems Society Newsletter*, 1973.

Simon Zadek, "Global Collaborative Governance: There is No Alternative", *Corporate Governance*, Vol. 8, No. 4, August 2008, pp. 374-388.

Stewart Ranson, "The Changing Governance of Education", *Educational Management Administration & Leadership*, Vol. 36, No. 2, April 2008, pp. 201-219.

Truxal, J. G., "Theory of Self-adjusting Control", *Proc. 2nd IFAC*

World Congress, 1964.

Usman Musa Zakari Usman, et al., "The Determinants of Adoption of Cloud-based ERP of Nigerian's SMEs Manufacturing Sector Using TOE Framework and DOI Theory", *International Journal of Enterprise Information Systems (IJEIS)*, Vol. 15, No. 3, September 2019, pp. 27–43.

Walter Uta M. and Christopher G. Petr, "A Template for Family-centered Interagency Collaboration", *Families in Society*, Vol. 81, No. 5, October 2000, pp. 494–503.

Wil Zonneveld ang Marjolein Spaans, "Meta-governance and Developing Integrated Territorial Strategies: The Case Study of MIRT Territorial Agendas in the Randstad (Netherlands)", *Planning Theory & Practice*, Vol. 15, No. 4, September 2014, pp. 543–562.

Winnie Ng Picoto, et al., "A Technology—organisation—environment (TOE)-based M-business Value Instrument", *International Journal of Mobile Communications*, Vol. 12, No. 1, February 2014, pp. 78–101.

Worthen, V. E. and Lambert, M. J., "Outcome Oriented Supervision: Advantages of Adding Systematic Client Tracking to Supportive Consultations", *Counselling and Psychotherapy Research*, Vol. 7, No. 1, February 2007, pp. 48–53.

経済産業省,"学校BPR 学校における働き方改革", Learning Innovation, https://www.learning-innovation.go.jp/bpr/.